明心與眼見佛性

——駁慧廣法師〈蕭氏眼見佛性與明心之非〉文中謬說

——游正光老師　著

ISBN　978-986-6431-12-8

執著離念靈知心爲實相心而不肯捨棄者，即是畏懼解脫境界者，即是畏懼無我境界者，即是凡夫之人。謂離念靈知心正是意識心故，若離**俱有依**（意根、法塵、五色根），即不能現起故；若離**因緣**（如來藏所執持之覺知心種子），即不能現起故；復於眠熟位、滅盡定位、無想定位（含無想天中）、正死位、悶絕位等五位中，必定斷滅故。夜夜眠熟斷滅已，必須依於**因緣**、**俱有依**緣等法，方能再於次晨重新現起故；夜夜斷滅後，已無離念靈知心存在，成爲無法，無法則不能再自己現起故；由是故言**離念靈知心是緣起法**、**是生滅法**。不能現觀離念靈知心是緣起法者，即是未斷我見之凡夫；不願斷除**離念靈知心常住不壞之見解**者，即是恐懼解脫無我境界者，當知即是凡夫。

——平實導師——

一切誤計**意識心為常**者，皆是佛門中之常見外道，皆是凡夫之屬。各種粗細意識心境界，依層次高低，可略分為十：一、處於欲界中，常與五欲相觸之離念靈知；二、未到初禪地之未到地定中，暗無覺知而不與欲界五塵相觸之離念靈知，常處於不明白一切境界之暗昧狀態中之離念靈知；三、住於初禪等至定境中，不與香塵、味塵相觸之離念靈知；四、住於二禪等至定境中，不與五塵相觸之離念靈知；五、住於三禪等至定境中，不與五塵相觸之離念靈知；六、住於四禪等至定境中，不與五塵相觸之離念靈知；七、住於空無邊處等至定境中，不與五塵相觸之離念靈知；八、住於識無邊處等至定境中，不與五塵相觸之離念靈知；九、住於無所有處等至定境中，不與五塵相觸之離念靈知；十、住於非想非非想處等至定境中，不與五塵相觸之離念靈知。如是十種境界相中之覺知心，皆是意識心，計此為常者，皆屬常見外道所知所見，名為佛門中之常見外道，不因出家、在家而有不同。

——平實導師——

如聖教所言，成佛之道以親證阿賴耶識心體（如來藏）爲因，《華嚴經》亦說**證得阿賴耶識者獲得本覺智**，則可證實：證得阿賴耶識者方是大乘宗門之開悟者，方是大乘佛菩提之眞見道者。經中、論中又說：證得阿賴耶識而轉依**識上所顯眞實性、如如性**，能安忍而不退失者即是**證眞如**、即是大乘賢聖，在二乘法解脫道中至少爲初果聖人。由此聖教，當知親證阿賴耶識而確認不疑時即是開悟眞見道也；除此以外，別無大乘宗門之眞見道。若別以他法作爲大乘見道者，或堅執**離念靈知**亦是實相心者（堅持意識覺知心離念時亦可作爲明心見道者），則成爲實相般若之見道內涵有多種，則成爲實相有多種，則違實相絕待之聖教也！故知宗門之悟唯有一種：親證第八識如來藏而轉依如來藏所顯眞如性，除此別無悟處。此理正眞，放諸往世、後世亦皆準，無人能否定之，則堅持離念靈知意識心是眞心者，其言誠屬妄語也。

——**平實導師**——

目次

平實導師 序

不懂眞正佛法的六識論者，所說的每一句話，都將會產生嚴重錯誤，必須句句給予辨正說明；若欲將其一篇文章全部錯誤都解釋清楚者，必須以極大篇幅才能竣事。如是事實，已顯示相似佛法戕害佛弟子法身慧命之嚴重性；而慧廣法師正是此等人，是故辨正他的法義時，必須浪費極多的文字才能說清楚。而慧廣對此絲毫都沒有警覺，反而對此事洋洋自得，意在彰顯他壞事有餘的能力，意欲令人對他不能加以忽視；這顯示了慧廣貪著名聞而不重視法身慧命的心態，都在我所上面用心，不能觸及我見的內容與斷除，是名難可救度者。

正光老師忒煞慈悲，一心想要救度慧廣法師；此前已因慧廣著文妄說，誹謗《大般涅槃經》佛所說之眼見佛性妙法，故已出版《眼見佛性》結緣書，欲救度之；時至今日，看來似無作用，悲願未能成就。今日復因慧廣繼續扭曲法義，妄語謗法，正光老師欲再度救之，期能得度，故再爲文著書，詳細爲慧廣法師言之；書中法義勝妙，尚非阿羅漢、辟支佛之所能知，亦非眞實明心之初悟菩薩所能悉知，如是再利慧廣法師；亦藉慧廣謗法之緣起，同利廣大學佛人，成就一段利樂有情大業。

前於正光老師《眼見佛性》書中序文，平實曾對慧廣法師多所教示，不料反招其謗，都不能有益於慧廣；而正光老師於彼書中之細說者，亦無能有益於慧廣，今又再爲慧廣法師而成此書，可謂應爲慧廣而作之事已畢其功；藉此應爲學佛人之見道所作之說明，亦已畢其功矣！此後慧廣所能再言者，唯是針對如來藏妙法再引諸經加以曲解，而作重複否定、重複毀謗，此外無所能爲。若慧廣法師讀此書後依然不能得度，於所墮負處都不承認、不改過，繼續以謗法之手法而欲套取密意者，終必仍舊不能得遂心願；盜法之人必爲性障所遮而使智慧無法生起故，竊知密意者亦無法生起證悟者應有之智慧與功德受用故。

今觀正光老師悲心特重，欲救護慧廣法師遠離謗法之地獄業，故有此書之再作。然而眾生有可度者，有不可度者；不可度者應俟未來一世、多世乃至多劫以後方可得度，今時終究無法強度。而正光老師爲慧廣法師所作者，至此亦已足夠，所應爲慧廣說者皆已說故，而慧廣法師面對正光老師此前所說正法，並無絲毫信受之意，於自身所墮極多、極明顯之負處，仍極力狡辯而不承認、不改過，似是智慧欠缺故閱而不解，縱使再作百萬言而說之，對慧廣其人終將無所益之。此謂慧廣法師對於自己所說謬法之被破而無能力回應，採取迴避而不承認、不改正、不依同一議題辨正，而不斷另闢新題目，永無止盡的打筆仗等不理性作法，而對自己之錯誤仍無瞭解；對於自己明顯違背聖教之處，雖經正光老師之指教仍無法獲得勝解，故再三以不如理作意之認知而繼續無止盡的狡辯。如是讀而不解之淺智者，尚無斷我見之因緣，何況能得悟入眞心如來藏？何況能生般若智？而正光老師爲彼所作極多、極慈悲、全屬如理作意之開示，似乎不能使慧廣有得利之處；而慧廣在邏輯學、因明學上之智慧仍極粗淺，故仍不足以理解正光老師書中所說法義。

平實言慧廣能被正光老師看重而給與極多之關愛，乃因正光老師爲其所說法義已至老婆無已之地步，應爲慧廣法師而作者今已齊備矣！若再爲其多說，仍將無益於彼，徒然招致慧廣法師更多謗法言論，更將招致慧廣顧念名聞與利養而造作更多謗佛、謗法惡業，於慧廣之道業終將無所增益，徒然增其口業。然正光老師既已完書，無妨藉此一書再利佛教界諸多大師與學人，令學佛人了知明心不等於見性之事實；日後若得眞悟時，即可免於妄謗見性境界之過失；

則正光老師此書中細細區別明心與見性之異處，顯然大有功德，於正法之弘傳亦將大有作用。今以此書已經完稿，求序於余；因造此序，以述緣起，並將於連載完畢後由正智出版社出版而廣流通。

佛子 平實 謹序

公元二〇〇六年十月十七日

自序

《楞伽經》中　佛說阿賴耶識心體即是如來藏，《勝鬘師子吼一乘大方便方廣經》〈自性清淨章〉第十三亦云：「**有二法難可了知：謂自性清淨心難可了知，彼心為煩惱所染亦難了知。如此二法，汝及成就大法菩薩摩訶薩乃能聽受，諸餘聲聞唯信佛語。**」經中已明文：這個心體是自性清淨，難可了知，當然不是一般的法師、居士所能了知的；彼自性清淨的心體含藏著七轉識相應的染污種子，更難了知，這個道理唯有成就大乘法的菩薩、以及聽聞信受佛陀開示的小乘聲聞人，才能深信不疑；因此一般凡夫眾生聞之不信，甚至毀謗，實乃正常。也難怪許多眾生，包括藏傳佛教應成中觀派的印順、昭慧、性廣、慧廣等人不信；慧廣又兼稱是禪宗弘法者，卻是執離念靈知意識心為眞實心。他們一直百思不解：為何這個心體——阿賴耶識（第八識）——含藏著七轉識相應的染污種子，而自性還是那麼清淨無礙？心中無法想像：為何自性清淨的心竟然會有染污？因為無法思議及親證的緣故，前者乾脆否定第八識存在，後者乾脆認定阿賴耶識是妄心、妄識；這已清楚證明慧廣法師是繼承印順藏傳佛教應成派中觀的六識論邪見，所以慧廣是六識論者，恐懼墮於斷滅見故，不得不建立意識心的性用（見聞知覺性、離念靈知）爲常住法，成爲具足常見與自性見的佛門外道凡夫。

又《勝鬘師子吼一乘大方便方廣經》〈自性清淨章〉第十三也說明兩者之關係，如經云：「世尊！如來藏者是法界藏、法身藏、出世間上上藏、自性清淨藏；此性清淨如來藏，而客塵煩惱、上煩惱所染，不思議如來境界。何以故？剎那善心非煩惱所染，剎那不善心亦非煩惱所染；煩惱不觸心，心不觸煩惱；云何不觸法而能得染心？世尊！然有煩惱，有煩惱染心；自性清淨心而有染者，難可了知，唯佛世尊實眼實智，爲法根本，爲通達法，爲正法依，如實知見。」

經中已清楚明白說出，這個如來藏—阿賴耶識（第八識）—心體是法身藏、自性清淨藏，卻含藏七轉識相應的染污種子；然而不論善法欲上的煩惱或者惡法欲上的煩惱，都不與如來藏心體相應，此心體也不接觸生起時的煩惱，也就是說這個心體離見聞覺知的，所以不在六塵境上起分別而生起貪染厭憎的心行。正如《維摩詰所說經》卷中開示：「法（第八識）不可見聞覺知。」雖然祂透過自己所生的六根，以及共業有情所感的外五塵相接觸而產生內六塵相分；再由七轉識見分來分別內六塵相分，藉以連接外境，讓眾生以爲眞實接觸外境，爲吾人所受用，可是這個心體仍然那麼清淨，不會在六塵境起任何的分別，此即《維摩詰所說經》

卷上所說正理：「不會是菩提，諸入不會故。」

這樣的正理，如果自己不是依照佛的開示、善知識教導以及親證祂，導致不能現觀祂確實是如此的，就很難相信這個心體自身是自性清淨，體內卻含藏許多染污的種子。若是將來親證了，發現祂外於六塵分別的運作，而在蘊處界上分明顯現祂的眞實性與如如性，故亦得名之爲眞如；這也是透過八識心王等九十四法所顯而證得虛空無爲，是所顯得，所以是無境界法、無所得法；因此緣故，證悟如來藏者都可以隨時隨地現觀自己如來藏的運作，也能現觀如來藏自身的眞實性與如如性，名爲證眞如，所以禪宗祖師常常說祂是眞如。譬如吾人因有喜事而非常高興、手舞足蹈的時候，祂還是那麼清淨，一點兒也不隨外境影響，卻能完全配合七轉識運行；當吾人正在大發雷霆時，祂還是不動心境，將自體的眞實性與如如性毫無遮掩的顯示出來，能爲親證實相的人所親見，毫無障礙。由於親證第八識慧力照見其理的緣故，發起了下品妙觀察智，以此智慧比量推之，不但能了知其他有情也都如此，也能現觀別別有情眞心的運作，都是同一體性——清淨無染，不在六塵境上起分別，祂從來不思量，也不作主，因此緣故，發起了下品平等性智。合此妙觀察智及平等性智，名爲般若總相智、根本無分別智，即是七住菩薩的般若智慧。

因爲親證實相心發起般若智慧的緣故，發現這個第八識阿賴耶識不論在動中或在靜中並不是完全無知，還是有知；只是這個知，不在六塵境上分別，而是能夠了知眾生七轉識的心行……等，此即《維摩詰所說經》卷上所說正理：「知是菩提，了眾生心行故。」由於這個第八阿賴耶識在六塵外的知，能夠了知眾生七轉識心行，卻不在六塵境上起分別，因此一般人在恭讀經典時，無法眞實了知佛所說的眞實義理，誤以爲這個眞心在六塵境上有知，遂落入有語言文字的靈知心或離語言妄念的靈知心中，此中最好的例子，是以慧廣法師爲代表（因慧廣法師否定佛在三乘經中說的本識如來藏，成爲《楞伽經》中佛說的謗菩薩藏者，是最嚴重謗法的一闡提人，已失出家戒體，成爲佛門中披著僧衣的俗人，已不再是法師了，故以下都不再稱其爲法師，只稱其名）：

一者，慧廣不知這個第八識阿賴耶識從來不在六塵境上起分別，從來不思量、從來不作主，正是經中所說的眞實常住的眞心；慧廣卻執著離開語言文字的離念靈知意識心爲眞心，不知這意識是生滅性的妄心，誤以爲能夠了了常知的意識心就是佛所說的眞心如來藏，因此常教導學人「放下、息心、無心、莫染污、莫執著」等，專在我所上面用心，從不在斷我見上面用心，成爲佛所說的常見外道。

二者，慧廣不知第八識阿賴耶識自性清淨，心體內卻含藏著七轉識染污的種子，便妄謂第八識阿賴耶識是妄心、妄識，將佛所說三乘菩提的心體否認，因此外於第八識阿賴耶識，欲另外求一個不可知、不可證的眞心。因求不可得而否定之，返墮離念靈知意識心中，而離念靈知意識心又是生滅的虛妄法，故慧廣因此又同時成爲佛所說的斷見外道者。由於慧廣的佛法知見膚淺且違背佛說，使得自己所修、所證完全落入常見見及斷見見而無法自拔，又妄言已知、已證常住心而否定如來藏阿賴耶識心體，成就謗菩薩藏的大惡業，成爲佛所說斷一切善根的一闡提人。

三者，慧廣堅持執著離念靈知意識心就是佛所說的常住眞心，見善知識 平實導師所說與己相違，又無法依善知識及經典所說自我簡擇，不能安忍 平實導師的法義不同於他，故寫文章妄加破斥；本會基於正法不可被破壞的理念，爲救護眾生，是故回應他的破法文章而出版了《眼見佛性》一書。慧廣因此又復起瞋，另闢新題目，再度毀謗正法；是故正光不得不再度爲文回應之；慧廣又因自己的邪法被人辨正，造成面子難看及名聞利養漸漸流失的窘境，遂不斷撰文毀謗本會所弘揚的正法，故又成就毀謗善知識及正法的惡業。合此兩惡業，已使慧廣未來捨壽後將面對非常嚴峻的不可愛異熟果報，因此建議慧廣應該努力研讀經典，深入了知三乘經典中佛說的八識心王正義，然後公開懺悔而消弭謗法、謗善知識的大惡業；否則臘月三十到來時，想懺悔或補救，都已來不及了！一世的名聞與利養，何須如此看重而賭上未來的無量世。

又證悟以後，可以現觀這個第八識阿賴耶識心體非常清淨，隨時隨地顯示祂的清淨性，可是心體內卻含藏著七轉識相應的染污種子，尚待歷緣對境轉變這些染污種子；仍待悟後精進斷除我執等一念無明煩惱種子，即是斷除阿賴耶識能藏、所藏、我愛執藏的阿賴耶性後，斷除了分段生死，除掉阿賴耶識名字，成為異熟識，只改其名不改其體。又精進斷除一念無明習氣種子隨眠及所知障隨眠，改異熟識名為無垢識，亦是只改其名不改其體。所以證悟者所悟的第八識阿賴耶識就是因地的眞心，也是未來佛地的無垢識，都是同一心體；只是在不同修證階位，施設不同的佛法名相爾。

又明心一事，自古以來眞的不容易，若非過去世培植深厚的善根、福德，以及佛菩薩安排，得以値遇善知識，以及善知識巧設各種善巧方便教導與建立正知見才能夠明心證眞以外，欲自修而能破參者，難如登天。所以自古以來，許多禪師深入叢林參到老死，猶不能明心，此乃正常之事，不足為奇；故也難怪古來證悟者永遠都是少數人，尚未證悟的人永遠是大多數人；所以眾生往往沒有慧眼可以簡擇，很容易被人數眾多的錯悟、未悟的法師、居士所誤導，乃至被錯悟的法師、居士所蠱惑，以冠冕堂皇的護法名義，共同抵制或破壞眞善知識所弘揚的如來藏正法，仍自以爲是在護法，卻不知自己正在破壞正法，是與錯悟的法師、居士共同成就毀佛、謗法及毀謗善知識之重罪。

明心尚且如是難證，更何況是上於明心證眞的眼見佛性境界。所謂眼見佛性，就是親見自己第八識阿賴耶識直接出生的見分，外於六塵運作，而在六塵分明顯現祂的總相作用，也是用父母所生的肉眼親見如來藏的本覺性，所以十住菩薩眼見佛性時是少分見，不是全見，也不是不見，只是未能如佛的了了見，不能如佛觀掌中阿摩勒果那麼清楚而已，正如《大般涅槃經》卷八、卷二十七開示的正理一樣，卷八云：【迦葉菩薩白佛言：「世尊！佛性如是微細難知，云何**肉眼**而能得見？」佛言：「迦葉善男子！如彼非想非非想天，亦非二乘所能得知，隨順契經以信故知。」】卷二十七又云：「佛性亦爾，一切眾生雖不能見，十住菩薩見少分故，如來全見。十住菩薩所見佛性，如夜見色；如來所見，如晝見色。」

所以菩薩透過無相念佛的憶佛拜佛及看話頭的功夫，不論在動中或靜中，都能將話頭的變化及差異看得純熟，於因緣成熟時，得以一念相應慧而眼見佛性，眼見自己身心及山河大地的虛幻，因此成就十住菩薩如幻觀的實證而轉進於初行位菩薩數中。

又十住菩薩眼見佛性，可以從其他有情身上看見自己的佛性，也可以看見所看有情的佛性，也可以在無情身上看見自己的佛性，由於佛性在六塵境上顯現，所以是有境界法、有所得法，卻也是無所得法，因爲佛性是本就存在而以前未能看見，現在看見了的佛性卻是自己本有的。又佛性不是見聞覺知，但不能離見聞覺知而見。

又《大般涅槃經》卷二十七云：「善男子！譬如瞎者見色不了，有善良醫而爲治目，以藥力故得了了見；十住菩薩亦復如是，雖見佛性不能明了，以首楞嚴三昧力故，能得明了。」所以平實導師傳授無相念佛的憶佛拜佛動中定，既然可以因此眼見佛性，當然就是 佛所說的首楞嚴三昧力了，正是楞嚴所說的念佛圓通法門。佛性既然必須透過首楞嚴三昧定力而得眼見，當後來定力退失了，佛性當然也就看不清楚了，乃至看不見；但仍然知道如何見佛性，純粹是慧力照見其理及動中定力助益而能體驗的緣故。有定力時就能眼見佛性，定力失去了就看不見佛性；這樣粗淺的禪定知見，凡是修學多年定力的佛弟子都知道的道理，身爲出家三十多年且是以定爲禪的慧廣，竟然分不出定力、定境之差異，實在太令人不可思議了！顯然他是連靜中的基本定力都沒有，更別說是動中定力了。不修首楞嚴三昧動中定的慧廣，又沒有靜中基本定力，竟然想要以意識思惟來實證見性的境界，名爲愚人之妄想。

爲什麼慧廣佛法知見會產生偏斜？主要原因是誤信錯悟祖師的開示，堅持離念靈知意識心是眞心，所以不信佛在諸經所開示正理：「眞心離見聞覺知」，乃至不信 佛在《大般涅槃經》開示：「**可以用父母所生肉眼而眼見佛性。**」遂不能了知眼見佛性的道理，將佛性說之爲六識的知覺之性，同於自性見外道一樣，誤以眼見佛性等同定境、幻境、夢境以及民間習俗觀落陰等意識境界，完全曝露慧廣沒有明心、更未眼見佛性的事實。平實導師以往不曾一言一字評論慧廣，但慧廣因爲不能安忍原有的「證悟者」虛假身分，由於說法虛假，無法被人以 平實導師的法義加以檢驗而被學人認定爲錯悟，就寫文章攻訐正法；正光加以回應揭穿以後，慧廣更不能安忍，遂生起見取見而常常在網站論壇上撰文毀謗正法、造作惡業，如今又寫出文章加以毀謗，加深了謗菩薩藏的大惡業，眞是佛說的可憐愍人。

又正覺同修會能夠讓同修們在二年半共修當中，永遠超越離念靈知意識境界而斷我見，也能藉禪三精進共修中善知識的指導而明心證眞，乃至慧力、定力、福德具足者可以眼見佛性，所憑藉的是無相念佛、憶佛拜佛動中定的深入、正知見的建立，並巧設許多善巧方便，以及同修們努力爲正法付出所培植的廣大福德，故於因緣成熟時，得以一念相應慧，找到第八識心體而破初參；並於證悟後，與所有經典相印證而確認無疑。試問：揆諸禪宗典籍記載，有哪一位祖師大德能夠在十餘年中引導三百位佛弟子明心證眞呢？唯 平實導師也！

又 平實導師所教導眼見佛性之法，眞的可以用父母所生肉眼而眼見佛性，也可以與《大般涅槃經》相印證。揆諸禪宗典籍記載，能夠眼見佛性的祖師們並不超過一打人，試問：又有哪一位祖師大德能夠在十餘年中引導十多位佛弟子眼見佛性呢？唯 平實導師也！

又明心及眼見佛性後，爲增益弟子的般若智慧，平實導師聚集已明心及見性的弟子，授與禪門差別智；揆諸禪宗典籍記載，試問：有多少大德，於弟子明心及眼見佛性後，能聚集弟子而大量傳授禪門差別智呢？唯平實導師也！

所以平實導師平常所開示、所教導的法義，比以往證悟祖師所說更深入、更詳細，不僅函蓋了總相智、別相智，更函蓋了道種智，因此 平實導師所說的法，有許多是一般久學者聞所未聞法，唯有菩薩種性人才會信受，小乘聲聞、緣覺及一般凡夫們聞之不信，實乃正常，何以故？因爲心量小的定性聲聞、緣覺種性人，樂於寂靜，忽聞微妙甚深了義法時，畏懼長劫修行及未來隔陰之迷而忘了今世的修行，導致輪迴生死而不能出離，故不敢迴心轉入大乘中求明心、見性，更何況是未斷我見而落入意識境界中的凡夫慧廣，當然更加不信了。

慧廣應該在拙著《眼見佛性》[1]一書出版後，將文內所說的眞實義理拿來和經典比對及自我檢討，如此方是有智慧之人；沒想到慧廣挑起法義辨正的爭端以後，無法安忍自己的錯誤法義被人辨正，無法安忍自己仍在常見外道位中的事實被人被動舉發，只因爲面子上難堪，欲掩飾未悟的事實及模糊焦點，遂另闢新題目，另造新文來非議 平實導師，不能針對原本《眼見佛性》書中對他錯誤法義所提出之辨正先行解決，前事未了，卻另闢戰場再生新事端，欲以無窮無盡的新題目，不斷的挑起法義辨正，永遠不對先前被辨正過的錯誤認錯或提出正確的理證與教證；如此作法，是在迴避每一次妄評他人正確法義的言責，是不負責任的行爲。如此不對自己已被證明錯誤的法義澄清或認錯，卻不斷的轉移話題、另闢戰場，迴避言責，不是意誠心直的人所應作的事。慧廣如此不誠實、不負言責的行爲，不僅再次成就毀謗善知識及謗法的業行，而且也造就後學再次回應撰文予以辨正的機緣，方有此書的被動出版。

但慧廣似乎是不信有未來即將接受的謗法、謗善知識、誤導眾生的後報在等著他，看來他是不信因果的。今以敘述此書的緣起，來代替序文，也希望那些堅執離念靈知意識心爲眞心，以及不信能夠用父母所生肉眼看見佛性的佛弟子們，

[1]編案：此書是被動回應慧廣法師的謗法文章而寫的，不是主動評論慧廣。

應以慧廣愚癡無智的心行爲鑑，以免踵隨慧廣足後共同謗法，等到捨壽時想要回頭，已來不及了；未來重回人間之時，已是一百大劫以後的事了。這是《大乘方廣總持經》中 佛陀早已開示過的因果律，不可輕易的忽視；也希望慧廣承擔了謗法示現的犧牲，所能成就的功德，有助於慧廣於未來無量世後親證佛菩提，乃至眼見佛性；唯除他不肯承認這些謗法、謗賢聖的種種事都是善意的示現。

菩薩戒子 **正光** 謹序

二〇〇五年十月於 正覺講堂

花絮

導致本書寫作的緣起者慧廣法師，曾率眾親訪本會吳居士論法，以下是吳居士來函略述其率徒前來論法的過程與內容：

敬 呈

導師 平實菩薩摩訶薩

游正光老師菩薩摩訶薩

這次到台北正覺講堂，恭受 導師指導的菩薩戒大法時，受到游正光老師的召見，他要我將和慧廣所見面的情形，寫封報告信向 導師您呈報，弟子因為學歷有所限制，文辭不通達，辭不達意，敬請 導師您見諒。

認識慧廣的緣起是一九八七年間，在一本旗津佛教居士林雜誌上，看到著作者慧廣的大名，那時我和大牛師兄剛學佛不久，在一九八八年間一起到六龜鄉新開村的空生精舍，歸依慧廣門下，跟法師學了一些佛教禮節及一些佛法的名相，也請回他的幾本著作回家閱讀；慧廣當時所教的緣起大法及四念處，我們也一一熏習過。也從他已有的一間精舍到後來有了三間精舍，我們跟大牛師兄也都盡力護持過；一路走過來，從澎湖的大悲寺慧濬法師那裡，及全省各大道場，也都有我們的足跡；在當時大家心裡也都不曾安過心，一直到了一九九七年間，大牛師兄在慈雲雜誌上看見 平實導師公案拈提的文章，後來才有我們幾位師兄姊到台北 平實導師所指導的正覺講堂上張老師週一的課程。在 平實導師指導和張老師的教誨下，將第一義諦的大法詳細的解說，我的慧力也慢慢的成長，才了知慧廣過去所教導的緣起性空都是言不及義。沒想到他到了現在還顛倒想，處處言說我所學的**阿賴耶識是生滅法**。

記得在二〇〇三年八、九月左右，慧廣打一通電話說要到我家一敘，當天的下午一、兩點鐘，慧廣帶領著他的徒弟觀淨比丘及觀瑞比丘尼師等共七位出家法師到我家裡（其他法師的名字已記不起來）。進門後，我頂禮法師們，慧廣起頭介紹說：「吳居士現在已明心見性。」當時我說：「對不起！師父！我只是明心，還沒有見性。」慧廣接著說：「明心等於見性。你在學什麼法？」當時我發言：「明心和見性是兩個不同層次的證量，明心有明心的證量，見性有見性的證量：明心不等於見性，見性不等於明心，我明心了，但是還沒有見性，無法說出見性的內涵、證量以及祂有何功能。」觀淨法師說：「你明心是明什麼心？」我說：「我明白第八識，又名阿賴耶識、如來藏、眞心、如、所依識、無垢識等，親證祂的內涵，了解祂和七轉識和合運作。」

觀淨法師又問說：「**阿賴耶識是生滅法**，你說和祂相應，不就是明白妄心嗎？」我說：「師父！您不能說阿賴耶識是妄心，阿賴耶識有眞有妄，心體是眞，祂所生的七轉識是妄；一心有兩門，心眞如門和心生滅門，眞妄和合運作。」

慧廣又發言：「你們蕭平實說眞如是本體，佛性是作用，這樣是不對的，眞如和佛性是不分的，哪有像你們這樣的分法？」我請問慧廣對眞如佛性的看法，剛好桌上有一盒衛生紙，慧廣伸手移動一下，說：「這就是！」[2]我說：「師父！你錯了，你眞妄不分！」

在這次以前，我破參回來後某一天，我和王師兄到六龜去找慧廣。慧廣問說：「王居士！你現在自在嗎？」王師兄說：「我還不自在。」（當時王師兄還沒破參）慧廣又問：「吳居士！你自在嗎？」我說：「我現在很自在，因爲我已經

[2]編案：慧廣仿效野狐作略的目的，是想要套取明心的密意。

找到第八識、阿賴耶識，煩惱也漸漸減少。」慧廣說：「你還有一個第八識，一切都是緣起性空，你就是常見外道[3]。」我言：「世尊說，一切有情都有八個識──眼識、耳識、鼻識、舌識、身識、意識、末那、阿賴耶識，師父你怎麼可以外於阿賴耶識而單說一切緣起性空呢？緣起性空也要有所依，如果不是這樣，那你不是落在斷見裡嗎？」

當時慧廣跟我耍機鋒，手左右搖擺，向我說：「吳居士！你會嗎？」我說：「那是你的手在左右搖擺。」慧廣說：「吳居士！你不懂。」當時桌上一杯茶水，我舉杯問慧廣：「師父！這是什麼，您懂嗎？」

慧廣說：「我不跟你講了！」我說：「師父！你根本不懂什麼是禪。如果您懂得，你就知道這裡面眞正的意涵。」（因爲當時剛破參回來，沒有什麼經驗，忘記導師您在禪三所教導的話，忘了告訴他：那是七轉識、色蘊和行蘊的運作。）在那時候大家說的很不愉快（我現在只是寫重點）。

時空轉回來，觀淨法師又問：「在楞嚴經裡，世尊說：不在內，不在外，不

3 慧廣法師認定意識是常住心，不能超越意識層次，自己正是常見外道，竟指責已經超越意識而證得慧廣所不能證的阿賴耶識的吳居士是常見外道。

在中間，如同阿難尊者七處徵心一樣，你說你證到眞心，何處證得？」當時我說：「師父！你瞭解阿難尊者七處徵心是徵何心嗎？是妄心？還是眞心？阿賴耶識在何處，你瞭解嗎？」觀淨法師無法回答，身旁的一位比丘尼接著說：「阿賴耶識就在我們的身上！」我說：「師父！您比觀淨法師厲害，阿賴耶識不離五蘊、不即五蘊，不即不離，是名中道義。阿難尊者當時還沒有明心，他所徵的心是妄心，所以世尊才說不在內外中間。」後來觀瑞比丘尼師發問：「吳居士！你現在用什麼方法修行？**阿賴耶識又是怎麼一回事？**」[4]我說：「未破參前憶佛、拜佛，現在破參了，還是憶佛、拜佛，同時也轉依阿賴耶識的無生體性修行；至於阿賴耶識不在內、不在外、不在中間，祂無覺無觀，也離言說，爲了維護世尊密意，我不能明講。」觀瑞比丘尼師說：「你在學什麼法？離言說又不能明講。」當時我的同修說：「師父！正覺同修會最近在台南新開了一個禪淨班，由張正圜老師教學授課；如果你要瞭解阿賴耶識祂的體性及如何運作，你就來我們班上報名上課，兩年半後才有資格報名禪三；觸證了，並接受平實導師印證，才能瞭解阿賴耶識的體性和運作。」

[4] 編案：觀瑞比丘尼想要套取阿賴耶識的密意。

他們聽了也很不以爲然，慧廣他們一直認爲阿賴耶識是生滅法，他們顛倒想，也談了一些不如理作意的話，誹謗佛菩薩的大法，成就了一闡提人的惡業，令弟子相當嘆惜。後來他們離去時，慧廣說：「吳居士！我們算是平手。」我說：「師父！你差我那麼多，怎麼說是平手？」時間相隔太久，有些內容忘了，我也沒辦法一一全部細敘，只有將還記得的和重點，向 導師呈報，以上是慧廣一行人到寒舍來談法的大概內容[5]。

末學 吳正貴 頂禮

二○○五年三月十六日

[5]編案：由此信中的內容，已經可以判斷某位楊先生曾去空生精舍面見慧廣，將自己「所知」的密意爲慧廣明說；然後由慧廣化名龍樹後族，在網站論壇上對 平實導師大肆攻擊。但因爲慧廣是聽來的，不是自己參究所得，只知其然而不知其所以然；又因爲不信阿賴耶識心體是常住法，導致智慧無法生起，所以他遇到初悟沒幾天的吳居士，就無法招架了！由此信中慧廣及其徒弟的說法，證明慧廣也是六識論者，根本不知自己的意根何在，意根與意識都分不清楚，正是玄奘菩薩說的「愚人難分識與根」，既是愚人，當然無法實證阿賴耶識心體的所在，何況能現觀阿賴耶識的本來自性清淨涅槃？所以他們一直否定阿賴耶識而成就謗法大惡業，卻一直想要瞭解阿賴耶識的密意，所以不斷亂寫文章，想要在法義辨正過程中套取阿賴耶識的密意。但由於他和印順一樣是六識論者，在否定阿賴耶識的大惡業遮障中，當然不可能實證阿賴耶識，當然無法了知祂的密意。

第一章 緣起

慧廣於二〇〇三年七月在《僧伽雜誌》第十二卷第四期刊登〈眼見佛性的含義〉一文（以下簡稱〈眼見佛性的含義〉，後來將此文刊載於自己所著《禪宗說生命圓滿》書中一四九頁—一七三頁，解脫道出版社，二〇〇四年十二月初版），文中提出不能認同成佛之道網站（http://www.a202.idv.tw）版工將其列入附佛外道以及不相信可以用父母所生肉眼而眼見佛性的事實，撰文毀謗 平實導師，謗爲所悟非眞及不可能眼見佛性。因此緣故，正光奉 平實導師之命而作法義辨正，並於二〇〇四年五月完稿，八月由同修會印書出版，書名爲《眼見佛性》，副題爲：「駁慧廣法師「眼見佛性的含義」文中謬說」（以下簡稱《眼見佛性》），書中就慧廣說法錯謬處，包括慧廣所認知的眞心是離念靈知意識心，妄謂阿賴耶識是妄心、妄識，以及不能用父母所生肉眼看見佛性等等，一一加以摧邪顯正，鉅細靡遺。並引經據典闡述：慧廣所「悟」的離念靈知意識心不是眞心，阿賴耶識就是佛所說的第八識眞心，以及明心證眞親證第八識阿賴耶識本體，眼見佛性是親見第八識作用的正理，並輔之以實例詳加說明，來證明慧廣說法極爲荒謬。

正因爲慧廣落在離念靈知意識心中，未斷我見，不知阿賴耶識就是佛所說的第八識眞心，本應藉著別人對自己作法義辨正的機會來反省自己，簡擇經典所說正理來修正自己的不如法處，並修除自己謗佛、謗法、謗大乘勝義僧之罪業，滅罪於無形，這樣才算是有智慧之人；可是慧廣卻沒有這種智慧，對原來辨正的法義正訛，還沒有提出接受或反駁的聲明，卻反而另外撰文、另立新題，想要無止盡的另立新題目，來作無止盡毀謗 平實導師的惡行，置自己的錯謬於不顧，不肯處理先時之過失錯誤而面對之，豈是號稱學佛、弘法、智慧廣大的「慧廣」法師所應該作的行爲？

又 平實導師於《眼見佛性》一書出版後，懷著憐憫心，欲救慧廣愚癡無智之行，囑咐正光將每期《正覺電子報》紙本版一一寄給慧廣，希望慧廣看到《正覺電子報》以後，能悔改以往錯誤的知見，修正自己的心行，並趣向佛所說眞正的解脫道及佛菩提道。沒想到，慧廣不僅不思自己說法落處虛謬，不能反省自己爲何無法回應辨正，卻反其道，將已被破斥而顯然無法答辯的〈眼見佛性的含義〉錯誤文章，納入自己所著《禪宗說生命圓滿》一書中，文後並補述弟子觀淨法師

〈明心正說〉一文（一七五頁—一八二頁）而出版之，繼續毀謗第八識，說第八識不是佛所說的眞心。而且慧廣自己又另外撰文—〈蕭氏「眼見佛性」與「明心」之非〉（一八三頁—二一八頁，以下簡稱〈明心見性之非〉）[6]來非議大乘勝義僧 平實導師，並且在文章後面專在事相上無根毀謗，不僅再次故犯毀謗大乘勝義僧之罪行，卻不畏懼自己正在廣造無間地獄業，在未來世將受長劫尤重純苦果報，因此再次成就正光提筆撰寫《明心與眼見佛性—駁慧廣〈蕭氏「眼見佛性」與「明心」之非〉文中謬說》之因緣。

爲了使慧廣再次了知自己說法的落處而心生警覺，使能不再廣造毀謗大乘勝義僧及如來藏最勝妙法之重罪，正光於此改變以往之辨正方式，針對慧廣重大佛法知見錯誤處，於文前、文中、文後，引申若干有次第性的問答題，有請慧廣一一回答。待慧廣回答後（或者僅回答一—二題後）就能知道自己說法的落處，保證汝慧廣口似扁擔，無說話餘分，只能另闢新題、新開戰場，成爲顧左右而言他的一再另闢新題的無聊人。之後，正光再將佛的開示與慧廣的錯誤處另行一一加以

[6] 編案：慧廣網站上公佈的目錄此段在：一八三—二一八頁，二一九頁並爲其所列修學禪宗必看典籍，查紙本書亦然；另外，於二二〇—二二二頁，附錄一篇：〈五臺山澄觀大師答皇太子問心要〉。

舉示，並條分縷析說明及辨正之。到那時候，慧廣就會知道自己是多麼愚癡無智，是否因此而能懺悔再次謗佛、謗法、謗大乘勝義僧之愚癡行，那就只能看他是有慚、有愧的人，或是無慚、無愧的人；若汝慧廣一仍舊貫而繼續以維護面子作為優先，不顧下一世開始的未來無量世果報，就已不是佛門眞正的法師了，不信因果故。如是為汝作了這許多事以後，若仍然逃避已經辨正的法義而不作思惟與面對，反而如同此次又另闢新題目、另闢新戰場，就無法救得了汝了，一切人都已對汝無能為力了。

又慧廣摘錄正光《眼見佛性》文章時，本應將摘錄內容一字不漏的顯示出來，可是慧廣卻將平實導師及正光文章依自己意思重新斷句，斷章取義而將一些文字省略，藉以扭曲原來的文義。像這樣的行為，可以顯現慧廣若非心思極粗糙，就是故意不誠實的人，如此也難怪他會犯下大妄語罪及毀謗大乘勝義僧 平實導師的罪行，同時也是極嚴重謗法的惡行；因為慧廣在《禪宗說法與修證》、《禪宗說生命圓滿》書中公開表示已經開悟，然所證的心卻是離念靈知意識妄心，未斷我見、落在識陰中，不是佛所開示的本來就離見聞覺知的第八識阿賴耶識眞心；他又公開誹謗第八識為外道法，故說他亦成就極嚴重謗法的重罪，因為三乘菩提都是依第八識才能存在與成就。因此正光在分章節開始辨正時，特將慧廣援引他人文章時，變造成與原意不同的地方，加以標示出來，以顯示慧廣是一位不誠實的人。

以下先轉載慧廣《禪宗說生命圓滿》之〈蕭氏「眼見佛性」與「明心」之非〉一文（一八三－二二二頁）全文如下，然後辨正之，證明正光並未對他的文章斷章取義：

一、緣由

「眼見佛性的含義」一文，於二〇〇三年七月刊登於《僧伽雜誌》（第十二卷第四期），經過一年的時間，在二〇〇四年八月，蕭平實團體出版了一本書：《眼見佛性》，副題「駁慧廣法師『眼見佛性』文中謬說」，由蕭平實先生門生正光先生執筆。二十五開，書籍厚達三百五十餘頁；蕭平實先生親自寫一篇序文來反駁，亦長達四十餘頁，比拙文「眼見佛性的含義」還長。爲了個人一篇短文，勞駕蕭團體花了一整年的時間，來寫作反駁書籍，眞是辛苦兩位了！

對該書略微翻閱一遍，個人不旦，不覺拙文「眼見佛性的含義」一文觀點有錯，反而更加可以證明我寫的沒錯，也更加可以證明蕭團體的論說不同於佛教所說。正光先生身爲蕭團體教師，該書又蒙蕭平實先生親自作序，所說當可代表蕭意。底下就摘錄該書（正光先生著《眼見佛性》）一些片段來說明：

二、佛性是見分？

「佛性乃如來藏中直接出生之見分，外於六塵而運作，而於六塵境界上顯現。」（二八七頁）

說佛性是見分，眞是佛教界一大新聞！個人進入佛門三十餘年來，這還是第一次看到。

「見分」是唯識學名詞。唯識學說凡夫心識有四種功能：見分、相分、自證分、證自證分。「見分」用一般人較容易了解的文字來說，就是指我們內心能見、能聽、能感受、能知覺的作用，簡單來說，就是內心的見照作用。

「佛性」就是「覺性」。「覺性」就是知覺之性。所以，把佛性當作見分，就是把佛性當作知覺，那眞是錯的離譜了！難怪他們會說佛性可以眼見，又說可以看見自己的佛性在運作，也可以看見他人的佛性在運作。眞是一錯，種種皆錯！

三、佛性是作用？

「然而佛性是從眞如心體（阿賴耶、異熟、無垢識）出生的作用，不論是眼

見佛性所說的佛性，或是明心者眼見成佛之性所說的佛性，都是從眞如心體中出生的作用或現象……。」（一六五頁）

「『性』永遠都只是作用，而不可能是『體』，這不旦是世俗人的常識，更是學佛人所應當具備的基本常識。」（一六四頁）

說「『性』永遠都只是作用,而不可能是『體』」，實在是說的很沒有常識！

《國語辭典》解釋「性」字有三種含義：

「一是『人或物自然具有的本質、本能』，如本性、人性、獸性，論語揚貨篇：性相近，習相遠也；荀子正名篇：生之所以然者謂之性；二是指『事物的特質或功能』，如藥性、毒性等；三是指『生物的種別或事物的類別』，如男性、女性，陰性、陽性。」（電子檔國語辭典）

所以，當我們說本性、自性、佛性的時候。這個「性」字的含義是屬於第一種，也就是指「體」。

再來看佛教方面的解釋。

丁福保著《佛學大辭典》：

「【性】（術語）體之義，因之義，不改之義也，唯識述記一本曰：『性者，體也。』」

明朝・楊卓著《佛學次第統編》：

「【性】法性十二種異名：眞如、法界、法性、不虛妄性、不變異性、平等性、離生性、法定、法住、實際、虛空界、不思議界。」

現代、古代的佛教辭典，都解釋「性」的含義就是「體」，這是佛教界對「性」字一致的看法。難道當古代禪師說「自性」、「本性」的時候，不是指「體」，而是指「自己的作用」、「本來的作用」嗎？

如《佛學次第統編》所說，「性」字是法性的稱謂。在佛教中，對法性有多種的名詞表達，最常用的就是佛性、眞如。佛性與眞如，都是指「體」，只是從不同角度來描述，而有不同的名詞。

天親菩薩《佛性論》卷一：「佛性者，即是人法二空所顯眞如」。所以，佛性、眞如只是同體異名，並非如蕭團體所說，「佛性是從眞如心體（阿賴耶、異熟、無垢識）出生的作用」，而說眞如是體、佛性是作用，甚至說，「性」永遠都只是作用。

試問：如果佛性是作用，那麼，禪宗說的「見性成佛」，就是「見作用成佛」

了？作用無常，見作用所成的佛也是無常，請問，這是成什麼佛？如此，禪宗還可以說是「一悟即至佛地」（六祖壇經般若品）、「不歷僧祇獲法身」（楞嚴經），號稱為佛心宗，傳佛心印，教外別傳的頓悟法門嗎？

四、眼睛見到佛性？

「……並且能以肉眼親見一切無情上面顯示出自己的佛性，亦即眼見佛性之意。……由此可知，佛性是透過一切境界上顯現，具足了阿賴耶識的有性。因此眼見佛性的當時，不僅看見自己的佛性，也可以看見一切有情的佛性。不僅於有情身上，可以看見自己與有情的佛性，也可以在山河大地上面看見自己的佛性。」（二一五頁）

「眞正見性者，可以從一切無情物上，譬如牆壁、山河大地、石頭、樹木上面看見自己的佛性，然而實際上，自己的佛性，卻不在那些無情物上面。」（二一七頁）

「接著，導師【蕭平實先生】又叫我看花：『從花上見到自己的佛性如此清楚，如果地上有狗屎，可否從狗屎上看見自己的佛性？』聽了這句話，也是猛點頭，心裡很激動，眼淚又止不住的流下。接著，導師又指著天邊的明月，問我『佛性看得清楚嗎？』然後又說要讓我看特別的東西，就教我仔細的看著停在車門上的小飛蛾，我正專心的看著牠，導師緩緩的用如意竹去輕輕的碰牠一下，小飛蛾就突然的飛了起來：『天呀！太神奇了！從牠身上清楚的看見自己的佛性』。趕緊向導師禮拜感謝。」（三五一頁）

蕭平實先生不但極力強調「眼見佛性」就是肉眼見到佛性，還引用修學者看見佛性的經驗，來證明肉眼看見佛性的不虛。

但我要說的是：宗教經驗是良藥，也是毒藥。宗教經驗可以讓人對他所信仰的宗教深信不疑，但有許多宗教經驗其實都是幻境，並非事實，更非究竟，包括蕭團體中的「眼見佛性」在內。有這類宗教經驗者，如果沒有正知正見，深陷於這些幻境中以爲究竟，不旦，這生慧命完了，未來世要值遇善知識，正信佛法恐怕也難。

爲什麼這樣說呢？依據前面所引書中所說，蕭團體所說的佛性是見分、是作用，也就是凡夫心中的「知」，所以正光先生說「眼見佛性是有境界法、是有所得法」（二八一頁）。因此，他們的佛性並非佛教所說的佛性、自性、本性；他們說的「眼見佛性」，並不是禪宗所說的「開悟見性」，也非《大般涅槃經》所說「眼見佛性」的含義。這點，佛教徒必須記住，才不會受其迷惑。

由於他們所說的「佛性」是見分、是作用，當然有某一種定力的人是可以見到的；不僅可以見到自己的，也可以見到他人的，這點不需懷疑。但因依定力而見，定力一失，他們的眼見佛性（見分、作用）也就不見了。

因此，蕭平實先生在序文中一再強調眼見佛性要有定力，（見該書十八、十九、二十、……頁）又見正光先生所寫：「佛性於一切境界上顯現，若無定力，縱使慧再好，也無法眼見。此外，一旦定力退失時，佛性也會跟著定力的退失而不能眼見，這是正覺同修會中見性同修們的經驗。後來再繼續培植定力，在定力回復時，就會再度可以隨時隨地看得見佛性了。」（二五一頁）

可知，他們所說的「眼見佛性」絕不是禪宗所說的「見性」。見性是「一悟永悟，不復更迷」（馬祖道一禪師語錄）。這點，學禪宗者，必須分辨清楚。

說到這裡，智者就可以理解了。「眼見佛性」是依定力而見，那當然就是一種定境—由定所產生的幻境。爲什麼會產生這種幻境？因爲有人故意引導，蕭平實先生誤解了《大般涅槃經》所說的「眼見佛性」就是用肉眼去看見佛性，於是引導略有定力的人，用見分去看外面的世界。結果在意念主導之下，以幻生幻，自己看見了自己，見分幻現見分，而把見分當作佛性。

這就好比有些人在類似禪定中，會感覺到自己離開身體，看到自己在那裡打坐。你說這個是眞實，還是幻境？又好比民間觀落陰之類的方術，在特意催眠之下，有些人就到了陰曹地府，見到了自己的親人，還能與他們對話，其實大多是心意識所變的幻境。更容易了解的舉例是：夢境。睡眠中，大家都做過夢，夢中的境界無一眞實，但在作夢時，卻是多麼的眞實，誰覺其幻？

以很簡單的例子，就可以證明「眼見佛性（見分）」的不實。例如：佛性（見分）是見來的，當你不見時，佛性（見分）還在嗎？不在！那麼，佛性（見分）是幻境已無疑，它是依附於「見」而有。

再說，佛性（見分）是見到的，見到的便是所見。所見必有能見，有能見、所見，便是對待，互依互存，所以是虛妄。

再來，說肉眼確實能夠見到「佛性」（見分、作用），其實，也不是眼睛在見。如果眼睛能夠見，那麼人死了，肉眼還在，爲什麼不能見東西？所以，眼睛只是工具，是心靈透過眼睛來見到東西，不是眼睛自己能見到東西，把《大般涅槃經》所說的「眼見佛性」，一定要解釋成肉眼見到佛性，也太依文解義了！

見分本幻，但在略有禪定時，一知一覺都可能極爲明顯，而被當作眞實，何況故意去引導。在各種心意識中，「見分」是最容易被誤以爲眞實的，各種心所隨時生滅不已，但見分似乎不然，它知曉一切生滅，似乎不隨一切生滅，也難怪蕭平實先生會把見分當作佛性，而說佛性是作用，眞如是體，把體用分成兩節。然後說，明心不是見性，見性不是明心，把禪宗這個不二法門，說成有二法門。

所以，蕭平實先生的肉眼見佛性，是修行途中的一個岔路。把不二、無住、無念、無相的禪宗，誤導到有二、有相，走向心外求法的岔路上，並引唯識學、曲解唯識學來佐證他所說，對有名望、不符合他所說的佛門法師居士，大肆批評攻擊，說他們是常見外道、斷見外道。如此的毀壞佛法，卻自說在護法。

雖然，他們的「眼見佛性」也有一些受用，正光先生說：

「……得以眼見佛性清楚分明，成就二種功德：一者，成就如幻觀，（眼見身心及世界虛幻之現觀智慧），而了之如來藏之作用。……二者，以上述眼見佛性功德，反觀有情無始劫以來，世世之意識心都是從來未曾接觸外境，皆是如來藏藉著種種因緣而現諸法相。」（八八頁）

但這些都容易理解。所見依能見而眞實，依能見（見分）而有所見（相分），當你將心意放在「見分」（蕭所說佛性）上時，就不會去攀緣相分，那麼，相分（身心及世界或內心影像）自然如夢如幻，一點也不眞實，類似參禪過程「見山不是山，見水不是水」的境界。但這只是一種境，並非禪宗所說的開悟見性。

禪宗的開悟見性必須再突破這種不眞實的境界，回到「見山是山，見水是水」，卻又「山河及大地，全露法王身」，一眞一切眞，「若人識得心，大地無寸土」，卻又見物即見心，乃因心不自心，因物而顯故。這才是禪宗的開悟見性，那裡還有能見所見？哪裡還有有爲功德！

五、明心是觸證阿賴耶識？

「明心開悟者，必須經過參禪過程而引發一念慧相應，親自觸證阿賴耶識本體，以及現觀阿賴耶識，在自他有情色蘊中如何運作，也必須親自現觀一切有情的阿賴耶識，有眞實性與如如性而證得眞如。」（二一四頁）

「所謂破本參，就是找到自己身中的阿賴耶識（此眞識有多名：眞心、如來藏、異熟識、阿賴耶識、無垢識、如、眞如、本際、實際、我、心……等多名。）」（二一三頁）

我看過蕭團體中的一些明心報告，我不否認，有些可能是悟到眞心。但悟與證是不同的。證時身心脫落，「迴脫根塵，靈光獨耀，體露眞常」，對此再無懷疑，亦無可修可證，無佛可成、無眾生可度。此後凡有作爲，但是隨緣應物，如夢中人行於夢中事，沒有實在的我人，祖師所以說作夢中佛事、度夢中眾生，含義在此。

但悟只是明白，妄想執著、我見我執，未必全然脫落，因此，悟後的引導就很重要了，當蕭平實先生以眾生妄識、以漸修爲架構而建立的唯識學爲依據，來引導悟後行持，問題就出現了。

我們來看，當正光先生說「明心開悟者，必須經過參禪過程而引發一念慧相應，親自觸證阿賴耶識本體」，會出現什麼問題呢？

阿賴耶識就是第八識，就是妄心的根本，就是無始無明。緣由無始以來，無明與佛性混合，背覺向塵，雖有覺性卻不得說爲眞心、眞識，只能說是眞妄和合識。但在蕭團體的論說中，卻是眞妄不分，說阿賴耶識就是眞識、眞心、眞如，如正光先生所寫那樣。

試問：如果第八識是眞心，唯識還說轉識成智做什麼？見到第八識、阿賴耶識就可以了，何必轉識成智？「轉識成智」是中國唯識祖師玄奘在《八識規矩頌》中寫的，難道玄奘說錯了？

所以禪宗的明心見性，絕對不是明白到阿賴耶識。明白到阿賴耶識只是明白到妄心根本，也就是明白到根本無明，然後把根本無明的空空洞洞，看做眞心，說它「離見聞覺知，離思量性，從不作主、從來不於六塵境界中取相分別、從來無我性、從來遠離一切六塵境界。」（二一三頁）

景岑禪師說：「學道之人不識眞，只爲從來認識神，無始劫來生死本，癡人換作本來身」（景德傳燈錄卷十）正是說此。

他們說明心破本參「就是找到自己身中的阿賴耶識」。那麼，能找者是什麼？阿賴耶識是找到的，那便是心外之物，心外之物如何是你自己？阿賴耶識在身中，那麼身死阿賴耶識也就烏有了，這如何會是不生不滅的眞心？唯有妄心才是在身中，隨身一起死亡。所以，蕭團體的明心其實是明白了妄心根本，客氣點說，是找到了眞妄和合識。

由於阿賴耶識是眞妄和合識，於妄方面，他們能「現觀阿賴耶識在自他有情色蘊中如何運作」，能現觀、能見及如何運作，當然是妄心了。妄心才有形，眞心連眞亦是假立，方便稱呼而已，它無名稱無形相，非有爲法，如何觀它？如何見到它？何況還有運作？禪宗所說明心見性，只是如指指月，引人入門，並非還有能見所見，而是即明即心、即見即性，如人飲水，冷暖自知，言說不得、思議不及。

但由於阿賴耶識是眞妄和合識，於眞方面，便感受到它的「眞實性與如如性」，「離見聞覺知，離思量性，從不作主、從來不於六塵境界中取相分別、從來無我性、從來遠離一切六塵境界」。而會起念要現觀阿賴耶識「眞」的部分，以證眞如。

但話說回來。見有妄有眞，（現觀阿賴耶識在自他有情色蘊中如何運作，也必須親自現觀一切有情的阿賴耶識，有眞實性與如如性而證得眞如），雖說是「親自觸證阿賴耶識本體」，其實所證並非眞心、眞如。

如前所述，「眞心」一詞只是方便稱呼而假名安立，實際上，眞心無名稱無形相，非有爲法；見得眞心時，無能見所見，那裡還有眞與妄呢？

就如天親菩薩《佛性論》卷一所說：「佛性者，即是人法二空所顯眞如」。佛性就是眞如，眞如因人法二空而顯露。於人法二空證悟眞如時，自然亦無人我、自他、能觀所觀，否則不名證眞如。所以，禪宗二十三祖鶴勒那傳法偈說：「認得心性時，可說不思議，了了無可得，得時不說知。」（景德傳燈錄卷二）可知眞心不是用找的，不是如正光先生所說：「眞心與妄心並行，應該以生滅法的離念靈知妄心，去尋覓每個人都有，而且是與妄心同時存在並行的眞心阿賴耶。」（二六八頁）

或者，如蕭平實先生所說：

「是故，一切禪宗求悟之人，悉當了知：一切人皆同是八識心王並行運作者，前七識永是妄心，唯有第八識心方是眞心也。是故一切求悟之人，皆當以六七識妄心之見聞知覺性、之思量性，不令滅失，不令住於不能分別之狀態中，而以如是本來即能分別、即能思量之見聞知覺性，用來分別自身之眞心何在？」（宗門密意公案拈提第七）

以分別而得的，便是分別中物；以妄心找到的，還是妄心，如何會是眞心？蕭團體中明心者找到眞心後，然後還有眞心、妄心兩個心並行運作。請問，這是什麼眞心呢？我們是要相信被公認的古代出家祖師所說法，還是相信當今在家人所說？

蕭團體中所以會如此，這都源於他們見到的是眞妄和合的阿賴耶識，不是眞心，從而衍生出有眞心、妄心兩個心，倡說明心開悟者妄心依然存在，而能眞心與妄心並行運作的錯誤知見。

因此，蕭團體的明心並不是禪宗所說的明心見性，禪門中人幸勿爲其所誤；也希望蕭團體中人能認清事實，勿以自己證得的阿賴耶識，認爲便是證得禪宗所說眞心。

六、蕭氏的常見

蕭平實先生在序文中說：

「然而今時平實已經證明：在理證上，如來藏實有，亦可令人親證之……。佛確實曾在四阿含諸經中說過有如來藏、有第八識存在。」（二一頁）

蕭平實先生出有一本書《眞實如來藏》，極力肯定如來藏、第八識的眞實有。換言之，蕭氏的學說就是建立在如來藏實有、第八識眞實上面。如果第八識不實，如來藏非實有，他們所修證的「眼見佛性」、「明心」就崩塌了。

其實，說有什麼是眞實的，執著不放，非此不可，就是佛教所說的「常見」；而這個眞實的第八識（阿賴耶識），可以親證，觀看到它的運作，可以「眼見佛性」（見分），那麼，它們便是所見，也就是心外之物。蕭氏的「眼見佛性」與「明心」，見到的都是心外之物、修證到的都是心外求法，這便是心外求法，佛教就稱爲「外道」。所以，蕭平實先生毫無疑問是「常見外道。」有常見而又心外求法，便是標準的凡夫，如此，蕭氏自稱證到聖位，是大乘勝義僧，便是大妄語，後果堪憂。

唯識學本來就是站在俗諦（凡夫）上來談種種虛幻有，自然第八識亦不可能是眞實。不然，唯識學何必談轉識成智？當第八識轉成智後，叫做大圓鏡智，不再叫做阿賴耶識。這在中國唯識大師玄奘所著《八識規矩頌》中，寫得很清楚，稍有佛學常識的佛教徒，也都知道這個道理，何以蕭氏一定要執取第八識是眞實、是眞心，而與佛教界爭論不休？雖然識智如波與水，但修行要的是水——貪瞋癡止息、生死輪迴止息，而不是波——貪瞋癡、煩惱不息。

不但「識」不是眞實，不可執取，「智」又何嘗可以認爲眞實而執取？當你認爲它是眞實時，此眞實已妄，何況還執取不放。所以，唯識學談到「三性三無性」，其中「圓成實性勝義無性」，就是在闡釋這個道理。

「圓成實性」就是指圓滿、究竟、眞實的自性，又叫眞如、眞心、法性等。爲什麼「圓成實性」是「勝義無性」呢？因爲，它是圓滿、究竟、眞實的，自然離開一切虛妄相，沒有妄想執著，它無形相名稱，不能執取。當你認爲它眞實，你就已經離開它了，此眞實已非眞實。

眞如尚且如此？何況凡夫妄心的第八識，含有能藏、所藏、我愛執等三藏，怎麼會是眞實而可以執取呢？第八識在大乘學理上是存在的，但那是虛妄的存在，轉識成智後即無第八識的現象，第八識便消滅了，唯存眞如、圓成實性，思議不及、言說不得，離存在與不存在二邊。

再說如來藏，「如來藏」是指凡夫身中的佛性（非見分）而言，意思是：眾生本有佛性，但爲無明煩惱所障，猶如如來藏在身中而不知，所以叫做如來藏。在纏名如來藏，出纏名法身，（眞如在煩惱中，謂之如來藏，眞如出煩惱，謂之法身），這是佛教徒普遍都有的常識，蕭氏如何一定要執著如來藏是眞實？莫非要永遠停留在凡夫身中？

由於蕭平實先生錯誤的執取阿賴耶識，認爲第八識是眞實、認爲如來藏是眞實，墮入常見邪受而不知。對不認同第八識或如來藏是眞實者，便說他們是斷見，而眞正開悟見性者，卻被說爲常見。幾年來，如此批評乃至謾罵佛門出家法師，造作惡口業而不思因果可怖，卻反說別人在造惡業。眞是佛說可憐憫者！

七、蕭氏的我慢

「我慢」的產生，其實是源於「我」，心中有「我相」。從蕭平實先生以及他的學生的見道報告、明心報告、見性報告文章中，很清楚的可以看到，他們有能證、所證，自己明心了、看見佛性了。

有能證、所證，便是未離凡夫的我相。有我相，也就會有人相、眾生相、壽者相，於是，有我、有你、有他，世間凡夫相，無不具足。我明心了、我見性了，你還未明心、還未見性，你不懂、沒資格跟我談，我慢貢高就出來了。

再加上蕭團體的「明心」與「眼見佛性」，是自行註冊成專利，不是佛教禪宗所說的明心見性。一般人不向他們學習，是無法得到他們的「明心」與「眼見佛性」的。而佛教界幾乎所有開悟、見性的出家、在家大德，在他們眼中，都不是明心見性，都被批評成常見外道或斷見外道。只此一家，別無分號，他們的傲慢因而更貢高了。

從蕭先生的講演或文章中，從被印證明心或見性的學生言談中，隨處可見這種我相傲慢，其程度有時已到了飛揚跋扈，超出正常人應有的心態。

有能證、所證，此證已非眞；我、人、眾生、壽者四相具足，更不可能解脫。

這點，《圓覺經》卷一已說的很清楚：「善男子，末世眾生不了四相，雖經多劫勤苦修道但名有爲，終不能成一切聖果。何以故？認一切我爲涅槃故，有證有悟名成就故。」

要了解此中原因，請自行觀看《圓覺經》淨諸業障菩薩章。如有不懂，請看一些祖師及當代法師大德註解，日後蕭氏可能會講解《圓覺經》，以附和他的學說，有智慧的人應該詳加比較，避免被迷惑。

八、宗門與教下

禪宗號稱「不立文字，教外別傳」，自然有它的道理。因爲，一切佛教經典所談大多屬方便對治，所謂眾生有八萬四千煩惱，佛乃開演八萬四千法門以對治。禪宗則直指眞心本性無妄，煩惱皆由不明實相而產生，若明此眞心本性無妄之實相，煩惱當下息。所以，永嘉大師《證道歌》說：「不除妄想不求眞；五陰浮雲空去來；三毒水泡虛出沒」。由此而顯出「直指人心，見性成佛」的頓悟法門，有別於教下各法門的漸修而悟。

所以，講說禪宗，必須依止禪宗祖師的開示，如果依教下經典來說禪宗，會把禪宗說的三不像而不知。例如：唯識經典是講求漸修的，以漸修來說頓悟的禪宗，不知道要如何來說起！這也就是蕭團體多年來一直獨豎一格，不能與佛門中人溝通、交流所在。

爲了讓有志於禪宗法門之人，能夠正確認識禪法，文後我會列出禪宗祖師的一些開示典籍，名：「修學禪宗必看典籍」。有心修學禪宗之人，務必找個時間多少看看。相信今人不如相信祖師，有心人可以找尋來閱讀，就知蕭團體所說禪，是否符合禪宗正見？可免受其所惑，斷害慧命而不知；也希望蕭團體中人，能幡然醒悟，改過自新猶未晚。

九、以行觀心

心性無形，亦無凡聖可言，我們如何知道一個人的心態是凡夫，還是聖者呢？從心行上觀察即知。「心行」是什麼？就是心的行爲。什麼是心的行爲？所思、所說、所寫、所作都是心的行爲。從《眼見佛性》一書的文章中，我們可以看出蕭平實先生與正光先生兩位的心態如何，是凡或聖？

拙文《眼見佛性的含義》，其實早在二○○二年十一月就已寫成，發表於個人網站「佛法討論室」中，給大家共同來討論，直到二○○三年七月，才整理發表在雜誌上。

而網站所以會討論這些話題，乃因早在一九九九年，就有修學蕭平實先生法門的人來網站討論室貼文，談些似是而非的相似佛法，乃引來不少人留言反駁，如此鬧了幾年。

但《眼見佛性的含義》一文純就法義來討論，不做人身攻擊，也不談及人事是非。沒有想到正光先生《眼見佛性》一書，包括蕭平實先生的序文，行文之間，不時挾雜著對個人的曲解、牽強附會、無中生有而進行污衊，令人覺得匪夷所思。也太會想像、太會幻想了。對人身的批評、攻擊，更是隨處可見，幾已流於情緒性的謾罵。更甚者，多處咒罵本人謗法，會墮入無間地獄；恐嚇本人會受無量地獄罪苦……。

這些實在是沒有必要的，如果道理對，只要把道理談好，別人看了自然會信受。進行人身攻擊，不會爲自己加分；恐嚇別人會墮入地獄，也不會增加說理的正確性，只會讓人覺得「沒格」，俗話說「看破手腳」，把自己的貪瞋癡慢疑、愛恨情仇等低劣凡夫心態，赤裸裸的攤開給人看。如此，說自己證了什麼？自己修的多好？誰信？只會自暴其短而已。

我與蕭團體沒有什麼仇恨，也不想與人爲敵，雖然與團體中人偶爾有過一些爭辯，但事過了無痕，不會放在心上。我的爲文，只是站在護法的立場而寫。不希望一個新的教派，把禪宗曲解談壞了，誤導了許多人。

說蕭團體是新的教派，是客氣的說法，其實蕭團體是新的宗教。雖然它自稱佛教，但所談幾乎都與佛教（禪宗）義理相悖，所行也不符合佛教戒律。例如：蕭平實先生自稱（或被稱而默認）大乘菩薩僧、勝義僧，以在家人身份爲人授皈依，未從其修學的出家法師則被稱爲凡夫僧，沒有資格爲人作皈依。正信佛教徒就知道，在有出家僧寶住世的世間，這是不如法的。

一個新興宗教，它要生存，必須依附在舊宗教旗子下。但它要成長，卻又必須不斷批評、攻擊舊有宗教，然後壯大自己，希望取代舊有宗教，蕭團體走的正是這條路。

多年來但見他（他們）不斷的批評、攻擊佛教界有名望的法師長老，連歷史上的祖師（蓮花生、宗喀巴、密勒日巴、龍樹、安慧……），所談只要阻礙了他的學說，也毫不客氣拉出來批評。被批評者，則先加以誤解、曲解，或牽強附會、無中生有，於是藉口批評對方是常見外道、或斷見外道，而說自己是在護法。

試問：古來高僧大德，哪位不護法？但有哪位以如此我慢的態度，自以勝義僧，非斥未曾從其修學的，就說是凡夫僧。以自己已明心（非佛教禪宗的明心）、以自己已見性（非佛教禪宗的見性），而傲視其他人，說他們未明心、未見性，無資格跟他怎樣、怎樣……。

就如正光先生在書中以在家人之身，對出家法師的本人，不時的作人身批評、攻擊。試問：這還可以稱是佛教徒嗎？還是三寶弟子嗎？但他有理由：慧廣是凡夫僧、是常見外道，沒有資格稱作僧寶。又不思自己造作惡業會墮落，卻反說別人會墮落。

同時，高推己境，故示神異，說「平實於過去諸佛座下出家以來已歷無量世，於本師釋尊座下出家以來已二千餘年。」（三七頁）；說「平實二千餘年前，親在佛座下時雖已明心，然而眼見佛性之緣，直至千年前親遇大善知識克勤圓悟大師之時，以心性單純、信心具足及福德具足故，殷勤奉侍、力護正法，是故親得傳授見性之法。」（十九頁）

這些說的跟大藏經中佛菩薩的本生談一樣，蕭先生等於暗示自己是菩薩了。如此，用意不外是吸引信徒崇拜。說穿了，就是自我造神運動，用以迷惑人。正信佛教徒是不會如此顯弄神異的。神異如果不實，就是犯大妄語；如果眞實有，說出來也犯了「過人法」，在出家戒上是犯戒的，但蕭先生是在家人，他不知也不理會。

總之，在蕭平實先生的序文、與正光先生的文章中，看不到一個見道者、證眞者所展現出來的無我、無執與祥和的眞心風貌，多的是妄心想思所產生的人我是非等貪瞋癡慢疑。所以，是凡是聖，從所寫文章的心行中，就可以判斷；同時，蕭團體所說、所證的明心與見性，是否與禪宗相同，也就無法欺瞞人了。

《楞嚴經》卷六：

「阿難：如是世界六道眾生，雖則身心無殺盜淫，三行已圓，若大妄語，即三摩地不得清淨，成愛見魔，失如來種。」

「所謂未得謂得、未證言證，或求世間尊勝第一。謂前人言：我今已得須陀洹果，斯陀含果，阿那含果，阿羅漢道，辟支佛乘，十地地前諸位菩薩。求彼禮懺，貪其供養。是一顚迦，銷滅佛種，如人以刀斷多羅木。佛記是人永殞善根，無復知見；沈三苦海，不成三昧。」

「我滅度後，敕諸菩薩及阿羅漢，應身生彼末法之中，作種種形，度諸輪轉。或作沙門、白衣居士，人王宰官，童男童女，如是乃至淫女寡婦，奸偷屠販，與其同事，稱讚佛乘，令其身心入三摩地。終不自言我眞菩薩，眞阿羅漢，泄佛密因，輕言末學。唯除命終，陰有遺付……。」

修學禪宗必看典籍

略辨大乘入道四行／菩提達摩祖師著（景德傳燈錄三十）

信心銘／三祖僧璨著（大正藏第四十八冊）

心銘／法融禪師著（景德傳燈錄卷三十）

六祖壇經／六祖惠能著（大正藏第四十八冊）

顯宗記／荷澤神會禪師著（景德傳燈錄卷三十）

證道歌／永嘉禪師（大正藏第四十八冊）

頓悟入道要門論／大珠慧海禪師著（景德傳燈錄卷六）

傳心法要／黃檗希運禪師著（大正藏第四十八冊）

眞心直說／高麗知訥禪師著（大正藏第四十八冊）

修心訣／高麗知訥禪師著（大正藏第四十八冊）

五臺山澄觀大師答皇太子問心要（景德傳燈錄卷三十）

至道本乎其心，心法本乎無住。無住心體，靈知不昧，性相寂然，包含德用，該攝內外能深能廣，非有非空，不生不滅，無終無始，求之而不得，棄之而不離。迷現量則惑苦紛然，悟眞性則空明廓徹，雖即心即佛，唯證者方知。然有證有知，則慧日沈沒於有地，若無照無悟，則昏雲掩蔽於空門。若一念不生，則前後際斷，照體獨立，物我皆如，直造心源，無智無得，不取不捨，無對無修。然迷悟更依眞妄相待，若求眞去妄，猶棄影勞形，若體妄即眞，似處陰影滅。若無心忘照，則萬慮都息，若任運寂知，則眾行爰起，放曠任其去住，靜鑒覺其源流，語默不失玄微，動靜未離法界。言止則雙亡知寂，論觀則雙照寂知，語證則不可示人，說理則非證不了，是以悟寂無寂，眞知無知。以知寂不二之一心，契空有雙融之中道，無住無著，莫攝莫收，是非兩亡，能所雙絕。斯絕亦寂則般若現前，般若非心外新生，智性乃本來具足。然本寂不能自現，實由般若之功，般若之與智性翻覆相成，本智之與始修，實無兩體，雙亡正入則妙覺圓明，始末該融則因果交徹。心心作佛，無一心而非佛心；處處成道，無一塵而非佛國。故眞妄物我，舉一全收，心佛眾生，渾然齊致。

是知迷則人隨於法，法法萬差而人不同；悟則法隨於人，人人一智而融萬境。言窮慮絕，何果何因？體本寂寥，孰同孰異？唯忘懷虛朗消息沖融，其猶透水月，華虛而可見，無心鑑象，照而常空矣。

第二章　辨正

以下辨正是針對慧廣說法重大錯誤處，引經據典、舉例說明及辨正，希望能使他知道自己是如何的誤會經典眞義（較小錯誤不勝枚舉，不予舉例辨正）；並於說明及辨正當中，提出一些質疑與淆訛敗闕處，有請慧廣公開以文字回答，待回答之後，慧廣落處將根本無所藏匿，更加讓世人清楚知道：慧廣如何以常見外道見來誤導眾生，不僅證明慧廣以未斷我見之凡夫身，高推已知、已證菩薩的見道內容，成就了未得言得、未證言證之大妄語業，而且將使慧廣更加沒有面子。然而造成慧廣面子及名聞利養流失的窘境，都是 釋迦世尊正法的威德力以及慧廣自己執迷不悟的愚癡業行所造成的，正光只是藉此因緣宣說正法種種內涵，使慧廣的常見外道見完全攤在正法之下，接受大眾的簡擇，一點也無法遁形，藉以利益廣大學人，慧廣是不能遷怒於任何人的。

慧廣云：

一、緣由

「眼見佛性的含義」一文，於二〇〇三年七月刊登於《僧伽雜誌》（第十二卷第四期），經過一年的時間，在二〇〇四年八月，蕭平實團體出版了一本書：《眼見佛性》，副題「駁慧廣法師『眼見佛性』文中謬說」，由蕭平實先生門生正光先生執筆。二十五開，書籍厚達三百五十餘頁；蕭平實先生親自寫一篇序文來反駁，亦長達四十餘頁，比拙文「眼見佛性的含義」還長。為了個人一篇短文，勞駕蕭團體花了一整年的時間，來寫作反駁書籍，眞是辛苦兩位了！

對該書略微翻閱一遍，個人不旦不覺拙文「眼見佛性的含義」一文觀點有錯，反而更加可以證明我寫的沒錯，也更加可以證明蕭團體的論說不同於佛教所說。正光先生身為蕭團體教師，該書又蒙蕭平實先生親自作序，所說當可代表蕭意。底下就摘錄該書（正光先生著《眼見佛性》）一些片段來說明：

正光辨正如下：慧廣不能就全書內容一一辨正，特地挑選了部分他覺得有能力辨正的段落，寫文章來作辨正，迴避了全部辨正的義務，以為可以扳回一城；正光也願意成全他，不對他未能辨正的部分繼續提出質疑；但他覺得很有把握的回應部分，卻仍然是錯誤百出的，顯出他未斷我見的凡夫本質。

慧廣執離念靈知心就是佛所說的眞心，不能安忍自己所「悟」的離念靈知意識心被人破斥及無法反駁成功，又不能安忍被成佛之道網站版工將其列爲附佛外道的事實，覺得自己面子上很難看，而且也造成自己名聞利養漸漸流失之事實，遂於二〇〇三年七月在《僧伽雜誌》「第十二卷第四期刊登〈眼見佛性的含義〉一文，希望藉此機會誣衊 平實導師所悟非眞及不可能眼見佛性，想要證明自己不是附佛外道，想要挽回自己面子難看，及名聞利養漸漸流失的問題。可是卻沒想到因而造下毀謗大乘勝義僧的罪行，何以故？慧廣其實是尙未斷我見的凡夫，他所執持的離念靈知心必定會在五位（睡著無夢、悶絕、正死位、無想定——含無想天中、滅盡定位）斷滅故，正是生滅法，不應認作是常住不壞的眞心；離念靈知心又是被生的法（意根、法塵爲緣而出生）故，有覺有觀而不離六塵，依六根與六塵爲緣始能出生故；不離境界受（苦受、樂受、不苦不樂受）故，與五別境（欲、勝解、念、定、慧）等心所法相應故，這與 佛所說的第八阿賴耶識在五位中仍然運作不輟，從來不生不滅，從來無六塵中的覺觀，從來無境界受，從來不與五別境心所法相

「編案：《僧伽雜誌》只發行於聲聞出家人中，不讓在家人閱讀，故此文本不欲供在家人讀之。

應的聖教，完全顛倒；因此成佛之道網站版工說慧廣悟錯了，落入常見外道法中，將其列為附佛外道，一點也沒有冤枉他。正因為慧廣所悟的心與 佛所說的顛倒，以此錯悟的知見來評論完全符合佛所說的親證第八識的 平實導師，因此說慧廣已造下毀謗最勝妙正法及大乘勝義僧的罪行，第八識是出生離念靈知意識的常住心故。

正光因此緣故，奉 平實導師之命，為護持正法的緣故，為救慧廣及被他誤導的佛弟子們，於上班之餘暇，花費約九個月時間，撰寫《眼見佛性》一書，來破斥慧廣法義錯謬處，希望藉此法義辨正的機會，達到下列二個目的：一者，將慧廣說法的落處詳加說明，使慧廣及廣大的佛弟子們了知 佛所說的大乘了義法——明心與眼見佛性之眞實內涵，不再被錯悟的慧廣邪知邪見誤導而落入常見外道法中，才能眞正趣向 佛所說的解脫道與佛菩提道。

二者，希望藉此書中的法義辨正，能使慧廣深切瞭解及檢討自己說法錯謬的地方，並修正自己的心行，不再認離念靈知意識心為眞心，方有斷我見的可能；並期盼能使他相信禪宗祖師所證悟的心就是 佛所說的第八阿賴耶識如來藏，雖然機會並不大；並想要使他相信 佛在《大般涅槃經》所說眞的可以用父母所生肉眼而眼見佛性，未來多世以後方有見性的可能，假使他願意信受佛說並加以實行。然而平實導師及正光的用心，慧廣非但沒有深入思惟及領受，亦不能安忍。慧廣先作攻擊而導致正光摧邪顯正，造成慧廣面子更加難看的事實，又於其著作《禪宗說法與修證》八十七頁[8]中如是暗示：「有一些人，喜歡把禪宗的思想說成是如來藏思想。其實，都是誤解。」又於九十頁說：「看到佛說的如來藏，是像如今的某些人所說的那樣，有個眞實的如來藏嗎？如來藏只是佛的方便安立，如果執爲實有，就墮入外道神我常見了。」他是繼承了藏傳佛教—喇嘛教—應成派中觀師印順的六識論邪見，如此暗示：平實導師所弘揚的如來藏常住心不是 佛所說的眞心。慧廣將如來藏妙義謗成是外道神我思想，但如來藏卻是 佛所說能出生離念靈知心的第八識，慧廣卻是與外道神我一樣認定意識離念靈知心爲常住心。如今平實導師在《阿含正義》中已舉證四阿含中的 佛陀聖教，證明這一點了，慧廣還能說什麼呢？

又譬如慧廣在六十二頁如是暗示：「總之，說妄已是妄，說眞亦非眞，古德說：一翳在眼，空花亂墜。喜歡說『阿賴耶識』是自性的人，愼思啊！」指責平

[8] 解脫道出版社，二〇〇四年八月初版。

實導師所弘揚阿賴耶識妙法不是 佛所說的法身。乃至在《禪宗說生命圓滿》一書中撰寫〈明心見性之非〉一文來反駁，卻沒想到反而更曝露自己對佛法的無知，只是讓內行人更加哂笑而已；更可笑的是慧廣在《禪宗說法與修證、禪宗說生命圓滿》二書中，以未斷我見的凡夫身，竟然敢公開說自己已經開悟了，譬如《禪宗說法與修證》代序三—四頁：「就在鬆放自然，有意無意之下　進入身心、物我泯然狀態　先前　心中掛著的疑問：什麼是見性？　雖然，那時，　已不存在表面　卻深潛於心底　就在無語言名字，世界呈現一合相時　適機喚起我，翻然醒悟：這就是見性啊！　前後際斷非空無，靈靈明明不思議，　多少修行迷路頭，不如息心又忘緣；　見性分明六根現，迷人不識還找性，　也無心所也無緣，著境妄立心與緣。」（慧廣以上短短幾句話竟然能分頁、分行達二頁之多，常以六七個字乃至短短二字排爲一行，藉此多賺取稿費，其貪財及無「法」可寫，顯示無遺；今爲節省篇幅，正光在行與行之間都以空格來取代表示，以下亦同）《禪宗說生命圓滿》十四頁—十五頁生命圓滿：「那一天，那一刻　我發現了　生命的圓滿[9]　事後　我笑了　那一刻　時空靜止，世界不在　身心非身心，我已無我　於

[9] 正光案：慧廣是指一切有情的生命實相心，卻誤認生滅的意識爲實相心。

是呈現　生命原來不是身體、不是精神……」然而短短幾句話中，不僅證明慧廣所「悟」落在離念靈知意識心上，只是第八識藉六根、六塵爲緣而出生的第六意識，他的所「悟」根本不是 佛所說的第八識，而且由此證明慧廣已成就十重罪中的大妄語業。

由於慧廣堅持離念靈知意識心就是常住眞心，不信禪宗祖師所證悟的心就是第八識如來藏，也不信 佛在經中說的父母所生肉眼眞的可以眼見佛性，因此正光將於文後一一舉示慧廣錯謬處，並以非常的方法來辨正，使慧廣愚癡無智心行再次曝露於眾佛弟子面前，將使慧廣面子更加難看，更加身敗名裂。這樣的行爲，完全是慧廣自己沒有智慧所造成的，正光只是爲了護持正法而作被動的反應，所以慧廣的身敗名裂實與正光無涉。也藉此剝奪慧廣僅餘的名聞，在一切都失的情況下，也許有一天他終於願意投入正法中重新再參、從頭再來一遍，可能因此就能眞悟而滅除大妄語罪；但仍然必須面對謗法、謗賢聖的惡事公開懺悔，才能滅除大妄語以外的大罪。

又：凡是引用他人文章，應該將他人文章內容如實的表示出來，這是世俗法中的約定俗成，也是一切寫文章者引用他人文字時所應遵循的共同法則，而非以自己的意思將別人文章內容加以省略或擅改字句、擅改標點符號，導致所引用的文章內容與原作者實際本意有些出入。像這樣的行爲，不僅違背世俗的共同約定，而且顯示慧廣並不是誠實的人，難怪慧廣所說的佛法知見及修證，會走入常見及斷見外道法中，因此慧廣不應因爲此書的出版流通而責備別人，反而應該反省自己的過失才是，因爲這些都是慧廣自己堅持離念靈知心就是眞心的錯誤主張、誤導學人，以及不能安忍被人辨正法義而生的瞋行所造成，與別人無關。

慧廣云：

二、佛性是見分？

「佛性乃[10]如來藏中直接出生之見分，外於六塵而運作，而於六塵境界上顯現。」（二八七頁）

說佛性是見分，眞是佛教界一大新聞！個人進入佛門三十餘年來，這還是第一次看到。

「見分」是唯識學名詞。唯識學說凡夫心識有四種功能：見分、相分、自證

[10] 編案：慧廣於此略去《眼見佛性》書中原文之「從」字。

分、證自證分。「見分」用一般人較容易了解的文字來說，就是指我們內心能見、能聽、能感受、能知覺的作用，簡單來說，就是內心的見照作用。

「佛性」就是「覺性」。「覺性」就是知覺之性。所以，把佛性當作見分，就是把佛性當作知覺，那眞是錯的離譜了！難怪他們會說佛性可以眼見，又說可以看見自己的佛性在運作，也可以看見他人的佛性在運作。眞是一錯，種種皆錯！

正光辨正如下：佛性乃是第八識如來藏直接出生的見分，不是六識的見聞知覺性；慧廣把六識的自性——「能見能聞乃至能覺能知之性」當作是佛性，正是佛所說的凡夫隨順佛性，與自性見外道無二無別。六識尚且虛妄，何況是附屬於六識的自性功能——「見聞知覺性」，當知更是虛妄法。譬如阿羅漢入涅槃時，或如凡人夜夜眠熟時，六識永滅或暫斷滅除了，六識的見聞知覺等自性就跟著滅了，怎可當作是佛性？不幸的是慧廣竟將六識的自性當作佛性，落在六識的我所法中，還不能自覺，竟然振振有詞的主張識陰六識的自性就是佛性，充分顯示他仍是落於「凡夫隨順佛性」的凡夫，同於自性見外道。未入地菩薩的隨順佛性，卻是指第八識的見分，祂對五陰身具足了知，不是如同木石毫無作用，這不是慧廣所能想像的。特別是未入地菩薩的隨順佛性，不是明心證得阿賴耶識以後觀察第八識對五陰等法的了知，還必須遵循《大般涅槃經》所說的**眼見**為憑。慧廣不承認此經的正說，本質是否定此經，成為謗法者；他否定此經時，也同時成為謗佛者，因為他的意思顯然是說：佛陀說法不正確、亂說法。

佛說見性有四種：一、凡夫隨順佛性，二、未入地菩薩隨順佛性，三、已入地菩薩隨順佛性，四、諸佛隨順佛性。禪門的見性必須符合第二種的未入地菩薩隨順佛性，而未入地菩薩的隨順佛性，必須符合《大般涅槃經》中肉眼親見佛性的聖教，否則都是凡夫隨順佛性，與自性見外道無異。慧廣正是此類人：將識陰六識的見聞知覺等自性當作是佛性，落在外道自性見中。這與禪門見性者所見的第八識自性，並且是眼見，大不相同。

凡夫所能隨順的佛性都是識陰六識的自性，同於自性見外道，無二無別；但佛門見性者所見的卻是第八識的自性；一是識陰六識的自性，另一是第八識的自性，大不相同，慧廣對此全無所知，反而振振有詞的強辯，如同有人說：「我隨時隨地可以受用車子一百二十公里時速的自性。」慧廣卻說：「你說的時速一百二十公里的車子自性，是不確實的，車子最高時速只能跑到五十公里，所以你說的車子一定不是車子，你說你能受用車子一百二十公里時速，是錯誤的說法。」

等到對方詳細探究慧廣說法時，才知道慧廣是把他自己所騎腳踏車的自性當作是別人受用的汽車自性，純屬雞同鴨講、誤會一場。當對方再爲慧廣詳細說明以後，慧廣卻仍然堅持說對方說錯了，他所謂的汽車只有可能是腳踏車，不可能有所謂的汽車可以時速高達一百二十公里。對方一再爲慧廣說明：「**我說的是汽車的自性，不是你所說的腳踏車的自性。**」但是慧廣仍然聽不懂，繼續毀謗對方說法錯誤。現在的情況正是如此，慧廣由於承襲了印順法師的藏傳佛教密宗應成派中觀六識論，否定了第八識存在；所以就死纏爛打一番、堅持原有的邪見，絕不改變，繼續以腳踏車的自性當作別人所說的汽車自性，繼續以腳踏車的自性來否定別人所說汽車自性的說法是錯誤的法；如此繼續誹謗別人，令人啼笑皆非，只能說他根本沒有智慧。有智慧的人一聽到對方說的自性是第八識的自性，聽到對方提示自己所知的自性是識陰六識的自性時，早就知道自己應該閉嘴了！因爲這根本沒有對談的空間：對方既知道第八識自性，也知道自己所知的識陰六識自性，而自己既不知道對方所知的第八識自性，怎能有對談的空間？可是慧廣對此似乎完全無知，繼續死纏爛打下去，只有更加曝露自己的無知，徒然增加世人對他哂笑而已。

六識的見聞知覺性，都是依附六根與六塵所生的識陰六識，才能生起及存在的，是所生法，這是慧廣無法推翻的事實；不論是在阿含或大乘經教中的聖教量，或是現量及常識上，都一向如此，慧廣是永遠都無法推翻的。慧廣所說的佛性，只是識陰六識見聞知覺的自性；但是這種自性，是依六根應對六塵而從第八識入胎識中出生的六識自性，而且只能在六塵境界上分明顯現，這是識陰六識的自性，與自性見外道完全相同，這是凡夫所知的佛性；但未入地菩薩所眼見的佛性卻是第八識的見分，時時運作了知五陰的所有法，這不是識陰六識的見聞覺知自性。識陰六識的見聞知覺性，只是妄心六識的自性，是有生有滅的虛妄法，不是十住菩薩眼見的佛性，屬於凡夫誤會所知的佛性。但第八識的見分自性卻與識陰六識的自性並行存在而運作不斷，乃至眠熟時、悶絕時、正死位時、滅盡定時、無想定時，六識的見聞知覺性滅失了，第八識的見分自性卻仍然存在而可被眼見佛性者分明眼見。這是二種完全不同的法，慧廣把它混為同一個法，如同想把自己的腳踏車強辯為別人的汽車一般愚癡。十住菩薩所見的佛性雖不是識陰六識的見聞知覺性，卻與六識的見聞知覺性同時同處運作，故又說不離見聞覺知，佛在《大般涅槃經》已分明舉說，只是慧廣被無明所遮障而不信、不知、不證而已。因此正光藉此機會再次說明，以免未來佛弟子受邪師誤導，自以爲在護法，卻成爲廣造毀佛、謗法、謗勝義僧重罪而不知。

在解釋眼見佛性之前，正光提出以下問題，有請慧廣一一回答，待慧廣一一對自己回答以後，就知道自己的落處，道業才能增上；接著，正光再一次詳細說明眼見佛性正理。但是慧廣若繼續如同本書序文所附吳正貴師兄的信中所說一般，想以質疑方式來套取答案，想要藉著質疑而在正光廣爲答覆之中，套取眼見佛性的密意與境界相，是絕無可能的；縱使慧廣將來能夠明心以後，想要以此方法來套取見性的答案與境界相，也是絕無可能的；縱使眞的有一天套取到佛性的眞正答案了，也是仍然無法眼見佛性的，只能繼續臆想猜測十住菩薩眼見佛性的境界相；假使集合明心而未眼見佛性的菩薩千人，合其千人之開悟智慧來討論，也是無法眼見的；何況慧廣至今仍落在識陰意識的自性中，仍未脫離自性見外道的邪見；又繼續執著離念靈知意識心，落在常見中，仍未斷我見，尚未明心，怎能猜測而知？前言略說之後，正光將問題列在下面，希望慧廣勇敢的公開回答，別再顧左右而言他、迴避公開的答辯，一再的另闢新戰場而不斷提出新題目。爲了避免讓徒弟們看輕您慧廣的智慧，請慧廣先把這些問題公開答覆了再提出別的題目吧：

一問：四阿含中　佛說入胎識住胎而出生名色，名色是否已包含了識陰六識？這個入胎出生名色六識的入胎識，佛說爲名色之本，又說爲諸法本母，請問：入胎識是否外於識陰六識？是否在識陰六識出生以前就存在的？（慧廣只能說：「是」，否則就與四阿含聖教相違，也與現象界的事實相違。）

二問：四阿含中　佛說識陰六識都是根、塵相觸爲緣所生，請問：意識是否意根和法塵爲緣所生？這樣一來總共有幾個識？（慧廣當然只能說：「入胎識加上意根及識陰六識，共有八識。」他必須承認四阿含中說有八識，否則就是否定四阿含中佛的說法了，就與四阿含聖教相違。這時八識心王，已根據四阿含聖教量而確定了！）

三問：依三賢位智慧而言，唯識增上慧學有四分的說法，謂：相分、見分、自證分、證自證分，而四分可歸納爲二分—相分、見分（後二分攝於見分內），而見分的功能就是了別，請問慧廣同不同意？（慧廣一定要同意，如果不同意的話，豈不是將自己所說四分、二分以及見分有了別的說法全部否認？就好像拿石頭砸自己的腳一樣，豈不是顯示自己太愚癡了嗎？可是當慧廣非常爽快回答的時候，有沒有警覺到正光爲什麼會問你這麼簡單的問題？想必慧廣一定沒有發現到，因爲正光已將圈套放在身後，一步一步朝慧廣走來，準備一逮到機會，將圈套套在慧廣的脖子上，只是慧廣沒有看見而已，爽快答覆以後已經被套住了。假使不答覆，就顯得慧廣是完全無知於佛法的，故也不能不答「是」。這個圈套，慧廣是無論如何都必須自己套上脖子的，否則他就出局了：因爲他連這個最簡單的題目都無法回答，還要跟別人論什麼法呢？）

四問：《成唯識論》卷一說：「識謂了別。」識就是了別的意思，所以如來藏稱爲阿賴耶識，稱爲入胎識，稱爲第八識。請問慧廣：每一個識，包括第八識在內，有沒有了別的功能？有沒有見分？（慧廣到此，想必會支支吾吾，不敢很爽快的回答了，因爲你一定認爲第八識離見聞覺知，所以沒有了別的功能。可是當你回答說第八識沒有了別功能時，就會違背聖玄奘菩薩的開示，也不免會違背佛說「識」字的聖教，因此你一定只能心不甘、情不願的回答：「識有了別的功能」。這時，慧廣可能有一些警覺，可惜已經太遲了，因爲正光已經將圈套圈在你的脖子上，讓你動彈不得了。如果慧廣很爽快承認，表示你完全沒有警覺，根本沒有發現正光已經將圈套圈在你的脖子上，只待下一問，就要將你脖子上的圈套勒緊了。）

五問：既然第八識有了別的功能，而見分的功能就是了別，請問慧廣：第八識有沒有見分的功能？（如果慧廣不承認有見分的功能，就必須出局了！沒資格再與正光論法了！你也無法面對正光前面四個問題自圓其說，也違背唯識正理，只能乖乖的回答：「有」。可是一旦回答了，你會發現你的答案與先前自己建立的宗旨完全顛倒，雖然已經警覺到不對勁了，可惜正光已經將你脖子上的圈套勒緊，已經讓你喘不過氣了。）

六問：佛在《大般涅槃經》開示的道理，以及眼見佛性的人都說：「**佛性不是見聞覺知，但不離見聞覺知**」，因爲前七識有見分的功能——能見聞覺知以及處處作主，因此有見聞覺知性；第八識也有見分的功能，所以眼見佛性是看見第八識直接出生的見分，祂外於六塵而運作，而於六塵境上顯現，並不是前七識在六塵中的見聞覺知性，那麼慧廣說：「**佛性就是知覺之性**。」這一句話是不是說錯了？有請慧廣回答。（到此，慧廣只能口掛壁上，不僅無法面對正光的質問，而且已被正光牽著鼻子走，從此以後只能羞愧得雙手掩面，難以見人了。）從上面提問可知：「眼見佛性的佛性是第八識直接出生的見分，外於六塵而運作，而在六塵境界上分明顯現出來，根本不是慧廣所說的六識知覺之性。」

接下來開始解說眼見佛性正理，首先談唯識學四分、二分正理。所謂四分就是相分、見分、自證分、證自證分。所謂相分就是六塵諸法相，可分外相分及內相分兩種。外相分有二種：一者，是器世間所現的五塵相：色塵、聲塵、香塵、味塵、觸塵。器世間是共業有情的第八識依其共業種子及大種性自性，變生十方虛空的四大種，再藉此四大種來共同變現器世間，讓共業有情得以在此世間共同生活，因此這個器世間是共業有情第八識的共相分。同理可證：既然器世間是共業有情的共相分，所以外五塵也是共業有情第八識變現的共相分無疑。二者，別別有情的五根身，是各各有情的第八識各依自己所緣業種、四大種等而變現的有根身，以此接觸外五塵而有種種世出世間之運爲。

內相分有二：其一、第八識所含藏的相分種子，遇有因緣時得以變現似有質境的內六塵相，可以讓世人的七識心親自領受。其二、第八識藉著自己所生的五根接觸外境，而在心中顯現內五塵相與外五塵非一非異；譬如透過眼扶塵根眼球及神經傳輸到大腦掌管視覺部分的眼勝義根中，產生似外色塵的內相分；此內相分與外色塵相非一非異，何以故？外色塵相是色法，內相分是心法，故非一；然外色塵相與內相分的色塵相內容一模一樣，故非異。眼根既如是，耳根、鼻根、舌根、身根亦復如是，心中所顯現的內塵相與外聲塵、香塵、味塵、觸塵非一非異故。有情七識心的能見能聞乃至能覺能知之性（慧廣所謂的佛性——凡夫所知的佛性），所能領受的都是內相分，不能領受外相分。

所謂見分是緣於相分才能觸、能覺，有鑑照之用；所謂自證分是緣於相分而能親領受相分之意；所謂證自證分是意識緣於相分，而能返照自己是否觸知與親領受相分之意。自古以來，許多佛弟子對見分、自證分、證自證分三分的實際內容瞭解不多，因此要以譬喻解釋，大眾比較容易瞭解。譬如第六意識心，為未悟的人說意識心的見分就是能觸、能覺六塵相的功能；意識心的自證分就是能夠親領受六塵相的功能；意識心的證自證分，就是能夠返照檢查自己是否確實觸知六塵相及親領受六塵相，於此能夠自己證實。因此意識覺知心的見分、自證分、證自證分功能，在分別相分而親領受後，自以為眞實接觸外境，卻不知自己從來未曾接觸外境，誤以為外境眞實有而被自己所接觸，由此緣故而妄造後有種子、輪迴生死。又譬如七轉識，對未悟的人，為他細說見分為前六識，是故有情能覺知六塵，受諸苦樂而造作諸業，自證分為第七識自己，故有情住於六塵境而親受苦樂受等，證自證分為第六識所有，能自行覺知是否住於六塵中？是否正在受苦樂中？了知自己是否存在？

又唯識學四分中，將後二分（自證分、證自證分）攝歸於見分，而有相分、見分二分之說。譬如眼識有相分、見分，眼識面對的相分為色塵相，眼識見分為分別色塵相分的青黃赤白等顯色；眼識既如是，耳識、鼻識、舌識、身識、意識亦復如是，亦有其見分了別相分的功能。第七識意根末那識運作時亦有相、見二分，相分是法塵，見分能了別法塵；可是意根了別法塵的能力非常弱，因爲祂的了別範圍極廣，故不如意識那麼細膩，因此需要意識的細膩分別後，再由意根作主決行。

同樣的道理，既然前七識運作時都有相分及見分二種，當然第八識也有相分及見分二種，如此才能符合聖玄奘大師《成唯識論》卷一所說正理：「識謂了別。」第八識相分即能顯現六塵諸法相，第八識見分須依意根末那識方能運轉於三界中，謂第八識能了別意根之作意與思心所，才能在世間運轉，包括能夠了別七轉識的心行而配合七轉識運爲，不隨七轉識在六塵中分別及起貪染喜厭等分別，也能夠知道如何攝取四大種來成就眾生身，也能了知眾生色身之種種運作，並能了別業種的完成而主動記存眾生的謗法、謗賢聖等業種，未來緣熟時也能了知如何讓眾生所造業種現行而受種種善惡業果報皆無差池，亦能作種種七轉識所不能了別諸事等等，都不受前七識的控制，所以因果律會確實顯現、執行；第八識既能了別種種意識所不能了別的事相，當然有見分的功能，只因爲慧廣是六識論者，舔食印順六識論的邪見唾沫，所以不信有第八識，更不信第八識有見分名爲佛性，爲未入地菩薩所能眼見，所以再三的把識陰六識的見聞知覺性強行套在第八識的識性上；他再怎麼想像思惟，假使壽命夠長而能想像思惟三大阿僧祇劫以後，也還是無法眼見的；除非他肯回歸阿含所說的八識論正見，斷了離念靈知意識常住不壞的我見以後，才有可能在未來多世以後親證第八識，才能再歷經多劫以後得以眼見第八識見分示現的佛性。

在此書中所說的佛性是指第八識見分，不是指第八識的本來自性清淨涅槃可以使人成佛之性。然第八識有種種的見分，皆不在六塵上起分別，難可了知，此即《成唯識論》卷二所說正理：「**不可知者，謂此**（第八識）**行相極微細故，難可了知。**」如是第八識見分，乃是爲悟後進修道種智者而說，不爲未悟如慧廣等人而說。若爲未悟的人而說第八識有種種見分，學人將如同慧廣一般誤會而認定意識覺知心的種種變相以及處處作主的末那識爲眞心，如是將永無親證第八識之可能，永遠在外門修學六度，無法進入內門修行；也將如慧廣一樣，誤認識陰六識我所的見聞知覺性爲佛性，永無親證第八識見分而眼見佛性分明。由於慧廣誤以爲第八識的見分就是六轉識的見分，難怪他會提出「**佛性就是知覺之性**」之謬論，知覺之性其實是凡夫所知的佛性，不是未入地菩薩眼見的佛性，所以當慧廣提出「**佛性就是知覺之性**」時，就可以斷定慧廣落入識陰自性中，不僅沒有眼見佛性、不懂佛性，而且墮於凡夫隨順六識自性的「佛性」中，以凡夫六識的自性（六識的知覺之性）說之爲十住菩薩眼見佛性的佛性；既落在識陰的自性中，當然也是沒有明心，是錯悟的凡夫，是未斷我見而且是落入自性見外道中的凡夫，卻敢大膽妄評親證的賢聖，其過大矣！

綜合上面所說，諸佛菩薩及證悟祖師有時爲未悟之人而說七轉識有四分、二分之說，有時是爲悟後進修道種智者而說第八識也有四分、二分之說，說八識心王各各都有四分，已是極微細的無生法忍種智範圍；是故對不同根器、不同證量的佛弟子，說法常有不同的層次差別，此即爲人悉檀，故說法無定法。

又許多佛弟子，包括慧廣在內，不相信　佛在《大般涅槃經》開示：可以透過父母所生肉眼而眼見佛性。爲了使慧廣及佛弟子們確實了知眞的可以肉眼看見佛性，以及避免受其誤導的徒弟們因爲不信、懷疑而造下毀謗極勝妙佛法的重罪，正光不得不重複說明，還請慧廣及大眾等耐心讀完，待你（妳）看完了，確實理解了，就不敢再隨便毀謗了。

《大般涅槃經》卷八：【迦葉菩薩白佛言：「世尊！佛性如是微細難知，云何**肉眼**而能得見？」佛言：「迦葉善男子！如彼非想非非想天，亦非二乘所能得知；隨順契經，以信故知。」】

翻譯成語體文爲：【迦葉菩薩向釋迦世尊稟白：「世尊！佛性像這樣子微妙細膩而難以了知，如何可以用父母所生的**肉眼**而眼見佛性？」釋迦世尊答覆迦葉菩薩言：「迦葉善男子！就好像二乘慧解脫的聖人已能出三界了，但若未修得非非想定及神足通，尚且不知道四禪天人住居的境界，云何能知非想非非想天的境界？所以初學菩薩對於眼見佛性的事，現在雖然尚未親證，但是因爲隨順契經所說，以他們的信力來相信佛陀聖教開示的緣故，知道自己未來可以用父母所生眼而眼見佛性。」】從這段經文得知，釋迦世尊已經很清楚的告訴我們：佛性雖然非常微細難知，但是佛弟子們若肯相信　佛的開示，就能確信可以用父母所生肉眼而眼見佛性。這不是未斷我見、自性見的慧廣，及誤解經典、不信肉眼能見佛性的凡夫俗子們所能否認的，因爲這是　釋迦世尊的聖言量；等覺菩薩尚且不敢推翻　佛的開示，更何況是連我見都不能斷，而且既不明心也不見性的凡夫慧廣，又怎能推翻？毀謗經中　佛說的眼見佛性正理，是比毀謗明心開悟的法更重大的謗法行爲，捨壽後的果報非常嚴重，不可不謹愼啊！

既然確信可以用父母所生肉眼而眼見佛性，就必須勤求眼見佛性，除非如慧廣一樣不信經中的聖教。但是在求眼見佛性之前，必須先明心證眞——證得一切有情的生命實相心「阿賴耶識如來藏」；欲證得生命實相心，必須具備明心所需的三資糧——定力、慧力、福德。

必須先經歷一劫乃至一萬劫修集信心而完成十信位，也就是說須經過一劫乃至一萬劫對佛法信心的修集，對 佛所說甚深微妙了義法產生信心而受持，乃至發阿耨多羅三藐三菩提心；這樣經過一劫乃至一萬劫修集信心圓滿後，才能轉入初住位中。若如慧廣一般不相信 佛說的法，故意否定 佛在經中說的眼見佛性正理，就表示他還在十信位中修行，尚未圓滿十信位修行，故對經中 佛說的眼見佛性不能相信。即使能夠修習法布施，也將永遠住於十信位中外門廣修菩薩六度的布施。

即使眞的具足十信功德，對 佛在經中說的第八識法及眼見佛性之法，都不懷疑了，進入初住位了，但此時其實仍以財施爲主，法施及無畏施爲輔，並隨緣、隨分、隨力去布施，以圓滿初住位所應具備的福德與智慧。於初住圓滿後，轉入二住位中，外門廣修菩薩六度的持戒—對 佛所說菩薩戒的每一個戒相—都能夠圓滿受持不犯，以圓滿二住位所應具備的福德與智慧，這時當然不會再像慧廣一樣毀謗經典聖教、懷疑經典聖教了。於二住位圓滿後，轉入三住位中，外門廣修菩薩六度的忍辱——對 佛所說戒律以及世出世間法種種忍辱能夠安忍，以圓滿三住位所應具備的福德與智慧。於三住位圓滿後，轉入四住位中，外門廣修菩薩六度的精進——對 佛所說的每一個法能夠精進不懈，並努力的摧邪顯正、護持正法，以圓滿四住位所應具備的福德與智慧。於四住位圓滿後，轉入五住位中，外門廣修菩薩六度的基礎禪定——努力的依照 佛所說的禪定法門去修定，以圓滿五住位所應具備的福德與智慧。於五住位圓滿後，轉入六住位中，外門廣修菩薩六度的般若——對 佛所說的般若不斷的加以熏習以及尋求善知識教導，使自己的般若慧能夠增上，並依善知識教導對五蘊十八界虛妄加以觀行以及大乘四加行——煖、頂、忍、世第一法，現觀五蘊十八界虛妄及證能取與所取空，眞的斷了我見——永遠不再認定離念靈知意識心爲常住法，以圓滿六住位所應具備的福德與智慧。於六住位圓滿後，努力的建立參禪正知見，以求慧力的增長、定力的增上、福德的具足以及性障的消除等等。於定力、慧力、福德等種種因緣圓滿具足後，依善知識教導參究生命實相心，最後得以一念相應慧觸證眞心。當觸證第八識眞心的時候，現觀第八識在蘊處界所顯的眞實性及如如性之眞如，不僅可以看到自己的本來自性清淨涅槃，也可以看到別別有情本來自性清淨涅槃。然而自他有情之本來自性清淨涅槃在三界中，從來離見聞覺知、從來不思量、從來不作主，非是慧廣所執的離念靈知心所能比擬，何以故？離念靈知心是意識心故，於眠熟等五位中必定斷滅故，生起而存在時一定會與五別境心所法相應故，有時清淨、有時不清淨故。確實證得第八識時才是開悟明心，若能受持不退，就是已經轉入七住位中，從此可以開始內門廣修六度萬行了。

然而自古以來，證得生命實相的開悟明心境界與智慧，本來就不容易，更何況是證得生命實相後能夠信受第八識本來無生而不退轉？而能常住第七住位中？因此證得生命實相之前，尙須諸佛、菩薩等善知識不斷的攝受，才能眞正的斷三縛結（我見、疑見、戒禁取見），成爲大乘通教菩薩的初果人，才能在開悟明心以後成就七住位不退的功德。如果沒有諸佛、菩薩善知識不斷的攝受而先斷我見，如同慧廣一般落在離念靈知意識心中，不斷我見而同於常見外道；又落在識陰六識的自性中，自以爲了知未入地菩薩所見的佛性，即使知道開悟明心的密意，仍將退回六住位中，仍會否定阿賴耶識，就無法圓滿第七住位的福德、智慧與證量。

此即《菩薩瓔珞本業經》卷上所說正理：

「是人爾時從初一住至第六住中，若修第六般若波羅蜜，正觀現在前，復值諸佛菩薩知識所護故，出到第七住，常住不退。……佛子！**若不值善知識者，若一劫、二劫乃至十劫，退菩提心**，如我初會眾中，有八萬人退。如淨目天子法才、王子舍利弗等，欲入第七住，其中值惡因緣故，退入凡夫不善惡中，不名習種性人。」

開悟明心進入第七住位不退後，於內門廣修六度萬行中，並於善知識教導之下鍛鍊看話頭功夫，不斷的將話頭的變化及差異看得清清楚楚；並於鍛鍊看話頭當中，努力熏習般若慧的增上、福德的增上（尤以正確法義布施爲主）以及貪、瞋、癡、睡眠、掉悔、疑等性障的消除，在種種因緣圓滿際會下，得以一念相應慧，用父母所生肉眼而眼見佛性，亦即透過父母所生肉眼而眼見第八識直接出生之見分，外於六塵而運作，伴隨六識的見聞知覺性而於六塵境界上顯現的總相作用；因此佛性不是見聞覺知，但不離見聞覺知。在眼見佛性的當下，不僅看到自己及別別有情的佛性在運作，而且也看見自己身心與山河大地非常虛幻不實，得以圓滿如幻觀之觀行，圓滿十住位而轉入初行位中，此即 佛在《大般涅槃經》所說眼見佛性正理，並非如慧廣所說「**佛性就是知覺之性**」，所以慧廣以六識知覺之性來評論完全符合《大般涅槃經》眼見佛性的 平實導師，眞是牛頭不對馬嘴，眞是離譜到家了。

最後，針對這一章，作個總結：唯識有四分之說，謂相分、見分、自證分及證自證分，而後二分攝歸於見分之中，所以有相分、見分二分之說。見分有了別之功能：前七識見分有了別六塵之功能，第八識見分有能了別六塵以外諸法之功能；因此吾人可以透過看話頭的功夫，以父母所生肉眼而眼見佛性，因爲佛性是第八識、如來藏、阿賴耶識直接出生之見分，外於六塵而運作，而於見聞覺知及六塵境界上顯現，因此佛性絕不會是慧廣所說六識知覺之性，因爲六識知覺之性是妄知妄覺，正是《起信論》卷一所說的妄覺，落在自性見中，此中的人即是不覺位的凡夫。慧廣以六識的見聞知覺性認作是常住不壞的佛性，正是凡夫隨順佛性；而凡夫所隨順之見聞覺知的「佛性」是夜夜眠熟就會斷滅的，不是常住不間斷的眞正佛性，當然不是 佛在《大般涅槃經》所說的眼見佛性。所以慧廣說法實在錯得很離譜，「因為此錯，種種皆錯」，導致整個佛法修證偏斜；以此偏斜的知見，來評論明心、眼見佛性，並具有道種智的 平實導師，只能說他眞是不知死活。

慧廣云：

三、佛性是作用？

「然而佛性是從眞如心體（阿賴耶、異熟、無垢識）出生的作用，不論是眼見佛性所說的佛性，或是明心者眼見成佛之性[11]所說的佛性，都是從眞如心體中出生的作用[12]或現象[13]……。」（一六五頁）

「『性』永遠都只[14]是作用，而不可能是[15]『體』，這不旦[16]是世俗人的常識，更是學佛人所應當具備的基本常識。」（一六四頁）

說「『性』永遠都只是作用，而不可能是『體』」，實在是說的很沒有常識！

《國語辭典》解釋「性」字有三種含義：

「一是『人或物自然具有的本質、本能』，如本性、人性、獸性，論語揚貨

---

[11] 正光案：「**成佛之性**」應爲粗體字，始符原文。
[12] 正光案：慧廣援引的文字漏了二字：（前者）。
[13] 正光案：慧廣又漏了二字：「後者」。
[14] 正光案：漏了一字：「能」。
[15] 正光案：多了一字：「是」，漏了二字：「成爲」。
[16] 正光案：原文應爲：「但」，不過「但」與「旦」通用。

篇[17]：性相近，習相遠也；荀子正名篇[18]：生之所以然者謂之性；二是指『事物的特質或功能』，如藥性、毒性等；三是指『生物的種別或事物的類別』，如男性、女性，陰性、陽性。」（電子檔國語辭典）[19]

所以，當我們說本性、自性、佛性的時候。這個「性」字的含義是屬於第一種，也就是指「體」。

再來看佛教方面的解釋。

丁福保著《佛學大辭典》[20]：

「【性】（術語）體之義，因之義，不改之義也，唯識述記一本曰：「性者，體也。」

明朝•楊卓著《佛學次第統編》：

「【性】法性十二種異名：眞如、法界、法性、不虛妄性、不變異性、平等

---

17 正光案：應爲：「論語•陽貨」。

18 正光案：應爲：「荀子•正名」。

19 正光案：慧廣複製電子檔國語辭典文字及標點符號時，省略很多標點符號，不過不影響文章眞實性，所以不標示省略的標點符號，僅標示其引用不同及錯誤的地方。

20 編案：丁福保《佛學大辭典》並非所著；乃丁福保編輯整理而成！

性、離生性、法定、法住、實際、虛空界、不思議界。」

現代、古代的佛教辭典，都解釋「性」的含義就是「體」，這是佛教界對「性」字一致的看法。難道當古代禪師說「自性」、「本性」的時候，不是指「體」，而是指「自己的作用」、「本來的作用」嗎？

如《佛學次第統編》所說，「性」字是法性的稱謂。在佛教中，對法性有多種的名詞表達，最常用的就是佛性、眞如。佛性與眞如，都是指「體」，只是從不同角度來描述，而有不同的名詞。

天親菩薩《佛性論》卷一：「佛性者，即是人法二空所顯眞如」。所以，佛性、眞如只是同體異名，並非如蕭團體所說，「佛性是從眞如心體（阿賴耶、異熟、無垢識）出生的作用」，而說眞如是體、佛性是作用，甚至說，「性」永遠都只是作用。

試問：如果佛性是作用，那麼，禪宗說的「見性成佛」，就是「見作用成佛」了？作用無常，見作用所成的佛也是無常，請問，這是成什麼佛？如此，禪宗還可以說是「一悟即至佛地」（六祖壇經般若品）、「不歷僧祇獲法身」（楞嚴經），號稱爲佛心宗，傳佛心印，教外別傳的頓悟法門嗎？

正光辨正如下：慧廣在〈眼見佛性的含義〉一文曾云：「再來，他[21]說，心是體，性是用，這也不同於傳統佛教『性是體，心是用』之說……。」慧廣也在〈明心見性之非〉一文中，堅持「性是體」的想法，並且引用電子檔《國語辭典》有關「性」的三種含義來證明自己的說法是對的。正光先就慧廣所提的電子檔《國語辭典》內容，證明慧廣自己誤解電子檔《國語辭典》內容，也證明慧廣堅持「性是體」是錯誤的想法。

《國語辭典》解釋「性」字有三種含義：「一是『人或動物自然具有的本質、本能』，如本性、人性、獸性，論語．陽貨：性相近，習相遠也；荀子．正名：生之所以然者謂之性；二是指『事物的特質或功能』，如藥性、毒性等；三是指『生物的種別或事物的類別』，如男性、女性，陰性、陽性。」正光就第一種含義「人性」提出三個簡單提問，不待慧廣答完，他就該知道自己錯了，而且還是錯得很離譜。

一問：如電子檔《國語辭典》所說，「人性」就是人自然具有的本質、本能，是基於人的立場而顯示它的本質或本能，不知慧廣同意否？（想必慧廣會很爽快回

21 正光案：慧廣指 平實導師。

答：「**同意。**」而且心裡還暗爽，直呼這一次穩贏。不過正光勸慧廣不要高興太早，好戲還在後頭呢！如果慧廣回答：「**不同意。**」自己在前面舉證，如今又推翻自己的說法，不是一件很奇怪的事嗎？想必世智辯聰的慧廣應該不會作這種傻事吧！）

二問：既然「人性」就是「人」自然具有的本質或本能，請問：「人性」可不可以脫離「人本體」而有？（當慧廣聽到這句話時，必然瞠目結舌，已經知道自己錯了，而且無法回答正光的問題。如果慧廣還是死要面子，硬要狡辯，說：「**人性可以脫離人身或人身的覺知心而有。**」正光有請慧廣繼續回答第三題問題。）

三問：如慧廣所說「人性」可以脫離人身或人的知覺心而有，不以人身、人的知覺心爲體，請問這個「人性」還可以稱爲「人性」嗎？（這時慧廣當然只能無言以對，好像洩了氣的氣球一樣，無力反駁；可是好辯的慧廣心裡卻嚥不下這口氣，一定心裡恨得牙癢癢的。然而這些都是慧廣自己愚癡而妄評他人所造成，與正光無涉。）

從以上三個簡單的提問當中，大眾就可以了知：「人性」不能脫離「人本體」而有，若「人性」可以脫離人本體而有，那不叫作「人性」了。因此「人性」必須依附「人本體」而有，不能外於「人本體」而有「人性」，所以必須以人爲體，才有人性可說。

「人性」既然如此，電子檔《國語辭典》所述第二種、第三種含意亦復如是，都不能離開本體而有其特質、功能等，譬如「藥性」不能離開「藥物體」而有「藥性」，「毒性」不能離開「毒物體」而有「毒性」，「男性」、「女性」不能離開「人體」而有「男性」、「女性」之分。同樣的道理，第八識與佛性的關係，不論是明心者眼見成佛之性所說的佛性，或者是眼見佛性者所說的第八識見分佛性，都不能離開第八識心體而有，是由第八識心體的運作而顯現出來的第八識功能性故，是第八識的作用而與第八識心體非一非異故，所以眼見佛性的標的——佛性，是以第八識為體，由第八識所出生的六塵外的眞覺之性—見分—而伴隨六識的見聞知覺性及六塵上分明顯現，是與六識的見聞知覺性同時存在、同時運作的。如果沒有了第八識心體，連識陰六識都不存在了，何況能有意識來證得第八識的本覺性、眞覺性、「不可知之了」？何況能證得第八識的見分而有眼見佛性的可能？

依世間語言的約定俗成，都是從體起用，而顯現出其法性的；譬如火有熱性、水有濕性，熱性與濕性都是從火體、水體而表現出來的，若無火體、水體，即無熱性與濕性可說；不是由熱性與濕性來出生火體與水體的，當然是由體的作用來示現其性，應該是由體生性，不該是慧廣顛倒想所說的由性生體，或說性即是體。佛性既然是第八識的見分，顯然是第八識出生的作用，是由第八識心體出生的，何況能作爲第八識心體的根本？因此慧廣堅持「性是體」的想法根本是錯誤的，完全不如法，平實導師所說「心是體，性是用」、「『性』永遠都只是作用，而不可能是『體』」完全正確，完全符合佛說，而且還符合禪宗證悟祖師的說法。像這樣符合佛說及禪宗證悟祖師說法，斯有何過，還勞慧廣寫二本書來質問 平實導師？

只有那些還沒有證悟第八識，而且不懂般若眞實義的凡夫法師、居士們，譬如慧廣一類人，才會提出「性是體、心是用」的謬論；依照他的說法，應該「六識顯示出來的見聞知覺性是體，而六識心王是六識自性的作用。」這種說法如同妄說：「生殖的功能是母羊的體，母羊是生殖功能的用。」會讓有世間智慧的人聽了以後，當場哄堂大笑的；慧廣還是收回這個說法比較好，以免背地裡被佛門四眾不斷的暗笑他。一切眞悟的法師、居士們，都不會提出這樣顚倒的說法。像平實導師在種種著作中都已經明白開示，連電子檔《國語辭典》都已經證明 平實導師的說法無誤，只要稍具佛法知見、稍具語言知識的人都可以看得懂，而慧廣竟然看不懂，表示慧廣有語言學上及修學佛法上的遮障存在，所以無法瞭解這麼簡單的道理，其原因分析如下：

一者，信受錯悟、未悟法師、居士們的開示。由於慧廣相信應成派中觀師印順的六識論邪說，又信受錯悟的未悟祖師或現代錯悟法師、居士的開示，相信沒有語言文字時的離念靈知心就是 佛所說的眞心，卻不知更上於離念靈知意識心，還有一個與離念靈知心同時、同處配合運作的眞心第八識。由於慧廣不知、不證這個第八識，乃至誤信錯悟者的說法而認定第八識是妄心、妄識，這已表示他沒有親證第八識，故未發起般若智慧，無法分辨眞悟者與錯悟、未悟祖師開示中的差異，難怪會將錯悟、未悟祖師如牛頭法融禪師、高麗釋知訥禪師、普照禪師等人落在意識境界中的開示，納入自己所認爲「修學禪宗必看的典籍」內；正光將會於此專欄中，將此三人說法錯誤之處一一加以辨正。慧廣因爲錯誤認知及崇古賤今的緣故，不信眞善知識 平實導師所說的「**離念靈知心就是意識心**」而產生了遮障。慧廣無慧，把被出生而且夜夜都會暫時斷滅的第六意識認爲是眞心，能出生意識的第八識反而不承認是眞心，一切時都不會暫時間斷的第八識反而不承認是眞心，知見是顚倒的，難怪會有種種邪見產生；又不知藏拙而愛表現、強出頭，所以被人反駁時只能一再另立新題而迴避原來的問題，不斷的留下殘題而無力公開答覆，卻又不肯認錯，只會讓人覺得是狡辯而失去普通人應有的**人格**，就不必再談論**僧格**了。

二者，師心自用而蒙蔽了自己的心智。慧廣為了強出頭而亂作評論，導致自己錯悟知見被人被動性的回應而破斥，造成自己面子難看，所以故意指鹿為馬、顛倒是非，來模糊焦點，藉以避免自己的落處廣為人知，並想挽回自己落敗的窘境而已。但 平實導師從未指名道姓說過慧廣的錯悟，慧廣卻不斷以不同的化名在網絡上攻擊 平實導師；他最有名的化名是龍樹後族，謬說了許多法以後反而是侮辱了 龍樹菩薩，反而是貶抑及否定了 龍樹菩薩。因為 龍樹菩薩是以如來藏法義來講中觀的，慧廣卻是以 龍樹菩薩所破斥的意識心來講中觀，本質是毀謗 龍樹菩薩仍落在意識境界中。

三者，慧廣有文字障。因為有文字障的關係，看不懂經文的眞實義理，引用經文來反駁 平實導師，卻沒想到，反而只能證明 平實導師說法是正確的，反而證明自己的說法是錯誤的。連最簡單的、世人都知的體與性的主從關係，慧廣都已經誤會了，怎能懂得佛法呢！

四者，有護法神遮障。這表示慧廣曾經謗佛、或謗法、或謗僧、或大妄語，或者曾將諸外道法滲入佛法中來誤導眾生，如同他現在以自性見外道法說爲佛性一樣，導致護法神對慧廣以護法爲名而造的破法行爲不滿，是故加以遮障，產生了種種邪見、謬論。因此建議慧廣趕快公開懺悔消除這些遮障，以免對佛法的修證繼續產生偏差，障礙自己佛菩提道的修持，又嚴重誤導了座下弟子。

又，電子檔《國語辭典》都已經證明：不應離開本體而有特質、功能、性用存在。其他譬如丁福保編《佛學大辭典》、明朝‧楊卓著《佛學次第統編》亦復如是，都說不離開本體而有特質、功能性存在，舉例說明如下：

丁福保編《佛學大辭典》說：「【性】（術語）體之義，因之義，不改之義也，唯識述記一·本曰：『性者，體也』。」但是丁福保辭典解釋錯了，是因爲讀不懂論及述記的緣故，辨正如下：

世間、聖教說有我、法，但由假立，非實有性。（《成唯識論》卷一）

《成唯識論述記》卷一解釋說：

論：「世間聖教」至「非實有性」。述曰：略釋本頌，答外徵也，此釋初句。別釋其字，如論易詳，故不別舉。雙舉世間及諸聖教，皆說有我及有法者，但由假立，非實有性。性者體也。

意思是說世間人及聖教中所說的實有我、實有法，都只是假立之名相，並非實有其體。譬如世間人說有實我常住，其實只是名言假說，蘊處界都無實體，都是假有，故非實我、非常住；而世間人都落在名中四蘊，亦非實有性。佛法中說有實我，是依第八識而說的，但第八識是離言說相的，也是離六塵了別相的，說祂爲我時，這個我字仍只是假名言說，並無一絲一毫五蘊的體性；有時說爲眞我、實我，則是依於祂是萬法的根源及本住、常住的體性而說的。最後一句「性者體也」，這個性指的正是心體，是以性來指體，性是體所擁有的功能法性故，要由性用才能證得心體的所在故。成論及述記原文中，已充分說明了「心是體，性是用」之分際也，只是慧廣悟錯了，讀不懂論文的眞義，不知其中的唯識正理而已。

又譬如眞如，《成唯識論》卷十云：「眞如亦是識（第八識）之實性，故除識性，無別有法。」已明白指出：眞如是阿賴耶識心的眞實性，是依第八識心體方能顯示眞實性與如如性，故眞如法性只是第八識心體所顯現的心相，也是第八識自住的涅槃境界。正因爲第八識阿賴耶識心體有眞如性，所以禪宗也常常以眞如一名來指稱第八識心體，此時所說的眞如即是指第八識心體，不是指第八識心體的眞實性與如如性了。吾人可以透過蘊處界來觀察，發現祂的運作外於蘊處界運作的範圍，從來不在六塵上作了別，而同時在蘊處界所在之處，分明顯現出祂的眞如性。既然眞實與如如是第八識自住的涅槃境界，也是第八識所顯示清淨的自性，更是第八識所顯現的行相，則眞如只是第八識運作時顯現的法相，豈可外於第八識本體而有心的眞實性與如如性等法相存在？故說：眞如是第八識的眞實性，以此緣故，除了識的自性以外，別無眞如之法。

又第八識心體無始以來恆有眞實性與如如性的法相存在，所以祖師有時稱第八識爲眞如心，簡稱眞如，此乃方便說，不是究竟說。這個道理，就好像一盆花，是由於花與盆整體所顯示出花的法相，因此這個花的法相不能離開花體而有，但爲了方便稱呼緣故，就將這個花顯示出來的法相方便稱爲花體，可是花所顯示的法相仍然不是花體。同樣的道理，天親菩薩《佛性論》卷一所說：「佛性者，即是人、法二空所顯眞如。」這裡講的是成佛之性，不是《大般涅槃經》中佛說的眼見佛性時所見的佛性；這與《成唯識論》卷十所詮釋的道理，都是在說第八識心體所顯法，是第八識心體所顯的眞實性與如如性，是第八識所顯現心的行相。既然是第八識所顯現的眞實性與如如性，此清淨自性又豈能外於第八識心體而有？慧廣豈可不察其中緣由，將方便說當作究竟說，將「識所顯的眞實性與如如性」解釋爲第八識本體，再套在自己所說「性是體」的謬論中，用來指責 平實導師所說「心是體，性是用」而妄謗爲不如法；不僅違背 佛的開示，也違背聖 玄奘菩薩《成唯識論》、天親菩薩《佛性論》的開示。

又明朝・楊卓著《佛學次第統編》所說法性有十二異名，都是不能離開第八識心體而有其作用。因此正光舉法性十二異名的前二位來說明，其餘十種異名以此類推，都是不離開第八識本體而有作用。說明如下：

「眞如」一詞如《成唯識論》卷十所說：「**眞如亦是識『之』實性**」，亦即眞如是第八識的所顯、歸於第八識專有的眞實性與如如性，不歸其餘任何一識所有；祂的運作外於蘊處界運作的範圍，而在蘊處界存在之時同時分明顯現祂的眞如性，爲吾人所親證；阿賴耶識即使是在悶絕等五位中，都一樣顯現其眞如法性。

又〈大乘百法明門論〉亦云：

「一切法者，略有五種：一者心法、二者心所有法、三者色法、四者心不相應行法，五者無爲法。一切最勝故，與此相應故，二所現影故，三位差別故，四所顯示故，如是次第。」

此論文中明白說出：眞如是第八識所顯法，何以故？眞如是第八識透過八識和合運作、五十一心所有法、色法十一、二十四心不相應行法等九十四法所顯示的無爲性，所以列在第五位而說爲「四所顯示故」。此眞如無爲、虛空無爲雖然透過八識心王等九十四法方能顯現其清淨無爲性，但是不能離開第八識本體而有，因爲離開第八識本體時並沒有一法能擁有所說的眞如性存在，所以眞如性是第八識專有的法性，不能離開第八識心體而有，所以說：心是體，性是心體所顯。或者說：心是體，心之作用即是心性。因爲心體不只是擁有眞如性而已，還有能生萬法的種種神用，以及配合七轉識而運作的種種作用。而這個法並非執著離念靈知意識心的慧廣所能知、所能證的。由於慧廣不知、不證第八識心體，其結果即是提出「性是體、心是用」的妄想顚倒說法來誤導學人，因爲這樣錯誤的說法不會發生在證悟菩薩身上，也不會被證悟的菩薩提出來誤導學人，只有未悟的凡夫由於沒有親證生命實相第八識心，以意識思惟所得而提出如此荒謬的說法，用來誤導眾生。

「法界」一詞乃是指三界中一切法的功能差別、界限。所謂功能差別，譬如眼識分別顯色（此爲狹義的說法，如《成唯識論》所說；廣義的說法還包括形色、表色，如《瑜伽師地論》所說）、耳識分別聲塵、鼻識分別香臭、舌識分別酸甜苦辣等、身識分別觸覺、意識分別法塵、末那處處思量作主，第八識則能了別七轉識心行、能知如何攝取四大以成眾生身、能了知眾生色身之種種運作、能記存眾生的業因，也能了知如何讓眾生所造業因種子在緣熟時受其善惡種種果報，皆無差池；又有不可知執受，也能作種種七轉識所不能作之極微細了別，此類了別與七轉識的粗糙了別大不相同，極為微細，故亦名此識為「微心、細心、微細心」等，但不是印順所說的意識細心——細意識，因為那是意識，而這是第八識如來藏。

所謂法的界限，譬如眼識是法，眼識能夠現起，必須具足第八識、意根、意識、有根身（包括健全的眼扶塵根與勝義根在內），然後才有眼識種、色塵、五遍行等因緣的出現；如果有一因緣不具足，就無法出現，這正是眼識一法的界限，名為眼法界。譬如眼根的扶塵根或勝義根其中之一壞了，眼識就無法出現，就無法分別顯色。眼根既如是，耳根、鼻根、舌根、身根亦復如是，若有一因緣不具足，耳識、鼻識、舌識、身識就無法出現。意識也是一樣，必須意根、法塵、觸心所為緣方能生起，因意根作意，方由第八識流注意識種子於意根觸法塵之處，方能分別法塵。意根雖然無始劫以來，常與第八識在一起，可是入了無餘涅槃，意根即永滅而不再現起，這是意根一法的界限，名爲意法界；或者入胎後，五根尚未具足成就，意根恆處於我執狀態，無法如五根具足的時候，藉意識細膩分別而處處作主，這也是意根一法的界限，名爲意法界；意根只能了別極粗糙的法塵，不能對自己有所覺知，也不能如意識擁有欲、勝解、念、定等四個心所法，故無記憶……等功能，也無法確實了別境界相，這也是意根一法的界限，名爲意法界。第八識雖然能生起萬法，可是需要藉祂自己所生的六根、六塵及識陰六識，方能現起萬法，方有識陰的見聞知覺性生起而了知六塵及一念不生的定境中法塵，才能有萬法爲吾人所接觸及親領受。又譬如眼識不能聽聲塵，耳識不能聞香臭，鼻識不能嚐酸甜苦辣，身識不能分別法塵等等，因此無法超越其界限、所以互不相濫，唯除定中；又如色塵只能顯示色法，聲塵只能顯示聲法，乃至法塵只能顯示五塵上之法，也都各有界限；又如眼識不具有耳識的功能，乃至意識不具有眼識的功能，要藉前五識才能分別五識所了別的諸法，這些都顯示六識功能各有其界限，所以一一立名爲眼識、耳識乃至意識法界，不能互相混濫。明白了這些道理，就明白法界的意思了。

綜合上面所說，每一法、每一識都有其功能差別，都有其界限，此即法界一名的由來。既然法界是說諸法各有其功能差別、界限，都是第八識藉種種因緣而生，因此正光藉此機會請問慧廣：第八識的法界可不可以脫離第八識本體而有法的功能差別、界限存在？六識法界的見聞知覺性能離開六識心體而有嗎？然後再問您：究竟心是性或是體呢？有請慧廣回答。（想必慧廣已無法回答也！何以故？如果回答：「**可以**。」已明顯違背唯識及常識正理，根本無法自圓其說。如果回答：「**不可以**。」則已證明正光所說都是如實語，慧廣所說都不如法也。）

既然前二位法性異名都無法脫離第八識本體而有其自性，更不要說後十位法性異名了，當然也都不能離開第八識本體而有。而第八識有其本覺之性（爲免洩露密意，此處不公開舉證，明心者自知），並非六塵中的了別性，更非六塵中的離念靈知性；意根有恆審思量之性，眼識有能見之性，耳識有能聞之性……乃至身識有能覺之性，意識有能知之性，這八個識的自性都是八識心體所擁有的，不能外於心體而存在；心之自性依於心體而存在，是心體的作用，故說「**心是體、性是用**」。第八識的本覺性名爲佛性，其性用非常廣泛，只有諸佛才能具足了知；既然佛性即是第八識的本覺性，此作用不能離開第八識心體而有其作用，平實導師所說「**心是體，性是用**」，當然是如實語，完全符合經、論所說。反觀慧廣所說「**性是體**」

當然不是如實語，當然不如法了。

爲了使慧廣及其他跟隨者了知「心是體，性是用」的眞實意涵，正光就舉《大乘百法明門論》及公案來說明。但是慧廣若想要藉質疑來套取密意的話，仍然不會成功的，因爲正光一定會保護密意，使不該證得的慧廣仍然套取不得。

《大乘百法明門論》云：「一切法者，略有五種：一者心法、二者心所有法、三者色法、四者心不相應行法，五者無爲法。一切最勝故，與此相應故，二所現影故，三位差別故，四所顯示故，如是次第。」

略釋如下：「一切世間法及出世間法，約略分爲五種，第一是心法，第二是心所有法，第三是色法，第四是心不相應行法，第五是無爲法。它們之間的關係如下：一切世間、出世間法都是由八識心王直接或間接出生及顯現，故八識心王是一切法中最殊勝的法，何以故？因爲三界外無世間及出世間法，更無一切法也。然而八識心王必須與五十一心所有法和合運作才能在三界中現起及運作，如果沒有五遍行心所有法，則不能在世間存在運作，就成爲第八識心體獨住的三界外無餘涅槃境界了。若無五遍行等心所有法（簡稱心所），就不可能有第八識的本覺性（佛性）及識陰六識的見聞知覺性存在了，七轉識互異的五別境心所有法亦無法生起配合運作；若無五別境心所有法，則不能了知一切諸法；若不能了知一切諸法，則善十一、六根本煩惱、二十隨煩惱、四不定等四十一個心所有法亦將不可能現行及存在，識陰六識離念靈知心就斷滅了。若無八識心王與五十一心所有法等二位諸法和合運作，則無色十一法（五色根五塵及法處所攝色）可以讓行者現前運作、觀察及體驗。然後因爲有了八識心王、五十一心所有法、色十一等三法和合運作，才有二十四心不相應行法存在，所謂得、命根、眾同分……等法由吾人所了知。若無八識心王、五十一心所有法、色法十一、二十四心不相應行法等四類法的和合運作，則無法顯示六種無爲法，所謂虛空無爲、擇滅無爲、非擇滅無爲、不動無爲、想受滅無爲、眞如無爲。所以一切法的生起，是依如此次第而生滅的，不能外於這些次第而有一切法生起或滅失。」

意思是因爲有了八識心王等九十四法和合運作，才能有一切法之生起及六種無爲之所顯，能爲吾人所親證，故名「萬法唯識」，因此不能外於八識心王等九十四法和合運作而有一切法及六種無爲。然而一切法與六種無爲，都是第八識出生了其餘七識以後，再配合其餘七識而生、而顯的所生法及所顯法，這些法當然也是第八識心體顯示出來的性用，所以第八識的種種性用都要匯歸於第八識本體，不能外於第八識心體而有，此即「心是體，性是用」正理。反觀慧廣舉「性是體」的說法完全不如法，何以故？第八識的種種性用不可能出生第八識本體故，慧廣的說法就好像說兒子能夠出生母親一樣，又如同「能出生子女的功能性可以反過來出生母親」，不僅違背世間母親擁有出生子女的功能、能夠生出兒子的正理，也違背功能及兒子都不能出生母親的正理，而且說法也非常荒誕不經，讓人覺得不可思議。

再說，佛地以下諸有情之第八識僅與五遍行相應，而心體恆不與六塵相應，所以祂不可能有六塵中的見聞知覺性，但慧廣竟將意識在六塵中的見聞知覺性，誤認爲是未入地菩薩所眼見的第八識本覺性的佛性，他其實是落在六識藉五別境心所法而作用出來的見聞知覺性中，馬鳴菩薩在《起信論》中說這樣的人是不覺位的凡夫。慧廣所說的佛性其實是六識心的心所法，尚且及不上六識心體自身，阿含中說爲六識心的我所；六識心的我所——六塵中的見聞知覺性——顯然與第八識「只有五遍行而無五別境」的見分，完全不同；慧廣自稱懂得唯識學，卻誤會得如此嚴重，連心體自身與心體性用的異同都不懂，所以慧廣舉「性是體、心是用」的說法，實在很沒有唯識學常識，不僅違背佛說，而且也違背世間正理。既然雙違佛說及世間正理，而且落在識陰的心所法、我所之中，執著識陰及識陰的我所爲常住法，顯然未斷我見，有可能是證悟的人嗎？

接著，正光舉禪宗有名的明心與見性公案——克勤圜悟大師證悟公案爲例來說明，保證執離念靈知的慧廣讀之茫然而生誤會也。《五燈會元》卷十九云：

「方半月，會部使者解印（辭官）還蜀，詣祖（五祖法演）問道。祖曰：『提刑（古時官名）**少年曾讀小艷詩**（坊間的情詩）否？有兩句頗相近：**頻呼小玉元無事，祇要檀郎認得聲。**』提刑應：『**喏！**（是！）**喏！**（是！）』。祖曰：『**且仔細！**』師適歸，侍立次（克勤大師剛好回來，侍立於五祖法演禪師旁邊的時候），問曰：『**聞和尚舉小艷詩，提刑會否？**』祖曰：『**他祇認得聲。**』師曰：『**祇要檀郎認得聲。他既認得聲，爲甚麼卻不是？**』祖曰：『**如何是祖師西來意？庭前柏樹子！**倪（發問之聲音）？』師忽有省，遽出，見雞飛上欄杆，鼓翅而鳴。復自謂曰：『此豈不是聲？』遂袖香入室，通所得，呈偈曰：『**金鴨香銷錦繡幃，笙歌叢裡醉扶歸。少年一段風流事，祇許佳人獨自知。**』祖曰：『**佛祖大事，非小根劣器所能造詣，吾助汝喜。**』祖遍謂山中耆舊曰：『**我侍者參得禪也！**』」

如果慧廣眞的明心了，就應該知道 克勤圜悟大師悟在何處，可否說出來讓大家瞧瞧？只怕慧廣一說出來，正好將自己狐狸尾巴撩向天際，讓天下之人盡知慧廣是一隻大野狐也！也難怪慧廣解釋禪宗公案會荒誕不經，讓人看笑話（詳見慧廣著作《禪宗說生命圓滿》一書第八十八頁─九十一頁）。且問慧廣：對克勤圓悟大師悟處還會麼？

不會？且讓正光告訴你：「**九九八十一。**」慧廣會麼？不會？正光恁麼老婆撒土撒沙，你還不會？不得已，只好再次、再三為你分明舉說：「**這五根手指，這一根恁麼長，這一根恁麼短。**」會麼？若會者，今後恰好與正光同一鼻孔出氣；依舊不會者，且待你慧廣再修佛法正知見三十劫後再來會取吧！

既然明心公案尚且不會，更不用談克勤圓悟大師眼見佛性境界了；待你明心後，再來熏習眼見佛性正知見及用父母所生肉眼而眼見佛性也不遲。到三十大劫以後，不論慧廣能夠明心、或者能夠眼見佛性，你都會發現，正光沒有一絲一毫的隱瞞，都已經分明舉示，只是慧廣你當時為無明遮障，無法明心及眼見佛性而已。因此，慧廣所認知的離念靈知心根本不是禪宗證悟祖師以心印心的法門，正好是佛陀在四阿含中處處破斥的常見外道執以為常的意識生滅心，故說慧廣為錯悟者。平實導師所傳授的明心與見性法門，不僅能與經典相印證，而且也能與禪宗相呼應，能於公案中處處相契，所以 平實導師所傳授的法門才是禪宗證悟祖師以心印心的法門，自然也可號稱爲佛心宗，傳佛心印，教外別傳的頓悟法門。

又禪宗祖師所說「**一悟即至佛地**」，或者「**見性成佛**」，那都是方便說，不是究竟說，是指參禪者於參禪中，一刹那間頓悟而找到因地的第八識阿賴耶識（即是未來成佛果地的無垢識）。由於明心破參者是在第一大阿僧祇劫不到三分之一的第七住位中，觸證因地的第八識本體，找到未來果地無垢識的因地心如來藏阿賴耶識，此即《楞嚴經》卷三所說正理：「**不歷僧祇獲法身**。」這個因地的第八識心體自身與佛地無垢識心體一樣清淨，都具有如來的智慧德相、都有如來的妙功德性，這也是《六祖大師法寶壇經》卷一所說的意思：「**悟無念法者**（即禪宗祖師證悟本來離見聞覺知、本來就不對六塵境起分別的第八識），**見諸佛境界**（這個因地的第八識自身與果地的無垢識是同樣的清淨，不因凡聖而有差別）。」「**悟無念法者，至佛地位**。」所差異者，凡夫眾生的第八識在因地仍然有七轉識相應的染污種子，尚待歷緣對境汰換清淨，所以不像佛的無垢識究竟清淨；這些染污種子卻不與第八識如來藏相應。因此菩薩明心時，是找到因地的第八識阿賴耶識心體，不是已經成就果地第八識無垢識心體，唯除最後身菩薩一悟而證得佛地無垢識，而成究竟佛。所以禪宗所說「一悟即至佛地」或者「見性成佛」，都是方便說，不是究竟說；更不是悟得慧廣所「悟」的離念靈知意識心，意識心永遠是生滅法，不是常住法，故乃妄心，慧廣於此應有所知。

由於慧廣堅持「一悟即至佛地」，堅持「見性成佛」說法，基於此，正光提出幾個問題，有請慧廣回答。

一問：六祖慧能大師是公認的證悟祖師，在《六祖大師法寶壇經》卷一，慧能大師也曾如是說：「若識自性，一悟即至佛地。」如果照慧廣說法，是不是慧能大師明心時就成爲究竟佛了？有請慧廣舉證回答！（想必慧廣答也不是，不答也不是，何以故？如果回答「是」，慧能大師明明不是佛；如果答「不是」，又與自己說法相違，眞是兩難啊！）

二問：自古以來，證悟的祖師很多，請問：這些證悟祖師明心時，是不是也成爲究竟佛了？有請慧廣舉證回答！（想必慧廣更答不得也！何以故？如果回答「是」，明顯違背釋迦世尊說下一尊佛是彌勒佛的開示；如果回答「不是」，又與自己說法完全違背，眞是前後失據，無法自圓其說。）

三問：慧廣自稱已經開悟了，又堅持「一悟即至佛地」，那是不是主張說「慧

廣已經成爲究竟佛」了？有請慧廣回答！（慧廣只能口似扁擔，不敢回答了。何以故？如果回答「是」，自己明明沒有成爲究竟佛，也沒有佛地的威德、神通、智慧、功德與證量，連七住菩薩的實相般若都沒有，更別說諸地的道種智，卻以前後句來表顯、暗示說自己成佛了，這已經成就大妄語的地獄業。如果慧廣回答「不是」，所說又與自己所立的宗旨完全相反，前言不對後語，又有何資格反說他人正法爲非法呢？）

從上面簡單的道理及提問，就可以了知禪宗所說的「**一悟即至佛地**」或者「**見性成佛**」，都是弘法、度人的方便說，不是究竟說；慧廣豈可將禪宗祖師的方便說當作究竟說，來證成自己的說法，以此來質難完全符合佛說的 平實導師爲非法？身爲出家人的慧廣，兼受聲聞戒與菩薩戒，二戒都不許大妄語，如今慧廣自己說法時不如法，本來就不應該了，更何況以錯誤的、不如法的知見來非難大乘勝義僧 平實導師，那就更罪過大矣。

最後，針對這一章，作個總結：佛性是從眞如心體（阿賴耶、異熟、無垢識）出生的作用，不論是明心者眼見成佛之性所說的佛性，或是眼見山河大地上自己的佛性所說的佛性，都是從眞如心體中出生的現象（前者）或作用（後者），而且「性」永遠都只是心體的作用，不可能反過來成爲「體」，「性」永遠離不開

「體」而有。此外，除了最後身菩薩一悟即至佛地外，無有一位菩薩證悟時可以成爲究竟佛。

慧廣云：

四、眼睛見到佛性？

「……並且能以肉眼親見一切無情上面顯示出自己的佛性，亦即眼見佛性之意。……由此可知，佛性是透過一切[22]境界[23]上顯現。[24]具足了阿賴耶識的有性。[25]因此眼見佛性的當時，不僅看見[26]自己的[27]佛性，也可以看見[28]一切有情的佛性。[29]不僅於有情身上，[30]可以看見自己與有情的佛性，也可以在山河大地上面看見自己

[22] 正光案：少一字：「的」。
[23] 正光案：多一字：「界」。
[24] 正光案：「。」原文爲「，」。
[25] 正光案：「。」原文爲「，」。
[26] 正光案：少一字：「到」。
[27] 正光案：多一字：「的」。
[28] 正光案：原文爲：「到」。
[29] 正光案：原文爲「；」。
[30] 正光案：多了標點符號：「，」。

的佛性。」（二一五頁）

「眞正見性者，可以從一切無情物上，譬如牆壁、山河大地、石頭、樹木上面看見自己的佛性，然而實際上，[31]自己的佛性，[32]卻不在那些無情物上面。」（二一七頁）

「接著，[33]導師【蕭平實先生】[34]又叫我看花：『從花上見到自己的佛性如此清楚，如果地上有狗屎，可否從狗屎上看見自己的佛性？』[35]聽了這句問話，也是猛點頭[36]，心裡[37]很激動，眼淚又止不住的流下。[38]接著，[39]導師又指著天邊的明月，問我『佛性看得清楚嗎？』[40]然後又說要讓我看特別的東西，就教[41]我仔細的看著

31正光案：多了標點符號：「，」。
32正光案：多了標點符號：「，」。
33正光案：原文爲空格，不是「，」。
34正光案：原文並無【蕭平實先生】等字，是慧廣擅自增文。
35正光案：原文「從狗屎上看見自己的佛性？」爲粗體字。
36正光案：原文「猛點頭」爲粗體字。
37正光案：原文爲「裏」，不過「裏」與「裡」通用。
38正光案：「。」原文爲「：」。
39正光案：原文爲空格，不是「，」。
40正光案：「導師又指著天邊的明月，問我『佛性看得清楚嗎？』」原文爲粗體字。

停在車門上的小飛蛾，我正專心的看著牠，[42]導師緩緩的用如意竹[43]去輕輕的[44]碰牠一下，小飛蛾就突然的飛了起來：[45]『[46]天呀！太神奇了！從牠身上清楚的看見自己的佛性』。[47]趕緊向 導師禮拜感謝。[48]」（三五一頁）

蕭平實先生不但極力強調「眼見佛性」就是肉眼見到佛性，還引用修學者看見佛性的經驗，來證明肉眼看見佛性的不虛。

但我要說的是：宗教經驗是良藥，也是毒藥。宗教經驗可以讓人對他所信仰的宗教深信不疑，但有許多宗教經驗其實都是幻境，並非事實，更非究竟，包括蕭團體中的「眼見佛性」在內。有這類宗教經驗者，如果沒有正知正見，深陷於這些幻境中以爲究竟，不旦這生慧命完了，未來世要值遇善知識，正信佛法恐怕

---

41 正光案：原文爲「叫」。
42 正光案：原文爲空格，不是「，」。
43 正光案：原文爲「竹如意」。
44 正光案：多一字「的」。
45 正光案：「：」原文爲「；」。
46 正光案：慧廣多加了標點符號「『」。
47 正光案：「天呀！太神奇了！從牠身上清楚的看見自己的佛性」應爲粗體字，且多了一個標點符號「』」及最後一個標點符號應爲「，」。
48 正光案：「。」原文爲「；」。

也難。

爲什麼這樣說呢？依據前面所引書中所說，蕭團體所說的佛性是見分、是作用，也就是凡夫心中的「知」，所以正光先生說「眼見佛性是有境界法、是有所得法」（二八一頁）。因此，他們的佛性並非佛教所說的佛性、自性、本性；他們說的「眼見佛性」，並不是禪宗所說的「開悟見性」，也非《大般涅槃經》所說「眼見佛性」的含義。這點，佛教徒必須記住，才不會受其迷惑。

由於他們所說的「佛性」是見分、是作用，當然有某一種定力的人是可以見到的；不僅可以見到自己的，也可以見到他人的，這點不需懷疑。但因依定力而見，定力一失，他們的眼見佛性（見分、作用）也就不見了。

因此，蕭平實先生在序文中一再強調眼見佛性要有定力，（見該書十八、十九、二十、……頁）又見正光先生所寫：「佛性於一切境界[49]上顯現，若無定力，縱使慧再好，也無法眼見。[50]此外，一旦定力退失時，佛性也會跟著定力的退失而不能眼

[49]正光案：多一字「界」。
[50]正光案：「。」應爲「；」。

見，[51]這是正覺同修會中見性同修們的經驗。[52]後來再繼續培植定力，在定力回復時，就會再度可以隨時隨地看得見佛性了。」（二五一頁）

可知，他們所說的「眼見佛性」絕不是禪宗所說的「見性」。見性是「一悟永悟，不復更迷」（馬祖道一禪師語錄）。這點，學禪宗者，必須分辨清楚。

說到這裡，智者就可以理解了。「眼見佛性」是依定力而見，那當然就是一種定境—由定所產生的幻境。爲什麼會產生這種幻境？因爲有人故意引導，蕭平實先生誤解了《大般涅槃經》所說的「眼見佛性」就是用肉眼去看見佛性，於是引導略有定力的人，用見分去看外面的世界。結果在意念主導之下，以幻生幻，自己看見了自己，見分幻現見分，而把見分當作佛性。

這就好比有些人在類似禪定中，會感覺到自己離開身體，看到自己在那裡打坐。你說這個是眞實，還是幻境？又好比民間觀落陰之類的方術，在特意催眠之下，有些人就到了陰曹地府，見到了自己的親人，還能與他們對話，其實大多是心意識所變的幻境。更容易了解的舉例是：夢境。睡眠中，大家都做過夢，夢中

[51]正光案：「，」應爲「；」。
[52]正光案：「。」應爲「；」。

的境界無一眞實，但在作夢時，卻是多麼的眞實，誰覺其幻？以很簡單的例子，就可以證明「眼見佛性（見分）」的不實。例如：佛性（見分）是見來的，當你不見時，佛性（見分）還在嗎？不在！那麼，佛性（見分）是幻境已無疑，它是依附於「見」而有。

再說，佛性（見分）是見到的，見到的便是所見。所見必有能見，有能見、所見，便是對待，互依互存，所以是虛妄。

再來，說肉眼確實能夠見到「佛性」（見分、作用），其實，也不是眼睛在見。如果眼睛能夠見，那麼人死了，肉眼還在，爲什麼不能見東西？所以，眼睛只是工具，是心靈透過眼睛來見到東西，不是眼睛自己能見到東西，把《大般涅槃經》所說的「眼見佛性」，一定要解釋成肉眼見到佛性，也太依文解義了！

見分本幻，但在略有禪定時，一知一覺都可能極爲明顯，而被當作眞實，何況故意去引導。在各種心意識中，「見分」是最容易被誤以爲眞實的，各種心所隨時生滅不已，但見分似乎不然，它知曉一切生滅，似乎不隨一切生滅，也難怪蕭平實先生會把見分當作佛性，而說佛性是作用，眞如是體，把體用分成兩節。然後說，明心不是見性，見性不是明心，把禪宗這個不二法門，說成有二法門。

所以，蕭平實先生的肉眼見佛性，是修行途中的一個岔路。把不二、無住、無念、無相的禪宗，誤導到有二、有相，走向心外求法的岔路上，並引唯識學、曲解唯識學來佐證他所說，對有名望、不符合他所說的佛門法師居士，大肆批評攻擊，說他們是常見外道、斷見外道。如此的毀壞佛法，卻自說在護法。

雖然，他們的「眼見佛性」也有一些受用，正光先生說：

「……得以眼見佛性清楚分明，成就二種功德：一者，成就[53]如幻觀，[54]（眼見身心及世界虛幻之現觀智慧），而了之[55]如來藏之作用。[56]……二者，以上述眼見佛性功德，反觀有情[57]無始劫以來，世世之意識心都是從來未曾接觸外境，皆是如來藏藉著種種因緣而現諸法相。」（八八頁）

但這些都容易理解。所見依能見而眞實，依能見（見分）而有所見（相分），當你將心意放在「見分」（蕭所說佛性）上時，就不會去攀緣相分，那麼，相分

[53]正光案：少了五個字「身心及世界」。

[54]正光案：多了標點符號「，」。

[55]正光案：應爲「了知」，慧廣打字錯誤。

[56]正光案：「。」應爲「，」。

[57]正光案：少一字「自」。

（身心及世界或內心影像）自然如夢如幻，一點也不眞實，類似參禪過程「見山不是山，見水不是水」的境界。但這只是一種境界，並非禪宗所說的開悟見性。禪宗的開悟見性必須再突破這種不眞實的境界，回到「見山是山，見水是水」，卻又「山河及大地，全露法王身」，一眞一切眞，「若人識得心，大地無寸土」，卻又見物即見心，乃因心不自心，因物而顯故。這才是禪宗的開悟見性，那裡還有能見所見？哪裡還有有爲功德！

正光辨正如下：慧廣以上援引拙著《眼見佛性》的文字，有非常多的**故意增減變造或無心的漏失**，顯示他說法及作事都是很不嚴謹、很不負責的；再從慧廣以龍樹後族化名，在網站上匿名要求在網路上召開不必負責的法義辨正無遮大會，以及他在網路與書中所說的法義來看，他一直是縮頭藏尾而不負責任的人。本會的初悟者去到他的空生精舍門前庭院食用午餐——野餐，他就派遣徒弟出來表示「有很大的壓力」，要求離開他的空生精舍門前；卻又處處以文字彰顯他是證悟者，暗示已成佛道、已經成佛。又不斷在書中狡辯，對於自己書中或文中、或口說的已被駁倒的錯誤說法，從來都不認錯、都不改正，都只能顧左右而言他，一再另立新題、另闢新戰場，不肯先針對原來的法義提出辨正或認錯。這是不誠也不實的虛妄人，與眞正在學佛的人大不相同。

由於明心之法是許多佛弟子多劫多生以來夢寐以求的標的，若不是往昔所種諸善根與福德發起五根五力，復値諸佛菩薩安排，得以値遇大善知識而聞思修證明心與眼見佛性之法，何能至此？然而大善知識出現於世，所說的法義甚深微妙，迥異諸方凡夫位的大師、居士，唯有菩薩種性人聞之才會信受，心小的聲聞種性人及未具足五根五力的一般凡夫眾生如慧廣等人，對大善知識 平實導師所說多不信受、懷疑及毀謗，乃至私下透過種種方法，譬如質疑辨正、私下探問等手段，想不勞而獲的求得明心的智慧境界；縱使有一天他知道了答案也沒有用，智慧仍然無法發起，因爲欠缺了參究的過程與基礎知見，因爲他先前否定第八識時已經斷了善根。他因爲無法實證、無法稱心如意的緣故，乾脆否定之；明心尚且如是，更何況是上於明心境界的眼見佛性境界，他當然更不能信受。

因此欲求眼見佛性的學人，須緊記下列事項，以免耽誤自己未來眼見佛性的機緣：一者，須勤練看話頭功夫，並將話頭看得很純熟，於因緣成熟時，自然可以眼見佛性眞實，不會隨惡知識否定而退轉。二者，在正法道場中熏習眼見佛性的慧力，並且相信確實可以用父母所生肉眼眼見佛性。三者，多培植眼見佛性所必須的廣大福德，因爲眼見佛性所需要的福德遠比明心要大，而且要廣；在一般佛教道場培植如此廣大福德很不容易，唯有在勝妙正法道場中培植福德，遠比其他道場來得快而廣。以上三者是求證眼見佛性而想要成就「未入地菩薩隨順佛性」者必須具足的三資糧。四者，須歷緣對境消除自己性障，使自己的貪瞋癡漸漸淡薄，如此眼見佛性才不會有障礙。五者，在三資糧尚未具足的狀況下，千萬不要探求或參究佛性答案，此三資糧未具足時一旦知道佛性答案，今生將無法眼見佛性了；因爲無法眼見佛性，懷疑就可能產生了：**眞的有眼見佛性的法嗎？眞的可以眼見佛性嗎？**因爲無法親證，而毀謗佛性不能眼見，或者毀謗說明心就是見性，將如同未證謂證的假阿羅漢死時謗無涅槃可證一樣，將使自己沉溺於萬劫不復的不可愛異熟果報[58]中，再回頭已是一百大劫以後的事了。

所以奉勸那些三資糧尚未具足就想要探求眼見佛性內容的人，寧可單純的、直心的鍛鍊看話頭功夫，並努力培植眼見佛性必須具備的正知見與大福德，歷緣對境消除性障，使自己的貪瞋癡慢疑等煩惱也慢慢的淡薄了，才得以在某一因緣之下而眼見佛性，就可以證明 佛在《大般涅槃經》所說的開示：

[58]編案：三惡道——畜生道、餓鬼道、地獄道。

一者，眞的可用父母所生肉眼而眼見佛性。佛在《大般涅槃經》卷八開示可以用父母所生肉眼而眼見佛性，是十住滿心菩薩的證境。用看話頭（看住念的前頭）的功夫，透過眼根、色塵、五遍行觸心所三和合的關係，意根作意而使阿賴耶識中相應的種子現行，產生相分及見分，而十住菩薩透過五別境慧心所，而以肉眼看見佛性，成就十住菩薩眼見佛性的事實；也就是說能夠眼見佛性，是配合眼根、色塵、眼識、意識、意根、五遍行、五別境及阿賴耶識之心所法等和合運作，佛性才能爲肉眼、心眼（慧眼）所見；因此，若想要能夠眼見佛性，須藉著種種因緣才能成辦，不是單靠某一因緣就能眼見。

由於慧廣不知眼見佛性要靠種種因緣配合才能成辦，難怪他會提出如此荒謬的說法：「再來，說肉眼確實能夠見到『佛性』（見分、作用），其實，也不是眼睛在見。如果眼睛能夠見，那麼人死了，肉眼還在，爲什麼不能見東西？所以，眼睛只是工具，是心靈透過眼睛來見到東西，不是眼睛自己能見到東西，把《大般涅槃經》所說的「眼見佛性」，一定要解釋成肉眼見到佛性，也太依文解義了！」然而死人眼根已壞，無法見色塵，也無阿賴耶識持身，亦無阿賴耶識變現的相分種、見分種、眼識、意識、意根、五遍行、五別境等配合，更無定慧福德莊嚴其身，云何能夠眼見佛性？所以用父母所生肉眼見佛性，乃是眼見佛性所必須呈現的證境之一，但是必須有種種因緣配合才能成就，不是單靠某一個因緣就能夠眼見佛性。並且，佛性是第八識如來藏本覺之法性，不是意識覺知心的妄覺法性；但慧廣是六識論者，熏習印順弘傳的應成派中觀六識論以來，已經很久了，從來都是否定第八識的，所以他只能以六識的見聞知覺性當作佛性，落在凡夫隨順佛性中，從來不能（也不曾）了知未入地菩薩所隨順的佛性是第八識的本覺之法性，只能永遠住在凡夫思惟所知的六識妄覺法性中，妄想自己也懂得佛性；然後再以自己所知的六識妄覺法性當作未入地菩薩所眼見的佛性，由於無法如同未入地菩薩所眼見一般的看見佛性，心生悶氣的緣故，就以己例他，公然寫文章說佛性不可能以肉眼而見，公然否定經中 世尊所說十住菩薩眼見佛性的聖教。這都是凡夫以管窺天所見，因此慧廣的說法，只會令智者哂笑不已，直笑慧廣不懂佛法也。

二者，眼見自他有情佛性，正如正光在《眼見佛性》二五五頁—二五六頁所說：「不僅眼見自己佛性，而且也見其他有情佛性。何以故？眼見佛性是自己一念慧相應而親證的境界（現量境）、親自觸證而引發的智慧（自相智慧）故。眼見其他有情佛性者，是以自己現量境及自相智慧爲基礎，比類推之其他有情亦如是見，比量境、他相智慧故。二者，眼見佛性時，皆可於一切無情物上眼見自己佛性清楚分明顯現，乃至於眼見臭穢大便時，自己佛性還是無絲毫污染而分明顯現，所以者何？無情無覺無知，非是有情，無法像有情能有如此功能差別，但眼見佛性之菩薩卻能從無情物上眼見自己之佛性；但究其實，自己之佛性卻不是在無情物上。故知，眼見無情時，非是無情有佛性，而是自己佛性分明顯現爾。」

能夠見自他有情的佛性，是十住菩薩眼見佛性的證量境及智慧，非是執離念靈知意識心爲眞心的慧廣所能否認的，亦非所有六識論邪見者的想像、思惟所能了知的。如果慧廣不信這是眼見佛性的證量，不妨用你的肉眼去試試看，看看能不能夠見到自他有情佛性運作？乃至在無情身上也能看到自己的佛性？（慧廣所見的六識見聞知覺性不算數，因爲那是會斷滅、會間斷的，而佛性是眠熟了、悶絕時仍然很分明顯現的）但是正光可以跟你保證，你所見的必定落入凡夫隨順佛性境界中——誤以六識自性的見聞覺知性作爲佛性，絕對不是未入地菩薩所證的眼見佛性；不僅無法看見自己的佛性，而且無法看見別別有情的佛性；乃至不能在無情上面，看見自己的佛性。既然落入凡夫隨順佛性中，難怪慧廣會提出「佛性就是知覺之性」的錯誤說法。慧廣既落入六識的知覺性中，認定六識心所法所成就的知覺性是常住不壞的佛性，當然是未斷我見的凡夫；我見尚未能斷除，又何況能了知阿羅漢所不知的未入地菩薩眼見佛性境界？竟敢大膽寫文章來否定阿羅漢所不敢否定的十住菩薩眼見佛性證境，這絕非向天借膽者所敢任意妄為的，因為諸天都不敢借給任何人膽子來作這種否定聖教的惡事。

三者，佛性不是見聞覺知，但不離見聞覺知，何以故？《大般涅槃經》卷三十二云：「一切眾生悉有佛性，佛性非色，不離於色；非受想行識，乃至不離於識。」翻成語體文為：「一切眾生都有佛性，然佛性不是色蘊，但不離色蘊；祂不是受蘊、想蘊、行蘊、識蘊，但也不離受蘊、想蘊、行蘊、識蘊。」當然更不能離開阿賴耶識心體而有佛性，因為五蘊種子都是從阿賴耶識心體中流注出來的，也因為佛性是第八識的見分，而色受想行識五蘊也都不離第八識而運作。從上面經文可知，識蘊是指前六識—眼識、耳識、鼻識、舌識、身識、意識—都不離六塵中的見聞覺知性；慧廣所謂的佛性，不幸正是這六識的自性——六塵中的見聞知覺性，落在識陰的內我所中。而佛性的本覺法性卻是不在六塵中運作的，慧廣連阿賴耶識心體的所在都無法了知，何況能眼見阿賴耶識心體的本覺法性？

不知不見的凡夫，竟然敢出面爭執自己所不知不見的十住菩薩眼見佛性之勝妙法，未免也太無知了，可見慧廣從來都無自知之明；乃至被人指正以後仍無法反觀自己的愚癡，還繼續寫文章與人爭執，讓佛教界繼續看他的笑話。

然而妄心在運作時，眞心亦同時、同處配合運作著，第八識所顯示的佛性在此等運作當中顯露無餘；因此眼見佛性時，佛性的存在運行是與六識心的見聞知覺性同時在運行，所以佛性與六識心見聞知覺性雖然類似（同是心所法運作時所顯現的功能），但卻不是相同；祂不是見聞覺知心，也不是見聞覺知心的體性，但運作時也不離六識的見聞覺知性；所以慧廣說「**佛性就是知覺之性**」，完全違背 佛的開示，是公然與 佛陀的聖教唱反調。

又《大般涅槃經》卷三十二、卷三十五、卷八，亦宣示佛性不是六識心的見聞覺知，但又說不離六識心的見聞覺知，證明是二者同時並行運作的。譬如卷三十二：「**說佛性者亦復如是，非即六法，不離六法。善男子！是故我說眾生佛性非色不離色，乃至非我不離我。**」（非六塵中的六入亦不離六入等法、非五陰但亦不離五陰）卷三十五說：「**眾生佛性非內六入**（眼入、耳入、鼻入、舌入、身入、意入），**非外六入**（色入、聲入、香入、味入、觸入、法入），**內外合故名為中道，是故如來**

宣說佛性即是中道。」又《大般涅槃經》卷八云：「眾生佛性則不如是假於文字然後清淨，何以故？性本淨故，雖復處在陰界入中，而不同於陰界入也，是故眾生悉應歸依。」

這些經文更是一語道盡：佛性並非五陰、外六入、內六入、十二處，故慧廣說佛性即是內外六入中的見聞知覺性，完全違背 佛陀的聖教。佛性雖處於五陰、六入、十二處、十八界中，然而不是五陰、六入、十二處、十八界，所以佛性不等於十八界的六根、六識，更不等於六識的見聞知覺性，慧廣怎能強詞奪理的硬要狡辯說「佛性就是六識的知覺之性」？慧廣不依照《大般涅槃經》、《成唯識論》所說眼見佛性的眞實義理，公然違背 釋迦世尊與聖玄奘菩薩的開示，以自己曲解的佛性，來誣責已經眼見佛性的 平實導師；說「佛性就是知覺之性」、說「佛性即是見聞覺知性」。像這樣的行爲，就好像作賊的大喊抓賊，公然誣指屋主是賊，企圖掩人耳目，以避免自己還沒有眼見佛性的凡夫身分被揭露而已，終不敵有智之人的拈提。

四者，無始劫以來，有情見聞覺知心從來沒有接觸外境；所接觸者，無非是第八識阿賴耶識藉緣所顯的內相分六塵爾，再由見分七識心來分別相分六塵，無非是自心玩自心爾。何以故？當眼根（眼扶塵根）接觸外色塵，第八識在視網膜顯現了外相分的倒影，然後透過視神經傳輸影像訊息，由第八識在五勝義根（大腦掌管視覺的部分）顯現出帶質境的眼識所見內相分色塵及眼識功能—見分—能見之性，而眼識見分分別內相分色塵色彩、明暗等，意識依據過去經驗而分別形狀、色彩、明暗、大小，乃至生起貪染喜厭等心行，再由第七識的思量性來進一步決定取捨；第八識就在七轉識種種運爲中，絲毫不差的配合七轉識運行，使七轉識的見聞知覺性得以運作，藉以連接外境，因此成就有情誤以爲正在眼見外色塵的正理，但其實有情只能接觸到阿賴耶識藉外緣所顯示的內相分六塵境界。大乘法中如是說，聲聞法的四阿含中也如是說，才會有外六入、內六入的聖教，這是四阿含諸經中今天仍然可以查核的聖教。

十住菩薩眼見佛性時能藉外色塵眼見自己的佛性，即是在一切有情身上眼見自他有情的佛性，以及在無情身上眼見自己的佛性。眼識既如是，耳、鼻、舌、身、意識亦復如是，都能夠親見本識如來藏呈現出來的佛性，此即禪宗祖師所說「一根通，六根互通」、「六根通流」的道理。因此，有情自無始劫以來，見聞覺知心從來沒有接觸過外境，所接觸者，無非是第八阿賴耶識所變現出來的內相分六塵，再由見分（六識的見聞知覺性）來分別內相分六塵；於其中享樂時，無非是自心玩自心爾，有何眞實可言。此中道理，就好像坦克車駕駛在坦克車內所見的外境一樣，透過坦克車內的三稜鏡反射而眼見，亦如透過監視器或小精靈視訊攝影機攝取外境，再將外境傳輸到電腦螢幕上顯現出來，所見並非外境。表面上看來，有情似乎得以眼見外境，究其實，有情並沒有眞實的接觸外境，因爲不了知其中眞實道理以及虛幻的緣故，誤以爲眞實接觸外境而執以爲實，遂起貪染喜厭等心行而造善惡業，導致輪迴三界六道不得出離。但是未入地菩薩眼見佛性時，已經看見佛性與六識的見分—六識知覺之性—同時在運作，是二者並存的，所以絕對不會誤認佛性爲六識的知覺之性。慧廣不知這個道理，也誤解聖教眞義，所以他只能落在六識的見聞知覺性中，成爲凡夫隨順佛性者。

五者，定力若退失，佛性將會看不清楚，乃至完全看不見。譬如《大般涅槃經》卷二十七所說，十住菩薩眼見佛性而不明了，以首楞嚴三昧力的緣故即可了了而見；因此眼見佛性不是不見，仍是有見，只是見少分佛性而不明了，若是能修學首楞嚴三昧（譬如念佛圓通章的無相念佛）動中定力，就能了了而見；不是像慧廣在〈眼見佛性的含義〉謬義文中所說，唯有「佛眼見於佛性」（詳見慧廣《禪宗說生命圓滿》一五八頁）。因此，眼見佛性是必須有動中定力的，當定力退失的時候，佛性跟著定力退失就會看不清楚，乃至完全看不見；雖然看不見，但佛性仍然繼續在運作著，也知道如何可以再度眼見，慧力照見其理以及已曾體驗的緣故，所以了知自己只需修回已失去的定力，即可重新看見佛性。因此當定力退失，再繼續培植定力，並於定力恢復後，又可以隨時隨地在山河大地上看見自己的佛性了。由於慧廣不信有第八識，亦未曾眼見佛性，不信 佛在《大般涅槃經》開示眼見佛性需要動中定力才能成辦的聖教，難怪他會提出「**佛性就是知覺之性**」的謬論，錯認凡夫所執著的六識知覺性爲常住不壞的佛性，就好像將自己的狐狸尾巴撩向天際，讓天下的人盡知慧廣是一隻大野狐，直笑慧廣眞是愚癡無智之人。慧廣寫了〈眼見佛性的含義〉一文，想要搏取眾弟子的尊敬，卻成爲「偷雞不成蝕把米」，眞是得不償失啊！

六者，眼見佛性依眾生根性不同有所差別。如《大般涅槃經》卷二十七所說，十住菩薩能夠眼見佛性而不明了，以首楞嚴三昧力的緣故而得明了。所以在《大般涅槃經》卷八有說：「**善男子！所有佛性如是甚深難得知見。唯佛能知，非諸聲聞緣覺所及。**」菩薩追隨諸佛修學，方能得見佛性；若是追隨聲聞、緣覺而欲眼見佛性—以二乘解脫道認作成佛之道而想要眼見佛性、了知佛性—則是癡人說夢，故知唯有隨從佛學的菩薩方能眼見佛性，是故《大般涅槃經》卷十七說：「云何菩薩修持淨戒心無悔恨，乃至明了見於佛性。」《大般涅槃經》卷二十七說：「十住菩薩亦復如是，雖見佛性不能明了，以首楞嚴三昧力故能得明了。」所以必須有定力才能眼見佛性，否則都是似見非見。可是 佛在同經同卷亦說：「復有聞見，一切眾生乃至九地聞見佛性。菩薩若聞一切眾生悉有佛性，心不生信，不名聞見。」亦即也有九地菩薩只聽聞眼見佛性一事而能信受，未能用父母所生肉眼而眼見佛性，須待九地圓滿後眼見佛性才能進入十地。從這裡就告訴我們，眾生根性有種種的差別，所以能夠眼見佛性的時機就有所不同，不能一概而論定。因此，若是尚未眼見佛性，不一定能用來印證某人一定是尚未超越第十住位的菩薩；但若某人我見未斷，仍落在離念靈知意識心中，一直妄認六識心的覺知性爲佛性，就能據此指認某人一定未斷我見，更可指認其人未證大乘第七住、第十住的功德，乃至未圓滿第六住的功德，因爲六住滿心菩薩是現觀能取所取皆空的，是早就斷除我見的。這個道理就好像三明六通的大阿羅漢一樣，雖然已斷盡我見、我執，也有四禪八定及三明六通，可是這樣的大阿羅漢仍是二乘聲聞的四果人，仍然不是別教的七住位菩薩。如果彼阿羅漢能夠迴小向大，也不過是大乘別教六住滿心的菩薩而已，他的智慧仍然無法與大乘已見道的七住菩薩相提並論，他還得在六度上面進修許多福德及大乘知見以後，才能證得如來藏而位階第七住菩薩位；因此阿羅漢在七住菩薩面前，根本沒有說話的餘地。尚待彼阿羅漢迴心大乘修集福德而參禪，找到生命實相心後，才能與別教七住菩薩具有相同的智慧——般若總相智，才能與別教七住菩薩共坐並論大乘般若。然而此中仍有些許差異說明如下：

第一點，阿羅漢悟了，雖然與七住菩薩同樣有總相智，卻有深淺不同，由於阿羅漢有四禪八定、五神通，七住菩薩沒有四禪八定，所以在證悟及體驗方面，相對而言，七住位阿羅漢的智慧遠比七住菩薩來得深、來得廣。

第二點，阿羅漢有四禪八定、五神通，於證悟之後，往初地邁進，若已進入初地滿心位，即能因原有的四禪八定、五神通具足而發起百意生身，去至百佛世界；然而七住菩薩卻無此能耐，須待三地快滿心的時候，修學四禪八定、四無量心、五神通，才能發起意生身。

第三點，阿羅漢斷盡我執，七住菩薩還沒有斷盡我執，所以阿羅漢在斷思惑的證量上遠遠超過七住菩薩，非是七住菩薩所能比擬，何以故？阿羅漢已斷分段生死故，但七住菩薩仍無能力斷除，要到初地滿心時才有此能力。但菩薩留惑潤生而修到將入六地滿心時才斷除分段生死，往七地邁進，於七地滿心位成就念念入滅盡定之寂靜觀行。此時七地菩薩斷除煩惱的證量卻遠超過阿羅漢，何以故？因爲菩薩不僅漸斷一念無明習氣種子隨眠、無始無明所知障隨眠，而且無生法忍的證量遠超過三明六通大阿羅漢，非是阿羅漢所能比擬。

綜合上面三點所說，可見眾生根性不一，所對治的法及使用時機亦有所不同，其結果亦有所差別；是故法無定法，唯有適合當時眾生根性的人才是最適當的法師，不契合的人就無法度眾，對於度眾的遮障就無法了知及突破；若無自知之明而又好爲人師、出而度眾，強說自己所不知的法義，只會耽誤自己座下的弟子。這樣，因眾生的根性不同所給予不同的法，唯有佛才能究竟了知，菩薩少分、多分知之，初悟般若的菩薩都還不能了知，何況是未斷我見、未證初果的凡夫慧廣。

雖然《大般涅槃經》已經很清楚告訴我們，可以用父母所生肉眼而眼見佛性，十住菩薩眼見佛性少分，或十住菩薩加修首楞嚴定而得了了明見，亦另有十地菩薩所能眼見的佛性，但唯有諸佛眼見佛性了了無餘，如觀掌中阿摩勒果。可是現見有些佛弟子，包括慧廣在內，睜眼說瞎話，說唯有佛或者十地菩薩才能眼見佛性，說十住及諸地菩薩無法眼見，乃至有佛弟子在網路上毀謗說：「根本不能以父母所生肉眼而眼見佛性。」卻不知道這樣的心行，已經成就毀佛、謗法、謗所有眼見佛性的十住菩薩僧的大共業，不啻拿自己未來無量世的法身慧命開玩笑，更是 佛所說的可憐愍人。

又，能夠眼見佛性，雖然是必須有首楞嚴定的動中定力才能眼見，但仍需慧力、福德及性障消除等因緣配合才能眼見，不是因爲靜中的定境而能眼見佛性；因爲定境已經落入意識的妄知妄覺中，是無法發起一念相應慧而眼見佛性的。從這裡就可以瞭解，慧廣根本不懂定力與定境的分野，以自己誤解眼見佛性的內涵，墮入凡夫隨順佛性中，謗說眞正眼見佛性的人所見的佛性境界是定境、幻境、夢境，乃至以民間觀落陰來評論 佛在《大般涅槃經》眼見佛性的開示，眞是牛頭不對馬嘴，不免讓人笑掉大牙，直笑慧廣眞是愚癡無智之人。這些境界，正光將於後文中一一解說，讓眾佛子了知其中差異後，就知道兩者之間的差異實在太大了，眞是毫釐有差，天地懸隔。待正光解說以後，慧廣就會更加沒有面子，眞的不知道要躲到哪裡才好。但卻只能怪罪自己無智而強出頭謗法，不能怪正光，正光只是在辨正法義、護持正法罷了。

所謂定境，是由定力所引生的境界，是妄心意識相應的境界，定境與定力不同，何以故？智者大師《摩訶止觀》卷七云：「亦不捨定，亦不隨定，是名定力。」亦即如果捨去定力的話，心就會散亂，無法保持正定；如果覺知心隨於定境的關係，就會進入定境中而無法生起智慧。因此智者大師所說的定力，是既不捨定，也不隨定，隨時隨地與定力相應，隨時隨地在一心的狀態中，卻不隨定力而進入定境。

從上面說明可知，定境與定力是有差異的，定境是定力所引生的境界，與定力非一非異故，何以故？定力與定境是兩個法也，不是同一個，故非一；可是定境是由定力引生的，不能離開定力而有定境，故非異。可是當吾人眼見佛性以後，不論是否處在定境中，佛性仍然處處分明顯現，無所障礙，這是因爲動中定力所持的緣故，卻不單是定力所能眼見；是故欲修證見性境界者，不應落入定力與定境兩邊。譬如有人在禪定中，感覺自己離開了身體，看到自己在那裡打坐，有智慧的人知道這是定境；當有情感覺自己離開身體，看到自己在那裡打坐當中，佛性依然在彼定境上分明顯現，無有絲毫障礙，不因墮入定境，佛性就無法顯現，因為佛性是遍一切處的。

又譬如正覺同修會的同修們，只要學會無相憶佛拜佛功夫，可以在日常生活當中，一面工作，一面攝心憶佛，隨時隨地保有定力。因為定力出現的緣故，可以一心二用，乃至一心數用，不因定力的出現而妨礙工作的進行，反而更能專注於工作上，更能幫助工作迅速的完成，有智慧的人就知道這是定力的緣故，不是定境。然而專注工作中，佛性還是異於六塵，而在六塵上刹那刹那分明顯現，無有絲毫障礙，不因專注於工作而不顯現。這個時候，如果將憶佛念捨棄，就可以極長時間安住在一念不生而且非常清明的境界中，亦能有如慧廣所說的「無知的知」境界中，有智慧的人都知道這是定境，不是定力；當安住於此一念不生境界時，佛性還是異於六塵運作，而在六塵中分明顯現，未曾妨礙自己處於一念不生的境界中。

又眼見佛性所需的定力，是在看話頭當中，藉由無相念佛的憶佛念佛動中定，將自己的話頭看得很純熟，並在參究過程中，運用思惟觀的功夫發起眞疑，得以在因緣成熟時眼見佛性，發起十住菩薩眼見佛性的般若智慧及證量。可是當有情尚未眼見佛性之前，藉由憶佛淨念而看話頭，乃至在看話頭當中發起眞疑，一直到眼見佛性之前一刹那，佛性也是分明顯現無有遺漏，只是不知、不見故說不證而已。待眼見佛性時，眼見自己身心及世界如幻，成就十住菩薩如幻觀行，方知佛性在未悟之前，也是分明顯現，無有障礙。悟前、悟時既如是，悟後亦復如是，佛性還是異於六塵運作，而在六塵中分明顯現。

所以眼見佛性乃是透過看話頭的動中定功夫，得以在一切境中眼見自己與有情的佛性；既然無相念佛的功夫能夠使人眼見佛性，無相憶佛念佛動中定力就是 佛在《大般涅槃經》卷二十七所說的首楞嚴三昧力無疑。因爲首楞嚴三昧定力連續不斷的關係，得以用父母所生肉眼眼見佛性清楚；當定力退失後，佛性當然模糊看不清楚，乃至看不見，此時只要努力將定力恢復，就又可以眼見佛性了，又可以眼見清楚了。由此可以證明 平實導師所言不差矣。這個道理連慧廣在自己的文中也同意——眼見佛性是依定力而見，然而慧廣接著又說：「**那當然就是一種定境——由定所產生的幻境。**」這句話就不得不讓正光搖頭嘆息，竟然有這麼荒誕的說法者，盡說一些前後顛倒、自相矛盾的話，眞是無智無慧。依照慧廣這個說法，經中 佛說必須有定力才能眼見佛性，那麼 佛說的眼見佛性所見的，也應該是定境所產生的幻境了！這裡有請慧廣對此理論提出說明：**佛的眼見佛性是看見了幻境**

嗎？否則怎能主張一定要有定力才能眼見？又怎能說 佛的眼見佛性一定是由定所產生的幻境？早知道慧廣對於自己說法的過失是不曾有所警覺的，也早知道慧廣對正光這個反問是無法回答的，所以慧廣是個說法前後矛盾、自相顛倒錯亂的糊塗人。這當然不是已經斷我見、已經在大乘法中見道之人會說得出來的荒唐言。

又眼見佛性要以親證為憑，才能發起如幻觀行而圓滿十住位功德，才能轉入十行位之初行位中。因為親證的關係，慧力照見其理及體驗之緣故才能成辦，當然可以以此經驗來教導學人；並於學人因緣成熟時，在簡單的作略下，指導學人眼見佛性。因此 平實導師所傳授眼見佛性的宗教經驗當然是良藥，可以讓學人深信不疑及眼見的。反觀慧廣落在離念靈知意識心中，是 佛所破斥的常見外道見、自性見外道見，斷我見、除三縛結的低層次功德尚且無法成辦，何況阿羅漢所不知的明心智慧？更何況能夠眼見佛性以及演述眼見佛性正理？未之有也！因此慧廣所傳授的宗教經驗都是常見外道見、自性見外道見，落入常見外道所知的六識心中，若不知警覺而為人印證，而被印證者也沒有慧力抉擇，必然會斷送學人的法身慧命；並與學人於捨報時相將入火坑，入於萬劫不復當中，當然是世間最毒的毒藥了，因為這種毒是害人無量世受苦的。

慧廣不知、不證明心與眼見佛性境界，連我見都未斷除，具足凡夫之見解，就敢評論 平實導師所傳授的明心與眼見佛性境界，說之爲：「但有許多宗教經驗其實都是幻境，並非事實，更非究竟，包括蕭團體中的『眼見佛性』在內。有這類宗教經驗者，如果沒有正知正見，深陷於這些幻境中以爲究竟，不但這生慧命完了，未來世要值遇善知識，正信佛法恐怕也難。」像這樣的作爲，正是慧廣作賊喊抓賊的手腕，大聲誣賴屋主是賊；何以故？因爲慧廣將 佛所說的十住菩薩眼見佛性境界說之爲幻境，不僅毀謗 佛在《大般涅槃經》眼見佛性的開示，而且也是以凡夫身而毀謗無始劫以來，所有眼見佛性的十住菩薩僧們，包括今天 平實導師及正覺同修會中已經實證眼見佛性的十餘位菩薩們在內；像這樣謗佛、謗法、謗勝義菩薩僧的重罪，正光眞的無法想像慧廣捨壽後將如何面對這些嚴峻的長劫果報？

又佛性在一切境顯現，在閉眼時、在夢中，乃至在民俗觀落陰進行當中，佛性都同時分明顯現，沒有一處是不顯現的。今以閉眼見色爲譬喻，提出一些質問，有請慧廣回答。

一問：當慧廣眼睛閉起來的時候，請問有沒有見到色塵？（想必慧廣一定振振有詞回答：「沒有」，可是當慧廣回答這個問題時，有沒有警覺到正光為什麼會問你這麼簡單的問題呢？這時，慧廣假使有智慧，將會突然一念閃過，不禁頭額拍了一下，說：「我錯了！」是的！慧廣！你錯了！而且還錯得離譜。因為當你閉眼的時候，仍然見到暗色的色塵，不是沒看到，不是嗎？就好像在一間有燈光的房間裡，突然間燈光熄滅了，眼睛看到暗的色塵，不是沒有看見，因為暗的色塵也屬於色塵啊！佛性也是一樣，一直都在，只是沒智慧的人看不見，就謗說不能眼見。）

二問：既然閉眼的時候，看到暗的色塵，乃至在有光的地方閉眼，可以看到有些明亮的紅、黃色塵，請問慧廣：佛性有沒有在色塵境上顯現？（到這裡，慧廣心裡老大不高興，答也不是，不答也不是。為什麼？因為慧廣所見是色塵，仍然墮在眼識及意識能見之性中，仍然墮在凡夫隨順佛性中，根本看不見佛性異於色塵而運作，而在色塵境上分明顯現。慧廣如果回答「沒有」，分明將自己沒有眼見佛性的事實再次曝露出來，造成更沒有面子。如果不回答，就表示認同正光的說法完全正確，可是又沒有能力反駁，所以心裡老大不高興，卻也無可奈何。）

從上面譬喻可知，當白天閉眼時，仍然可以看到有些明亮的紅、黃色色塵，既然能夠看到色塵，佛性當然可以異於色塵而運作，而在色塵上分明顯現，只是慧廣的肉眼看不見佛性。因不知、不證佛性，又無法推翻正光所說的事實，乾脆就否定，說眼見佛性是見到幻境——由定所產生的幻境，說之為：「佛性（見分）是見來的，當你不見時，佛性（見分）還在嗎？不在！那麼，佛性（見分）是幻境已無疑，它是依附於『見』而有。」意思是 佛的眼見佛性，只是看到定所產生的幻境而已，成為謗佛、謗法者，不禁讓正光為慧廣的愚癡搖頭歎息，眞是 佛所說的可憐愍的眾生！

又譬如在作夢時，意根透過五根接觸外法塵而生獨頭意識，一般人的意識不知自己在夢中，便在夢裡分別法塵之顏色（顯色）、形狀大小長短方圓（形色）、一切行來去止、屈伸俯仰（表色）、氣質氣色（無表色）等。當意識分別法塵的同時，佛性還是異於法塵在運作，而在法塵境上分明顯現，因此佛性在夢中仍然分明顯現，沒有不顯現的。這個夢中佛性的道理，唯有親證佛性的人才能了知，非是執離念靈知心，乃至否定本識如來藏而沒有眼見佛性的慧廣所能了知；因為佛性是第八識如來藏的本覺之法性，卻是被慧廣所否定的，慧廣不承認第八識如來藏的存在故。

又睡著無夢時，末那仍然接觸法塵而處處作主，因為末那行相微細及了別慧差，不像意識有詳細的了別性可以現前觀察及體會，所以一般人不容易察覺祂的存在，只有證得牢關的菩薩才能了知；若沒有觸證牢關的人，經過善知識教導，也可以知道祂的存在；但無初禪的定力、極強的慧力、廣大福德莊嚴其身以及性障的消除，因此無法親證意根，純是知見所得，並無任何的見地可言。因此在睡著無夢中，末那雖然剎那剎那分別法塵而處處作主，佛性依然異於法塵而在運作著，而在法塵境界上分明顯現。就算法塵有重大的變動或者睡前預設的法塵出現時，末那喚醒意識醒來，佛性依然在這些過程中分明顯現無疑。不但睡著無夢時如此，連悶絕位中的昏迷人，意識覺知之性已經斷滅而無所知時，其佛性也是分明顯現而讓見性者可以清楚分明的眼見，怎能說是意識知覺之性呢？悶絕位中尚且如此，更不要談醒來的時候，佛性透過六根、六塵、六識而分明顯現。像睡著無夢、悶絕這樣微細的佛性道理，連真正明心的菩薩尚且不知，更何況是錯執離念靈知心而未明心的慧廣所能了知及親證的？

又慧廣既然提到民俗觀落陰的說法，正光就跟你談談觀落陰的內涵。所謂觀落陰，乃是陽世的人，欲了知已往生的的眷屬在鬼道或地獄道的情形，透過陽世的一些儀軌，譬如選擇晚間進行、唸咒、聲音、焚燒紙錢……等方式，有緣者可以看見乃至與他們交談，進而了知他們現在的情況；說明白點，觀落陰其實就是與淪墮鬼道或者地獄道的眷屬聯繫、溝通。然而在進行觀落陰的種種過程當中，不論從開始作法一直到結束，其中有見與不見自己的眷屬，乃至見到並與之交談者，這些人的佛性依然透過六根、六塵相接觸，異於六塵而運作，而在六塵境上分明顯現、非常清淨，所以佛性在觀落陰進行的每一剎那中，也都不離六塵而分明顯現，都一直與六識的知覺性同時並行運作著；只是慧廣不知、不證佛性，不知已落入觀落陰所顯示的六識見聞覺知境界中，不知已落在觀落陰種種事相中，卻不能在觀落陰時與根塵境界同時存在的佛性相應，誤將 佛所開示的佛性與識陰的見聞知覺性混同爲一，說之爲民間習俗觀落陰之見聞覺知境界，眞是牛頭不對馬嘴，不知所云，亦分明顯示慧廣未斷我見的事實。

綜合上面佛性與定力、定境、閉眼、夢中、觀落陰之種種差異，結論如下：佛性不論見與不見，包括張眼、閉眼以及進行民俗觀落陰的種種過程在內、白天見或者夜晚見、憑定力見或者在定境中見、醒時見、夢中見，都可以由已見性者自己親見；或如睡著無夢見、悶絕位見，是在當事人知覺之性斷滅時，由已見性的他人看見悶絕者的佛性等等，這是眼見佛性者共同的實證。可見佛性不是六識的知覺之性，都是第八阿賴耶識心體透過六根、六塵所顯的功能差別、所顯的總相作用，也是第八識直接出生的見分，外於六塵而運作，而於六塵境界上分明顯現；不因慧廣看不見佛性，就使他自己的佛性不存在，或使一切眾生的佛性不存在；所以佛性乃一切眾生都有之，平等無二。十住菩薩以下無法眼見佛性，十住菩薩眼見佛性少分，諸地所見多分，而如來全見。既然佛性透過六根、六塵的關係才能在人間顯現，所以眼見佛性當然是有境界法，但不是如慧廣所說佛性是定境——由定所產生的幻境，也不是夢中境界，更不是民間觀落陰的境界。

又慧廣談到：「所見依能見而眞實，依能見（見分）而有所見（相分），當你將心意放在「見分」（蕭所說佛性）上時，就不會去攀緣相分，那麼，相分（身心及世界或內心影像）自然如夢如幻，一點也不眞實，類似參禪過程『見山不是山，見水不是水』的境界……。」從這裡就可以知道，慧廣根本不懂禪，也不懂唯識。正光一一說明如下：

唯識學有相分及見分二分之說，相分及見分的出現是透過根、塵接觸而有，也是唯識學所說的能取與所取。一般而言，所取相分爲六塵諸法，皆是六塵之相——色塵、聲塵、香塵、味塵、觸塵等相而伴隨生起其法塵相，乃至定境中的幽閑法塵相。能取為見分，即是七轉識——眼識、耳識、鼻識、舌識、身識、意識及意根末那，能取六塵諸法，故於六塵諸法中能見、能聞、能嗅、能嚐、能覺、能知。因此當見分出現時，六塵相分必定出現於覺知心中（但是見分出現時，相分一定出現於覺知心中，亦即相分、見分必定同時出現，這只是依現象界中眾生覺知心的所知來說的，事實上並非如此，此容後說），故名六識的見聞知覺性為顯境名言，故知覺之性歸屬於名言所攝，根本不是菩薩所見的第八識顯現的佛性，只是凡夫所墮的妄認佛性。此乃唯識正理，只要稍微熏習唯識學的佛弟子，都知道這基本的唯識知見。

因此正光藉這個機會請問慧廣幾個相分及見分的問題：

一問：當我們有能取見分時，所取的相分有沒有出現？見分有沒有在分別相分？（想必慧廣一定很乾脆回答：「有。」否則豈不是顯得自己對唯識學太膚淺了嗎？豈不是反對前面自己這一段話的道理了嗎？）

二問：既然有能取見分，所取相分必定會出現於覺知心中，而且見分也能分別相分，慧廣所說：「**當你將心意放在『見分』（蕭所說佛性）上時，就不會去攀緣相分**」，是不是不如實語？（到這裡，慧廣若有智慧，將會口似扁擔，答不得也！

爲什麼呢？因爲若回答「是」，就證明自己說法錯了，違背唯識所說虛妄唯識的正理：「只要相分現起於覺知心中，見分一定已現起，而且見分時時都在分別相分。」如果回答「不是」，就證明慧廣根本不懂唯識，卻偏偏愛說唯識，所說言論漏洞百出，慘不忍睹。）從這裡就可以了知，慧廣眞的不懂唯識也！

眞正懂得唯識的人，一定都知道，現象界中有情對境時，必定有「相、見」二分同時存在，亦即相分現起時，見分也會同時現起（此依凡夫研究唯識的所知境界而言，並非依大乘聖者的道種智而言。大乘種智及二乘聖者都知道一定是先有相分以後才能有見分六識覺知心生起，也都知道見分六識必須依相分六塵才能繼續存在的道理與聖教，所以都知道相分是五色根正常存在時本已存在的，不是先有見分然後才有相分的，慧廣對此完全無知）；見分覺知心現起時，六塵相分也一定或多或少同時出現於覺知心中，不會沒有相分而可以有見分六識單獨存在。也因爲這樣的緣故，方能成就唯識學的「虛妄唯識門」（眞實唯識門於此處略而不論）所說的能取與所取，方能成就佛法上能觀與所觀的正理；否則就會違背唯識正理、違背佛法眞實理，名爲不懂得初階唯識的人，亦名不懂唯識佛法基本知見的人。

同樣的道理，慧廣說：「當你將心意放在『見分』（蕭所說佛性）上時，就

不會去攀緣相分」，是非常荒誕的說法，名爲對基礎佛法無知。就以慧廣所認知的離念靈知心爲例來說明，當離念靈知心初現起時，必定有一未起愛憎之所取境的相分及一能知未起愛憎之能取心的意識心，方能對境而不起語言文字，方能對境了了常知，不是不知，否則如何成就離念靈知的種種心行而在日常生活運作？否則如何在日常生活中，不起語言文字，能夠一念不生而了了「常」知、寂而「長」照？（其實不能常及長，夜晚眠熟時必定斷滅故）故知，當離念靈知心現起時，必定有相、見二分同時現起，因爲離念靈知即是意識的作用，本身正是見分；此時見分離念靈知也必定已在種種離念境界之六塵相分上作諸分別，而了知當時處在離念靈知的狀態，也知道當時處在不起語言文字而了了常知的境界中，更知道自己一念不生處於寂而「常」照的狀態中，這是所有住於離念靈知意識境界中的修定者都可以現觀證實而無法否認的。

這已經證明離念靈知不能外於相分而存在，這是從理證上來說的；再從聖教來說也是同一道理，譬如　佛說「**意、法因緣生意識**」，已經很清楚的開示「**意識要藉意根與法塵的接觸才能生起**」，不能單獨生起、單獨存在。法塵是相分，意識不可能不緣意根與相分法塵（或離五塵俱的法塵）而存在，阿含聖教已極明確的開示此一正理；不特阿含聖教如是說，大乘聖教中亦如是說。故法塵或前五塵滅失而使法塵隨之滅失以後，意識即無可能存在；但是慧廣卻主張見分意識可以離於相分而存在：「當你將心意放在『見分』（蕭所說佛性）上時，就不會去攀緣相分。」很明顯是在反對 佛陀三乘經中所說的聖教，也很明顯是不曾現觀或不會現觀意識生起的條件，所以主張心意的能見之性（見分）可以離相分（法塵）而存在。又，平實導師所說的佛性是第八識如來藏的見分，不是第六意識的見分覺知性，慧廣將二者混同於一法，來辯論第八識見分佛性，即同於牛頭逗馬嘴一般的可笑，令親證如來藏又眼見佛性者讀之不免啼笑皆非。應知第八識的見分佛性，與意識的見分知覺性，是二個不同的法，如同意根與耳識，亦如同眼睛與耳朵是兩個不同的法，故慧廣不應將二法強言狡辯而混爲同一個法。

探究慧廣會如此強詞狡辯的原因，都是因爲想要維持他十餘年來經營出來的「開悟聖者」的假身分，藉以掩飾他尚未證得第八識的眞相，便故意以意識的見分取代第八識的見分，但他沒有考慮到的問題是：他如此胡亂套用佛法名詞而將意識功能見分套在第八識如來藏見分頭上時，卻已成爲謗佛的重罪了；因爲佛開示說六識之上別有七、八二識存在，也說八識都有識別性（八個識都有見分）而稱爲識，識即是了別故；只是八個識的了別性及所了別的對象各不相同，是故第八識如來藏也有祂自己所有的了別性，即是佛性，由是緣故而說佛性即是第八識的見分。慧廣以凡夫心來測度十住菩薩眼見的佛性，來測度諸地菩薩所實證的佛性，故意將第六意識的見分強行套在第八識如來藏的見分上，也是謗佛的胡說。如今慧廣犯了二個謗佛的重罪，還不知道公開懺悔，眞是可憐；因爲他所說與 佛所說不同，卻主張他的說法即是 佛所說法，已經成就謗佛重罪，除非他公開宣稱所說只是自己的看法而非佛說。因此慧廣的說法確屬眞心以外而求佛法的說詞——心外求法之說，非常荒誕不經，實在很難讓佛門中人認同。

又參禪有三個階段——「見山是山，見水是水」、「見山不是山，見水不是水」、「見山是山，見水是水」。第一個階段——見山是山，見水是水；乃是指參禪人尚未進入疑情階段，因此所見山河大地、人事物等，與一般人所見沒有差異，仍然有能取與所取；所取是六塵境，能取是七轉識。待參話頭參到後來，疑情漸漸增強，忽略了外五塵境，因而進入參禪的第二階段——見山不是山，見水不是水；參禪到這個時候，就算是張著眼睛也沒有看到色塵，耳朵也沒有聽到聲塵，即是眼不見色、耳不聞聲，這個時節只剩下參禪法塵存在意識覺知心中，也就是禪宗所說「水潑不進、銀山鐵壁、綿綿密密、騎聲蓋色、黑漆桶……」的時節，這時只剩下一個疑存在，只待開悟的時節因緣了[59]。然而在此狀態之下仍然有能取與所取，所取的是有疑情的參禪法塵相，能取的七轉識專注在疑情上，一心尋覓第八識眞心，完全忽略了外五塵境。待一念相應慧現前而明心了，找到本來就離能取與所取、本來就離覺觀的第八識，親見法界的實相，卻不妨礙仍然有覺知心的能取與所取，所取爲如來藏的行相，以及如來藏所顯的眞實性與如如性之眞如，能取爲七轉識；同時也有能取的覺知心面對所取的六塵境，是能取的覺知心與所取的六塵境及第八識的眞如境，同時同處存在著，因此在證悟的那一剎那，仍然有能取與所取。

反觀慧廣所說的「悟」，卻落在六轉識的能取與所取中，並不是找到佛所開示本來離能所、本來離覺觀的第八識，何以故？慧廣在《禪宗說生命圓滿》四十八頁曾云：「**本性是不能被見到的，被見到的只是對象，對象怎麼會是你的本性？所以，本性是能見的體性。**」顯然慧廣是把意識心的功能當作是本來面目，是把

[59] 編案：在具有正知正見的前提下，知道開悟是要證得如來藏阿賴耶識，才會有眞正開悟的時節因緣。

自己當作所悟的標的，才會說：「被見到的只是對象，對象怎麼會是你的本性？」正是落入我見中的代表人物。由於慧廣認爲本性就是自己，把自己當作是佛性，所以認爲本性（佛性）是不可能被眼見的；因此，藉著這個機會，正光提出幾個問題，有請慧廣回答。

一問：慧廣說本性就是能見的體性，請問：「你所說的本性有沒有能取與所取？有沒有覺觀？」（想必慧廣又不敢答也，爲什麼？如果回答「有」，慧廣所說的本性有能取、有覺觀，就完全違背諸經的開示，譬如《大方等大集經》卷十一所說：「**一切諸法無作、無變、無覺無觀，無覺觀者名爲心性。**」從上面經典可以證明，慧廣自己所說的本性已落入能所與覺觀中，與佛的開示完全顚倒，因此所悟非眞，所以他一定不敢答「有」。如果他回答：「沒有。」又與自己所立的宗旨相違背，等於自己掌嘴，又有何資格來訶責平實導師所悟非眞呢？）

二問：又 佛開示：「**無覺觀者名爲心性**」、「**法**（第八識）**不可見聞覺知**」，已說明眞實法不可以有六塵中的見聞覺知，請問慧廣：「如果不是藉著見聞覺知心，去找本來就離六塵見聞覺知、本來就離能所的第八識心，你要怎麼開悟？」（到這裡，慧廣只能無語問蒼天，不知如何是好！因爲慧廣落入能取中，取自己爲所悟的對象，落在我見中，無法跳脫妄心的範疇去找本來離能所、本來離六塵覺觀的第八識，因此落入見聞覺知中，完全符合《維摩詰所說經》卷二所說：「法（第八識）不可見聞覺知；若行見聞覺知，是則見聞覺知，非求法也。」慧廣正是維摩詰菩薩所訶責的那個「非求法」而行於見聞覺知中的外道。）

三問：慧廣既說：「本性是不能被見到的，被見到的只是對象，對象怎麼會是你的本性？所以，本性是能見的體性。」請問：「能取六塵的覺知心，有沒有證自證分？」慧廣若是有一些粗淺的智慧，對此一問，還是不敢回答的！慧廣若答「有」，顯然與他在這篇文章前面段落中，主張意識沒有證自證分的說法互相違背，成爲自打嘴巴。若答「無」，則又違背唯識學所說意識有證自證分的聖教，也違背慧廣自己意識能反觀自己的能力，所以又不能答「無」，又一次進退失據、進退不得。明明意識的本性—譬如貪瞋癡性—是可以被意識知覺性自己反觀而見到的，慧廣卻說不能被自己見到，眞是睜眼說瞎話。又如意識的知覺性自身，也能反觀到知覺性自身，才能知道自己現前是否仍然保有知覺性；只有知覺性暫時斷滅的眠熟位時或悶絕位……等，知覺性斷滅了，才不能見到自己的本性；仿照慧廣的語氣來說明：「所以，本性是能被見到的，被見到的本性只是對象，對象當然會是你的本性！所以，本性是能見的體性，也是能被自己見到的體性。」慧廣能推翻正光這個說法嗎？保證不能！所以慧廣如果堅持說意識沒有證自證分，他將會被佛教界指責說：「慧廣！你完全不懂唯識。」如果說有證自證分，則成爲自己掌嘴。慧廣！你選擇哪一樣？慧廣現在讀了，當然知道自己這一小段話大有問題，只好默然不答了。

而且慧廣總是扭曲別人的說法，栽贓之後再來指責別人。譬如 平實導師所說佛性（慧廣說爲本性）是指第八識的本性，不是慧廣所說的第六意識的本性；是由第六意識的知覺之性來見到第八識的本性，這不是以意識的能見之性作爲本性而見到意識自己的本性，指的不是同一個心的本性，怎能說是不能被他心見到？慧廣連白紙黑字明白寫著而且可以再三閱讀思惟的法義都讀不懂，誤會 平實導師的法義，是將牛別人當作馬自己，而說馬不能衝撞馬自己；也只有慧廣這種糊塗人，才會將牛作馬，牛馬不分。

慧廣所說的道理，每一處的短短一小段話中，都有極多的大問題存在；不但不符合世間邏輯，也不符合他自己的邏輯，更不符合世出世間法的法界絕對邏輯。所以，每舉出他的一小段話來辨正時，都得要寫出一大篇文字，才能將他的錯誤講清楚，而他讀了正光的辨正以後，可能是由於仍然不知道自己的錯誤在哪裡，才會繼續無頭無腦的死纏濫打、永無休止，持續不斷的顯示慧廣是個無智之愚人，顯示他的我見分明存在著；這眞是慧廣可悲之處，但他自己卻完全不知道自己的可悲處在哪裡。慧廣說別人爲他寫的文章比他還長，原因就在這裡：錯得太離譜而自己又全無所知，別人爲他費心寫了許多，他讀了還是不懂，還在書中嘲笑別人爲他寫得太多了，根本不懂得領受別人爲他辛苦的寫書來利益他，眞是可悲！

又禪宗眞正的開悟者，是以見聞覺知心，去尋找本來就離能所、本來就離覺觀的第八識，待一念相應慧找到第八識所顯的眞實性與如如性之眞如時，卻不妨礙覺知心仍有能取與所取，悟境中所取爲如來藏所顯的眞實性與如如性之眞如，能取則爲七轉識，如此才是禪宗所謂眞正的開悟者，有經典、禪師開示爲證：

《深密解脫經》卷一云：「曇無竭！有人長夜樂見聞覺知樂，信樂而行；彼人不能知、不能覺、不能量、不能信內身寂滅、離見聞覺知樂。」

亦如，《景德傳燈錄》卷十四：【師（藥山惟儼禪師）坐次（靜坐的時候），有僧問：「兀兀地思量什麼？（不理外境猶如癡呆的坐在這裡思量什麼？）」師曰：「思量箇不思量底（用見聞覺知心及處處作主的心去思量本來就不思量萬法的第八識）。」

（僧）曰：「不思量底如何思量（這個不思量的第八識，要如何思量祂）？」師曰：「非思量（不是用意識心思量所能了知，唯有親證才能了知）。」】

又如《古尊宿語錄》卷第三十二，古時大修證者 克勤圓悟禪師的弟子之一，被尊稱爲三佛之一的舒州龍門佛眼和尚云：「恁麼與你東舉西舉，便道與你說禪；纔轉腳時，便作世諦流布將去。你但念念在其中，便有省發底分；看來多祇在眼耳見聞覺觸處蹉過了也！須是不離分別心（不離六識能知覺之分別心），識取無分別心（認取無分別的第八識心）；不離見聞（不離能見能聞的六識知覺心），識取無見聞底！（認取沒有見聞底第八識心！）不是長連床上閉目合眼（不是在長長一排的禪床上閉目打坐到一念不生）喚作無見（叫作離見聞覺知），須是即見處便有無見（必須是在能見之處便同時有另一個無見的心）；所以道：居見聞之境，而見聞不到；居思議之地，而思議不及。久立。」

這是很清楚的告訴佛門大眾：第八識是與第六意識同時同處並存而可以被親證的，當然第八識的見分佛性也是與第六意識的見分知覺之性同時同處而可以被親證的。慧廣會講出上面這一段謬說來，都是因爲吃了印順的藏傳佛教應成派中觀六識論邪見唾沫，只承認有六個識，否定了第七識意根及第八識如來藏，跳不出印順的邪見框框，所以講出違教又悖理的話來，只一小段文章就顯出處處破綻。眞正想要修學佛法的人，都應該引以爲鑑。

又悟了以後，見聞覺知心了知第八識本來離能取與所取的清淨性後，遂轉依第八識的無生體性，發起般若智慧，因而進入禪宗參禪的第三階段—見山是山，見水是水。眼見山河大地、一切人事物等與悟前無異（此指明心而言，與眼見佛性不同），此時不僅看見自己眞心運作，也看見別別有情眞心運作，因此仍然有能取與所取：能取是七轉識，所取是第八識在蘊處界上所顯的眞如性。此時可以離開參禪而忽略外境的狀況了，所以見山仍是山、見水仍是水；只不過悟了以後，七轉識轉依第八識無生的體性而發起了般若智慧，對六塵境的攀緣漸漸減少，煩惱也漸漸減少，並藉著般若慧的發起，勤求見道後之相見道位慧力的增上、定力的增長、福德的累積、煩惱的斷除，進求眼見佛性。當眼見佛性時，是第八阿賴耶識心體透過蘊處界而顯現出祂自己的見分、顯現出祂的見分的總相作用，同時仍然有七轉識在六塵中的能取與所取，都不妨礙七轉識在六塵中的能取與所取繼續運作。此時見性了—見到第八識的見分了—可以由意識來觀察：能取是七轉識，所取是第八識在萬法中所顯現的本覺性，以及祂的「不可知之了」，而且可以眼見，與明心的領受及觀察不同。因此，眼見佛性的境界中仍然有能取與所取，但不是由第八識的見分來取自己的見分，更不是慧廣妄說的「**由第六意識的見分來取意識見分自己**」，此為禪宗眼見佛性的正理。

綜合上面可知，不論明心與眼見佛性之悟前、悟時與悟後，都不離相分與見分、也不離能取與所取、更不離有覺有觀，但是在不離相分與見分、不離能取與所取、不離覺與觀當中，有個本來就離能取與所取、本來就離覺觀的第八識與第八識的本覺性、不可知之了，能為吾人所親證，此為禪宗所謂的明心與眼見佛性具足者。

又禪宗所謂的明心與見性兩者是截然不同的，因此明心不等同於見性，見性也不等同於明心，學人不能不分清楚，以免自己因愚癡無智，而毀謗善知識明心與見性為非法，不僅斷了未來明心與見性的機會，並且造下毀佛、謗法、謗勝義僧的大惡業。茲說明如下：

一者，教證方面的證明。有關明心部分，如《菩薩瓔珞本業經》卷上云：「**是人爾時從初一住至第六住中，若修第六般若波羅蜜，正觀現在前，復值諸佛菩薩知識所護故，出到第七住，常住不退。**」般若正觀顯現在面前，就是指在參究中，一念相應慧，找到第八識本體，並以第八識從來無生的立場來反觀蘊處界虛妄，來觀察第八識從來都是中道性而引發般若智慧現起，也是禪宗祖師所謂的開悟，是破初參明心。

又譬如《楞嚴經》卷五：「若眾生心憶佛念佛，現前當來必定見佛，去佛不遠，不假方便，自得心開。」經中已明言，若能憶佛念佛（無相念佛），當下或未來必定可見自心如來，因此正覺同修會無相念佛的動中憶佛拜佛定力功夫，於因緣成熟時必能夠明心證眞，乃至少數人可以進而眼見佛性。此外，佛在其他經典，譬如《心經》、《金剛經》、《維摩詰經》……都有談到明心的開示，只是正光必須隱覆密意而說，不敢明講，故在此不多言。

有關眼見佛性的部分，如《大般涅槃經》卷八、卷二十七的開示。卷八云：【迦葉菩薩白佛言：「世尊！佛性如是微細難知，云何肉眼而能得見？」佛言：「迦葉善男子！如彼非想非非想天，亦非二乘所能得知，隨順契經，以信故知。」】是說二乘聖人無法眼見佛性，只能相信佛語眞實而認爲可以眼見。卷二十七云：「佛性亦爾，一切眾生雖不能見，十住菩薩見少分故，如來全見。十住菩薩所見佛性，如夜見色；如來所見，如晝見色。」此外，佛在其他經典，譬如《維摩詰經》、

《楞伽經》、《大乘入楞伽經》……都有談到眼見佛性的開示，正光為了嚴守 佛的教誨善護密意，不敢明說，以免成為虧損如來的重罪，故在此不多言。

在諸經的開示中明白指出，明心與眼見佛性是二個法，兩者是截然不同的。如果明心就是見性的話，佛在說般若系列諸經及唯識系列諸經之後，即可止而不言，又何須於涅槃之前，再說《大般涅槃經》之眼見佛性？又何須於卷八宣示以**肉眼**眼見佛性？也不必再於經中分說四種凡夫及菩薩不同的隨順佛性，而指出凡夫都以六識自性作為常住的佛性了！不幸的是慧廣正好落入凡夫所隨順的六識自性中，誤認生滅的六識自性為常住佛性；由此，顯然明心與見性是不同的。此外，經中最現成的的公案，也可以證實明心與眼見佛性截然不同，即 釋迦世尊於菩提樹下，以手按地時明心，大圓鏡智、平等性智、妙觀察智現前，已經是證悟了；卻仍須要在天將明時，夜睹明星而眼見佛性，成所作智成就而成究竟佛。如果明心就是見性的話，世尊應於以手按地明心時已成究竟佛，又何必在夜後分目睹明星而見性成佛？由此可知，明心與眼見佛性是完全不同的。

二者，知見方面的差異。明心是透過百法明門的八識心王、五十一心所有法、善十一、二十四心不相應行等九十四種法的運作，證得這些法所顯現的無為法，明心所證得的眞如本身是所顯法，不是所生法，因此明心是沒有境界、沒有所得的法，純是般若智慧現起的境界，是證得自性極微細的第八識心體，如《成唯識論》卷三所說：「此第八識自性微細，故以作用而顯示之。」見性之所見，則是如來藏透過六根、六塵、觸心所所顯的功能差別、所顯的第八識見分的總相作用，由意識覺知心來透過肉眼而在山河大地上看見。佛性是第八識如來藏中直接出生之見分，外於六塵而運作，而在六塵境界上分明顯現，不是慧廣所說六識的見聞知覺性；佛性並不是六識的見聞覺知，但不離六識的見聞覺知，所以是有境界法，只是不同於世間凡、聖所見的境界（異於尚未眼見佛性者所見的境界），因此透過父母所生肉眼伴隨慧眼（智慧之眼）而眼見佛性，不僅能看到自己第八識的佛性，而且也看到別別有情第八識的佛性，乃至可以從無情物上看見自己的佛性，但不是所見的無情有佛性。因爲眼見佛性的關係，所見佛性極爲眞實而無虛幻，故能眼見自己五陰身心及山河大地都極爲虛幻不實，當時成就十住菩薩如幻觀的般若智慧與證量，圓滿十住位功德而轉入初行位中。

從上面親證的現量與智慧境界可知，明心是找到第八識而現觀祂的眞實性與如如性，合名爲親證眞如；眞如則是透過八識心王等九十四種法而由第八識顯現出來，第八識自身是有作用法、能生法，由祂顯示出來的眞如法性則是所顯法，是無作用、無境界、無所得法；眞悟者也是以證得第八識而轉依第八識清淨自性的立場，來反觀蘊處界虛妄，因此能夠觀察蘊處界虛妄；雖是現量的智慧，但不能於眼見山河大地及自己五陰身心之時有如幻觀伴隨著。眼見佛性雖然不是六塵境的法，但是祂透過六塵境上分明顯現，是有境界法，卻也是無所得的法，是人人都本具之佛性故，只是未見性者從無始劫以來都不曾眼見；這是以肉眼會合慧眼直接眼見身心及山河大地虛妄，純是現量的智慧，不是比量的智慧，與明心的無境界、無所得法大異其趣，所以明心與見性是不能畫上等號的。

三者，定力的差異。由於第八識行相微細，意識如果沒有定力爲基礎，觀察力粗略，如何分辨眞心與妄心兩者和合運作之差異？又如何悟得眞？悟得深？因此要有定力才能將眞心、妄心分清楚，這樣才能找到第八識。明心尚且如是，更何況上於明心的眼見佛性境界？何以故？明心不需要很深定力的看話頭，眼見佛性則須勤練看話頭功夫，而且還要將話頭看得很純熟，因爲眼見佛性所需的定力比明心深且廣，沒有定力是無法眼見佛性的；定力若沒有練好，或只有靜中的定力，就算你能夠眼見佛性，也是看得模模糊糊，一會兒就隨著定境的消失而完全看不見了，解脫功德受用少，也容易退失，故眼見佛性的定力比明心難上加難，這也是正覺同修會有三百多位明心的菩薩[60]，但眼見佛性者至今才十幾位而已，所以明心容易、見性難。

若是見性者後來沒有保持動中的定力，眼見佛性的境界就會失去；縱使深知其中內容，見性的智慧也一直存在不失，仍然是看不見佛性的。必須再修復應有的動中定力，然後又可以眼見佛性分明，能繼續在一切無情上看見自己的佛性，也能在他人身上看見自己的佛性；而明心之人縱使悟後懈怠而定力全失了，他的明心智慧仍然是完全無損的，絲毫都不會影響到明心的智慧功德。既然明心與眼見佛性所需的定力有差異，定力退失後的影響也是有明顯的大差異，故明心與見性當然是兩個法而不是同一個法。

四者，慧力的差異。明心所需的慧力，包括對經典內容眞實瞭解、了知菩薩六度的前五度內容——布施、持戒、忍辱、精進、禪定，以及菩薩第六度所需的慧力——對五蘊、六入、十二處、十八界的內容之觀察及了知其虛妄性，了知大乘四加行的內容，了知八個識基本知見、種種禪法知見以及如何參禪，了知開悟

60 編案：此書印行時已有四百位了。

只是找到清淨無爲的本來自性清淨涅槃第八識，是無所得、無境界法，純是般若智慧現起、了知明心所發起的智慧，非是阿羅漢所能比擬等。但見性所需要的慧力，除了明心的慧力外，還包括熏習眼見佛性的正知見——祂不是見聞覺知、但不離見聞覺知，祂是如來藏直接出生的見分，外於六塵運作，而在六塵境上分明顯現，是有境界相的無所得法；這種慧力，除了參究佛性名義的慧力是屬於佛法的慧力以外，見性時及見性後保持領受的慧力，主要是在世間法上利樂眾生中所獲得的某一種慧力，由這種不許明言的慧力來配合動中定力—看話頭的動中定—而在大福德具足時，才能於參出佛性名義時，得以眼見佛性；這與明心大不相同，可知見性所需要的慧力遠遠超過明心的慧力，所以明心當然不等於見性了。

五者，福德的差異。明心所需要的福德，包括累劫以來，在外門廣修菩薩六度福德，值遇善知識修學甚深微妙了義法的福德，於勝妙正法道場出錢、出力、往生助念、擔任義工、校對經書、流通摧邪顯正的書籍……，乃至爲人解說第一義諦法等所累積的福德。見性所需的福德，除了明心所需的福德外，還必須不斷的在內門廣修菩薩六度、幕後護持正法，使正法道場成長及茁壯、利益更多學佛者；或身任教職，演說甚深微妙第一義諦法，幫助有情建立正知見、遠離邪見；

能在選佛場中幫助學子整理明心所需建立的正知見、方向及種種善巧方便而引生自己之福德，乃至著書立說來摧邪顯正、救護眾生……等福德，然後才能具足見性因緣。由上可知，見性所需的福德遠比明心的福德大且廣，因此明心與見性當然非一了。

六者，煩惱消除的差異。明心僅斷一念無明的見一處住地煩惱——我見及疑見、戒禁取見，成大乘通教菩薩初果人。所謂我見就是以意識心（離念靈知）爲眞我、以前六識或意識自性爲眞我。當明心的時候，發現第八識眞心從來不生不滅、不增不減、不淨不垢，因爲這個緣故，依第八識心體無生的自性來現觀第八識所生的五蘊、六入、十二處、十八界虛妄不實，因此斷了我見、身見。又找到第八識時，於經中所詮釋眞心的道理能夠了然於胸，心得決定，不再懷疑自己是否悟錯了；並以悟後所得的總相智簡擇古今祖師、居士們所說的三乘菩提法義之差異，能夠分辨已悟、未悟、錯悟祖師，心得決定而沒有疑惑，因此斷了疑見。又明心找到第八識，發現這個第八識從來不持戒，是意識在持戒，意識發現這個道理後，轉依第八識的無生體性，以道共戒爲戒，因此斷了不如理作意的戒禁取見。這是斷我見及發起般若智慧，但仍不能獲得十住菩薩的如幻觀，只是在智慧上現觀一切世間法的虛妄——不能眼見之時即見山河大地及身心全都虛幻。又明心以後，不斷的歷緣對境消除性障，使自己的貪瞋癡漸漸淡薄，因此當眼見佛性的時候，一定能成爲薄貪瞋癡（薄地）的大乘通教菩薩二果人，與明心者多數只成爲菩薩初果，有很大不同。從上面可知，明心時成就大乘通教菩薩初果人，斷三縛結，但貪瞋癡仍重；見性時能成爲大乘通教菩薩二果人，使功德受用大大提升，使貪瞋癡淡薄。所以在斷除煩惱層次來說，明心與見性是不一樣的，因此明心與見性不是同一個法。

七者，明心者只能體驗眞心如來藏的運作，也能眼見他人的如來藏在運作；但無法在他人身上看見自己的如來藏運作，也無法在無情上看見自己的如來藏運作。眼見佛性者，不但具有明心者以上這些功德，也能在他人身上看見對方的佛性，也能在他人身上看見自己的佛性，也能在無情上面看見自己的佛性。若依慧廣所說，明心就是見性，第八識心體就是佛性，並無差別；依他的邏輯來類比明心的境界，則明心者應該是可以在別人身上看見自己的如來藏，但事實上一切明心者都無法看到自己的如來藏在他人身上；依他的邏輯，明心者也應該可以在無情上面看見自己的如來藏，而事實上也不可能，所以慧廣的說法都是猜測而說的不如理說法。

第八識心體不等於佛性，如同意識心體不等於意識的知覺之性；因爲意識心體不一定會有知覺之性發起的，假使有三界最高定力，譬如非想非非想定中；但是在無所有處定以下的意識，就一定會有知覺之性伴隨著出現；由此事實，證明意識心體不等於意識心出生的知覺之性；慧廣連心與心所法在事相上如何顯現的道理都不懂，無法觀察聲聞法中最粗淺的心與心所的境界，我見、內我所見都具足存在，怎能懂得明心者所證的第八識心體？又怎能懂得明心者都無法猜測的眼見佛性境界？所以明心不等於見性，慧廣再怎麼質疑來套取密意，都沒有用，在見性條件不具足的情況下，爲他明說未入地菩薩所見的佛性密意，他也是永遠都看不見，只能於心中臆測罷了。

綜合上述可知，不論是理證、教證、知見、定力、慧力、福德、斷煩惱等各方面，都可以證實明心與眼見佛性兩者是截然不同的層次，所以明心是找到具足成佛之性的第八識心體，是看見第八識心體所顯示能出生萬法的眞實性，看見第八識於六塵萬法中始終如如不動之性，名爲證眞如；但眼見佛性是眼見由第八識直接出生的見分，外於六塵運作，而在六塵境界上分明顯現，是見第八識的見分，不是明心時證得第八識的作用，也不是明心時證得第八識的眞如性，故兩者是不同的法。

又自古以來的禪宗證悟祖師，絕大部分是明心，只是證悟第八識心體名爲證眞如；僅有極少數人—不到一打—能夠眼見佛性。因此絕大部分的證悟祖師並不知眼見佛性的境界與內容，常以眼見第八識具有成佛之性而方便說此明心爲見性，遂稱之爲「見性」，其實只是明心見道也。這也就是「親見有情悉皆具足成佛之智慧德性」，絕非　佛在《大般涅槃經》所說親見第八識見分之眼見佛性也，因此明心與見性兩者是截然不同的法。

正因爲明心與眼見佛性是兩個不同的法，一個是親證第八識本體、作用、眞如性，另一個是眼見第八識的見分，由此可以明確證實第八識心體及其佛性都不只是名言，而確實是有心體及其本覺性，也才會有祂獨有的見分可以被菩薩眼見。今合此明心所證的第八識心體，以及眼見佛性所見的第八識見分，名爲不二法門，何以故？心體與其作用，以及心體的見分作用，是二個法也，故非一；但心體的作用不能離開心體而有，心體的見分作用也不能離於心體而有，故非異；非一亦非異故，說爲不二法門，亦名不落兩邊的中道性。

又明心的時候，親證第八識本體，其體性猶如虛空，名爲第八識的空性；眼見佛性的時候，眼見第八識見分在六塵上所顯現的總相作用，名爲第八識的有性，合此二性，名爲「空中妙有」，亦名不二法門。由於慧廣尚未明心，我見也具在，根本不懂 佛所說的不二法門，也不懂 平實導師所詮釋的不二法門。慧廣既然我見都還具足存在，明心的證境也未獲得，率眾到吳正貴居士家中想要探取密意，當然更不懂明心者都無法想像的眼見佛性境界；像這樣我見具足而未明心，亦未見性的凡夫，竟以自己誤解 佛所說的不二法門，來誣責完全符合佛說的 平實導師，謗之爲「**把不二、無住、無念、無相的禪宗，誤導到有二、有相，走向心外求法的岔路上，並引唯識學、曲解唯識學來佐證他所說，對有名望、不符合他所說的佛門法師居士，大肆批評攻擊，說他們是常見外道、斷見外道。如此的毀壞佛法，卻自說在護法**」，慧廣眞是顚倒說啊！

說法如實的人出來辨正法義，依照阿含中 佛陀開示的定義，不屬於批評、攻擊、諍論；凡是說法不如實的人，還反過來批評說法如實的人，他自己卻正是批評、攻擊、諍論。凡落在意識離念靈知心中的人，就是常見外道，是未斷我見的凡夫，並無資格評論別人；若不落在意識心中，但卻否定第八識心體，使得滅盡蘊處界以後成爲斷滅空的人，就是斷見外道；觀之 平實導師所評論的諸大法師、大居士等人，實無一人能自外於上面所說的常見與斷見中；不幸的是慧廣也正好落在其中，具足斷、常二見而不自知，所以被評論的諸大法師、大居士都不敢光明正大的寫文章出來回應 平實導師，以辨正法義；然慧廣未被 平實導師拈提評論，卻因爲與諸大法師、大居士同一所墮，本來未證謂證的事實被正確法義間接的揭穿了，就安忍不住，先以種種化名在網站上對 平實導師的法義提出種種諍論攻擊；又再化名以電子郵件提出自己的看法，因爲是以化名而非本名所作故，被置之而不答，他就誤以爲別人無法回答他的質疑，於是就大膽寫出文章，於《僧伽雜誌》中公開評論 平實導師的法義，以爲可以吐一口怨氣而博得好名聲，才會有正光苦口婆心的《眼見佛性》一書回應而出版。如今他又寫文章繼續狡辯，連心體與性用都弄不清楚，誤將依附於心體的性用反說是主體，而將主體反說爲依附之法，只會如此主客易位而講出顛倒之說；並且連如何是護法與毀法的事實眞相都弄不清楚，卻以常見及斷見的邪見，反而來要求 平實導師改掉 佛所說的三乘法中的根本識，要求 平實導師依止他的六識論邪見、依止他的常見——改以意識離念時爲常住心，否則就要死纏濫打而不休止，完全不怕有智之人讀後笑掉大牙，也不怕別人對他以毀法之事說爲護法之事加以哂笑。

又十年來，本會所印行出來的結緣書籍，在在處處都證明 平實導師全然是爲了延續 佛的宗門法脈不墜，才挺身而出摧邪顯正。因爲 平實導師出世弘法以來不曾收受任何錢財或美色的供養，一直都是出錢、出力而且奉獻深妙智慧，來利益眾生，不像慧廣是身披僧服而接受供養，四事全缺，都要依賴信徒布施。但慧廣在全受供養以後，卻是身披僧服來推翻 釋迦世尊所弘傳的第八識根本法；完全不同於 平實導師四事都自己籌措、不受供養，全心全意爲正法付出而不求名利、不求恭敬；這樣才是眞正的在「護法」，而不是「毀壞佛法」。反觀慧廣自身已落離念靈知心，正好與常見外道完全相同；又說六識的自性是常住不壞的佛性，同時成爲自性見外道，與自性見外道完全相同；然後再以此等錯誤知見撰文來評論 平實導師所弘揚 世尊最究竟了義的第八識如來藏正法，這根本不是在「護法」，而是在誤導眾生落入常見外道的邪見中，正是在造作「毀壞佛法」的大惡業，因爲慧廣是以常見外道法取代如來的第八識正法。像這樣以常見外道邪見來「毀壞佛法」的罪行可不輕欸，慧廣豈能不速加反省趕快回頭啊！

最後，針對這一章，作個總結：如《大般涅槃經》中 佛的開示，可以用父母所生**肉眼**眼見佛性；而且十住菩薩見佛性少分，由於佛性微細故，所以需要有首楞嚴三昧力才能眼見佛性分明。當眼見佛性時所見，是看到第八識直接出生的見分，外於六塵運作，而在六塵境界上分明顯現，是第八識在六塵外運作時的見分。由於這是明心之人都無法想像猜測的，何況是尚未斷我見的凡夫慧廣，對他而言，眼見佛性的境界當然是不可思議的。眼見佛性時，能見自他有情的佛性，乃至在無情上也能眼見自己的佛性；這個佛性雖不是見聞覺知，但也不離見聞覺知，是與見聞覺知同時同處而有境界的法，在所見的六塵境界上顯現。祂在一切境界上顯現，但絕不會是慧廣所說的定境、幻境、觀落陰及夢境等境界法；見性的境界，連已明心的菩薩都無法想像臆測，何況是未斷我見亦未明心的慧廣，當然更無法想像與猜測了。

像 平實導師處處演述三乘菩提及拈提諸方大師，不為名、利，都是為了拯救所有被有名的法師、居士們所誤導的佛弟子能夠回歸 佛的正法；都是為了延續 佛的法脈而摧邪顯正，這樣才是眞正的在「護法」。救人回歸解脫道及佛菩提道的正法，當然不是在「毀壞佛法」；反觀慧廣將常見外道法、自性見外道法取代佛門正法，又將佛門證悟者所說曲解以後再加以栽贓批評、攻擊，用來破壞 佛的正法，用來誤導眾生，這不是在「護法」，而是在「毀壞佛法」。

因爲慧廣書中的第五章－第七章文章內容非常相近，也一直都是落在意識境界中，沒什麼差異性；若分章節辨正，將導致整個辨正內容支離破碎與不斷的重複，因此正光於此範圍不分章節，統一匯歸在一起辨正。

慧廣云：

五、明心是觸證阿賴耶識？

「明心開悟者[61]必須經過參禪過程而引發一念慧相應，親自觸證阿賴耶識本體，[62]以及現觀阿賴耶識[63]在自他有情色蘊中如何運作，也必須親自現觀一切有情的阿賴耶識，[64]有眞實性與如如性而證得眞如。[65]」（二一四頁）

「所謂破本參，就[66]是找到自己身中的阿賴耶識（此眞識有多名：眞心、如來

---

61 正光案：少了標點符號「，」。
62 正光案：多了標點符號「，」。
63 正光案：少了標點符號「，」。
64 正光案：多了標點符號「，」。
65 正光案：應爲「：等等；」。
66 正光案：多了「就」一字。

藏、異熟識、阿賴耶識、無垢識、如、眞如、本際、實際、我、心……等多名。[67]）」

（二一三頁）

我看過蕭團體中的一些明心報告，我不否認，有些可能是悟到眞心。但悟與證是不同的。證時身心脱落，「迥脱根塵，靈光獨耀，體露眞常」，對此再無懷疑，亦無可修可證，無佛可成、無眾生可度。此後凡有作爲，但是隨緣應物，如夢中人行於夢中事，沒有實在的我人，祖師所以說作夢中佛事、度夢中眾生，含義在此。

但悟只是明白，妄想執著、我見我執，未必全然脱落，因此，悟後的引導就很重要了，當蕭平實先生以眾生妄識、以漸修爲架構而建立的唯識學爲依據，來引導悟後行持，問題就出現了。

我們來看，當正光先生說「明心開悟者，必須經過參禪過程而引發一念慧相應，親自觸證阿賴耶識本體」，會出現什麼問題呢？

阿賴耶識就是第八識，就是妄心的根本，就是無始無明。緣由無始以來，無明與佛性混合，背覺向塵，雖有覺性卻不得說爲眞心、眞識，只能說是眞妄和合

[67] 正光案：應爲「，」。

識。但在蕭團體的論說中，卻是眞妄不分，說阿賴耶識就是眞識、眞心、眞如，如正光先生所寫那樣。

試問：如果第八識是眞心，唯識還說轉識成智做什麼？見到第八識、阿賴耶識就可以了，何必轉識成智？「轉識成智」是中國唯識祖師玄奘在《八識規矩頌》中寫的，難道玄奘說錯了？

所以禪宗的明心見性，絕對不是明白到阿賴耶識。明白到阿賴耶識只是明白到妄心根本，也就是明白到根本無明，然後把根本無明的空空洞洞，看做眞心，說它「離見聞覺知，離思量性，從不作主、從來不於六塵境界中取相分別、從來[68]無我性、從來[69]遠離一切六塵境界。」（二一三頁）

景岑禪師說：「學道之人不識眞，只爲從來認識神，無始劫來生死本，癡人換[70]作本來身」（景德傳燈錄卷十）正是說此。

他們說明心破本參「就是找到自己身中的阿賴耶識」。那麼，能找者是什麼？

---

[68]正光案：少了「都是」二字。

[69]正光案：少了「都是」二字。

[70]正光案：應爲「喚」，慧廣竄改此字，然而此一字之差，所顯示原文之意可謂天地懸隔！

阿賴耶識是找到的，那便是心外之物，心外之物如何是你自己？阿賴耶識在身中，那麼身死阿賴耶識也就烏有了，這如何會是不生不滅的眞心？唯有妄心才是在身中，隨身一起死亡。所以，蕭團體的明心其實是明白了妄心根本，客氣點說，是找到了眞妄和合識。

由於阿賴耶識是眞妄和合識，於妄方面，他們能「現觀阿賴耶識在自他有情色蘊中如何運作」，能現觀、能見及如何運作，當然是妄心了。妄心才有形，眞心連眞亦是假立，方便稱呼而已，它無名稱無形相，非有爲法，如何觀它？如何見到它？何況還有運作？禪宗所說明心見性，只是如指指月，引人入門，並非還有能見所見，而是即明即心、即見即性，如人飲水，冷暖自知，言說不得、思議不及。

但由於阿賴耶識是眞妄和合識，於眞方面，便感受到它的「眞實性與如如性」，「離見聞覺知，離思量性，從不作主、從來不於六塵境界中取相分別、從來[71]無我性、從來[72]遠離一切六塵境界」。而會起念要現觀阿賴耶識「眞」的部分，

[71]正光案：少了「都是」二字。
[72]正光案：少了「都是」二字。

以證眞如。

但話説回來。見有妄有眞，（現觀阿賴耶識在自他有情色蘊中如何運作，也必須親自現觀一切有情的阿賴耶識，有眞實性與如如性而證得眞如），雖説是「親自觸證阿賴耶識本體」，其實所證並非眞心、眞如。

如前所述，「眞心」一詞只是方便稱呼而假名安立，實際上，眞心無名稱無形相，非有爲法；見得眞心時，無能見所見，那裡還有眞與妄呢？

就如天親菩薩《佛性論》卷一所説：「佛性者，即是人法二空所顯眞如」。佛性就是眞如，眞如因人法二空而顯露。於人法二空證悟眞如時，自然亦無人我、自他、能觀所觀，否則不名證眞如。所以，禪宗二十三祖鶴勒那傳法偈説：「認得心性時，可説不思議，了了無可得，得時不説知。」（景德傳燈錄卷二）

可知眞心不是用找的，不是如正光先生所説：「眞心與妄心並行，應該以生滅法的離念靈知妄心，去尋覓每[73]個人都有，而且是與妄心同時存在並行的眞心阿賴耶[74]。」（二六八頁）

[73] 正光案：少一字「一」。
[74] 正光案：少一字「識」。

或者，如蕭平實先生所說：

「是故，一切禪宗求悟之人，悉當了知：一切人皆同是八識心王並行運作者，前七識永是妄心，唯有第八識心方是眞心也。是故一切求悟之人，皆當以六七識妄心之見聞知覺性、之思量性，不令滅失，不令住於不能分別之狀態中，而以如是本來即能分別、即能思量之見聞知覺性，用來分別自身之眞心何在？」（宗門密意公案拈提第七輯）

以分別而得的，便是分別中物；以妄心找到的，還是妄心，如何會是眞心？蕭團體中明心者找到眞心後，然後還有眞心、妄心兩個心並行運作。請問，這是什麼眞心呢？我們是要相信被公認的古代出家祖師所說法，還是相信當今在家人所說？

蕭團體中所以會如此，這都源於他們見到的是眞妄和合的阿賴耶識，不是眞心，從而衍生出有眞心、妄心兩個心，倡說明心開悟者妄心依然存在，而能眞心與妄心並行運作的錯誤知見。

因此，蕭團體的明心並不是禪宗所說的明心見性，禪門中人幸勿爲其所誤；也希望蕭團體中人能認清事實，勿以自己證得的阿賴耶識，認爲便是證得禪宗所說眞心。

六、蕭氏的常見

蕭平實先生在序文中說：

「然而今時平實已經證明：在理證上，如來藏實有，亦可令人親證之……。佛確實曾在四阿含諸經中說過有如來藏、有第八識存在。[75]」（二一頁）

蕭平實先生出有一本書《眞實如來藏》，極力肯定如來藏、第八識的眞實有。換言之，蕭氏的學說就是建立在如來藏實有、第八識眞實上面。如果第八識不實，如來藏非實有，他們所修證的「眼見佛性」、「明心」就崩塌了。

其實，說有什麼是眞實的，執著不放，非此不可，就是佛教所說的「常見」；而這個眞實的第八識（阿賴耶識），可以親證，觀看到它的運作，可以「眼見佛性」（見分），那麼，它們便是所見，也就是心外之物。蕭氏的「眼見佛性」與「明心」，見到的都是心外之物、修證到的都是心外之物，這便是心外求法。心外求法，佛教就稱爲「外道」。所以，蕭平實先生毫無疑問是「常見外道」。

[75] 正光案：應爲「，」。

有常見而又心外求法，便是標準的凡夫，如此，蕭氏自稱證到聖位，是大乘勝義僧，便是大妄語，後果堪憂。

唯識學本來就是站在俗諦（凡夫）上來談種種虛幻有，自然第八識亦不可能是眞實。不然，唯識學何必談轉識成智？當第八識轉成智後，叫做大圓鏡智，不再叫做阿賴耶識。這在中國唯識大師玄奘所著《八識規矩頌》中，寫得很清楚，稍有佛學常識的佛教徒，也都知道這個道理，何以蕭氏一定要執取第八識是眞實、是眞心，而與佛教界爭論不休？雖然識智如波與水，但修行要的是水——貪瞋癡止息、生死輪迴止息，而不是波——貪瞋癡、煩惱不息。

不旦「識」不是眞實，不可執取，「智」又何嘗可以認爲眞實而執取？當你認爲它是眞實時，此眞實已妄，何況還執取不放。所以，唯識學談到「三性三無性」，其中「圓成實性勝義無性」，就是在闡釋這個道理。

「圓成實性」就是指圓滿、究竟、眞實的自性，又叫眞如、眞心、法性等。爲什麼「圓成實性」是「勝義無性」呢？因爲，它是圓滿、究竟、眞實的，自然離開一切虛妄相，沒有妄想執著，它無形相名稱，不能執取。當你認爲它眞實，你就已經離開它了，此眞實已非眞實。

眞如尚且如此？何況凡夫妄心的第八識，含有能藏、所藏、我愛執等三藏，怎麼會是眞實而可以執取呢？第八識在大乘學理上是存在的，但那是虛妄的存在，轉識成智後即無第八識的現象，第八識便消滅了，唯存眞如、圓成實性，思議不及、言說不得，離存在與不存在二邊。

再說如來藏，「如來藏」是指凡夫身中的佛性（非見分）而言，意思是：眾生本有佛性，但爲無明煩惱所障，猶如如來藏在身中而不知，所以叫做如來藏。在纏名如來藏，出纏名法身，（眞如在煩惱中，謂之如來藏，眞如出煩惱，謂之法身），這是佛教徒普遍都有的常識，蕭氏如何一定要執著如來藏是眞實？莫非要永遠停留在凡夫身中？

由於蕭平實先生錯誤的執取阿賴耶識，認爲第八識是眞實、認爲如來藏是眞實，墮入常見邪受而不知。對不認同第八識或如來藏是眞實者，便說他們是斷見，而眞正開悟見性者，卻被說爲常見。幾年來，如此批評乃至謾罵佛門出家法師，造作惡口業而不思因果可怖，卻反說別人在造惡業。眞是佛說可憐憫者！

七、蕭氏的我慢

「我慢」的產生，其實是源於「我」，心中有「我相」。從蕭平實先生以及他的學生的見道報告、明心報告、見性報告文章中，很清楚的可以看到，他們有能證、所證，自己明心了、看見佛性了。

有能證、所證，便是未離凡夫的我相。有我相，也就會有人相、眾生相、壽者相，於是，有我、有你、有他，世間凡夫相，無不具足。我明心了、我見性了，你還未明心、還未見性，你不懂、沒資格跟我談，我慢貢高就出來了。

再加上蕭團體的「明心」與「眼見佛性」，是自行註冊成專利，不是佛教禪宗所說的明心見性。一般人不向他們學習，是無法得到他們的「明心」與「眼見佛性」的。而佛教界幾乎所有開悟、見性的出家、在家大德，在他們眼中，都不是明心見性，都被批評成常見外道或斷見外道。只此一家，別無分號，他們的傲慢因而更貢高了。

從蕭先生的講演或文章中，從被印證明心或見性的學生言談中，隨處可見這種我相傲慢，其程度有時已到了飛揚跋扈，超出正常人應有的心態。

有能證、所證，此證已非眞；我、人、眾生、壽者四相具足，更不可能解脫。這點，《圓覺經》卷一已說的很清楚：「善男子，末世眾生不了四相，雖經多劫勤苦修道但名有爲，終不能成一切聖果。[76] 何以故？認一切我爲涅槃故，有證有悟名成就故。」

要了解此中原因，請自行觀看《圓覺經》淨諸業障菩薩章。如有不懂，請看一些祖師及當代法師大德註解，日後蕭氏可能會講解《圓覺經》，以附合他的學說，有智慧的人應該詳加比較，避免被迷惑。

正光辨正如下：慧廣修學印順所宗的藏傳佛教應成派中觀邪見，認定六識論而否定第七、八識；他一直不相信阿賴耶識（第八識）就是 佛所說的眞心，並說之爲妄心、妄識，以生滅法的意識離念靈知心，取代經中所說的根本心第八識如來藏，成爲謗佛毀法的一闡提人；因在《楞伽經》中 佛說毀謗第八識的人就是謗菩薩藏的惡人，謗菩薩藏的人是一闡提人—斷善根人—捨壽後必定下地獄，所以正光必須爲他說清楚，藉此來拯救他以及追隨他的佛弟子。爲了使慧廣及其跟隨者不再妄謗阿賴耶識第八識是妄心、妄識，成就毀佛、謗法之事實，因此正光引經據典並輔之以實例來說明這個阿賴耶識第八識就是 佛所說的眞心，說明如下：

《大乘本生心地觀經》卷三云：「鈍根小智聞一乘，怖畏發心經多劫，不知身

[76] 正光案：慧廣少了：「是故名爲正法末世，」九個字。

有**如來藏**，唯欣寂滅厭塵勞。眾生本有菩提種，悉在**賴耶藏識**中；若遇善友發大心，三種鍊磨修妙行；永斷煩惱所知障，證得**如來常住身**。」

翻譯成語體文如下：「由於聲聞人根淺慧劣，不像菩薩根利、智慧深廣，聽聞菩薩不惜經過無量數劫修行成就佛道，恐怖害怕長劫修行時因爲隔陰之迷，忘記今世的修行及證量，導致在三界輪迴生死無法解脫，卻不知道有個不生不滅的**如來藏**在自己身中。這個不生不滅的空性心如來藏，從來沒有生死，卻能出生世世生滅不斷的五蘊十八界空相，得以在世間修行及利樂有情，以成就自己的佛菩提道。菩薩了知這個道理以後，努力親證**如來藏**，所以不畏生死、樂於生死來廣度有情。聲聞人由於無法證得如來藏，唯能欣喜於滅卻喧鬧煩雜的五蘊十八界，而趣向滅卻五蘊十八界後之寂靜的境界。由於每一個有情都有成佛的菩提種子，含藏在**阿賴耶識如來藏**中，如果能夠遇到善友的教導而發起大心，經由身口意的磨鍊而修妙行，把煩惱障、所知障斷盡了，就可以究竟圓滿證得**如來的常住身**。」

這段經文已明白告訴我們，每一個有情身中都有如來藏，這個如來藏就是阿賴耶識，所以大家都有未來成佛的菩提種子；只要斷除煩惱障及所知障，依這個本就存在的如來藏心，未來就可證得如來常住的法身；所以這個阿賴耶識心體中都含藏著我們未來成佛的菩提種子，成阿羅漢是祂，成辟支佛是祂，入無餘涅槃也是祂，當然不能否定祂而又期望能成就聲聞解脫道、緣覺觀；而大乘法中證悟的標的也是祂，乃至最後成就佛道也是靠祂，當然祂是一切有情的生命實相心，也是未來佛地常住的法身。

又《大乘密嚴經》卷二云：「阿賴耶識恆與一切染淨之法而作所依，是諸聖人現法樂住三昧之境，人天等趣、諸佛國土悉以爲因，常與諸乘而作種性，若能了悟，即成佛道。」經中已明白告訴我們，一切染淨之法、聖人所住的現法樂住三昧境界，人天等趣、諸佛國土、諸乘種性，都不能離阿賴耶識心體而有。聖教中如此清楚的說明阿賴耶識心體是一切法所依，人趣、天趣、諸佛國土都依阿賴耶識心體而有，而三乘聖人也都依靠阿賴耶識心體才能存在及實證；並說諸佛也是靠阿賴耶識心體而成佛的。

以上是列舉教證來說明，再從理證上來說明：譬如這個阿賴耶識心體能夠出生五陰、十八界及一切法，當知阿賴耶識必定是常住法，何以故？因爲阿賴耶識能藉著自身的大種性自性接觸物質，攝取物質，出生吾人的五根身；此時加上攜帶阿賴耶識去入胎的意根，六根具足，故能夠接觸外五塵，再由阿賴耶識變現內六塵，為六識所接觸而分別。阿含解脫道中，許多地方說這個本識能出生名與色，出生十八界，不只是大乘經中才如此說的，可見慧廣是昧於四阿含、愚於解脫道的凡夫，他是不懂阿含、不懂解脫道的，所說違於阿含解脫道正理。

又六識中的意識能夠分別一切法，所以吾人可以親自領受世、出世間一切法，譬如世間法有茶道、花道、劍道、藝術、電腦、炸彈、原子彈、氫彈、飛機……等；出世間法有四聖諦、八正道、十二因緣，菩薩明心見性之法，乃至種種三昧之法等等。然而這些世、出世間種種一切法都是要由意識分別，才能了知一切法；也都要由意識來構想、創新、發明、製造，才會有藝術、原子彈等等世間萬法；但意識為識陰六識所攝，六識則是因六根、六塵相接觸而有，而六根與六識卻都是由阿賴耶識心體出生的生滅法，所以一切法當然要匯歸於阿賴耶識；能出生諸心、諸心所法的心體，一定是常住法，否則即無能力出生諸心、心所法，所以阿賴耶識當然是常住法，就是 佛所說的眞心。

又阿賴耶識既然能夠出生一切染淨之法，阿賴耶識當然可以執種而不失，當然是眞心了，因為別無他法有此功能也。既然能持種，待其因緣際會時，就能現起異熟果報而受報，如此才符合因果正理，若無阿賴耶識持種，則因果必定錯亂；

現見意識是夜夜斷滅之法，不可能持種造身，當然不該如慧廣一樣認定意識是常住法，否則即是常見外道。譬如生前努力修世間善、修十善業，不造其他惡業，死後生天當天人；又譬如有人生前造作諸十不善業，死後墮畜生、餓鬼、地獄道；又譬如生前謗佛、謗法、謗勝義僧、將諸常見外道法引入佛門誤導眾生，死後化現地獄身，在地獄受無量苦；待出離地獄身，尚需輾轉餓鬼道、畜生道後，才能出生於人間。剛出生人間，前五百世盲聾瘖啞、五色根不全，不聞佛法；待五色根俱全，稍具微福而可以聽聞信位佛法乃至聽聞第一義諦之了義法時，復因毀謗之習氣種子未除及不信而毀謗，死後又墮地獄；如此一再的淪墜三惡道中，難有出期。

又譬如往世造無量善根福德，今世值遇善知識，得以聽聞第一義諦之了義法，復依善知識教導，努力培植定力、慧力、福德三資糧，於參究過程中，一念相應慧明心、見性，並於見道後之相見道修諸差別智，親證如幻觀、陽焰觀、如夢觀，進入初地而進修道種智，乃至地地增上而成究竟佛。由於阿賴耶識能夠持種不失，所以一旦因緣成熟了，果報就會出現，非是不報，因此有四聖六凡及各種種性（凡夫性、習種性、性種性、道種性、聖種性、等覺性、妙覺性）出現，此即經中所說的

「人、天等趣，諸佛國土，悉以（阿賴耶識）爲因，常與諸乘而作種性」的道理。如此聖教分明，慧廣卻不肯信受，而意識是夜夜暫斷的生滅法，顯然不可能持種，絕非常住的眞心，慧廣卻執以爲實，眞不懂他在想什麼？

慧廣若仍然堅持阿賴耶識是妄心、妄識，正光於此提出一個質問，有請慧廣回答：**既然慧廣堅持阿賴耶識是妄心、妄識，那麼阿賴耶識心體一定是生滅心，請問慧廣：阿賴耶識何時生？何時滅？**有勞慧廣從教證與理證上來舉證說明，大眾欲知。不過正光可以偷偷告訴你：任你翻遍所有經與論，都沒有辦法找到阿賴耶識何時生、何時滅的開示。因爲，一切經典及證悟祖師，都會異口同聲告訴我們：這個阿賴耶識就是 佛所說不生不滅的眞心！唯有錯悟及未悟祖師、居士才會妄謂阿賴耶識是妄心、妄識。而且你慧廣至今仍在否定阿賴耶識心體，顯然是尚未證得祂，那你更沒有能力滅掉祂，總不能說沒有找到的法而你卻可以滅掉祂吧？而正覺同修會中三百多位親證的菩薩，也都沒有人能滅得掉祂；甚至是受 平實導師幫助而證得阿賴耶識以後，離開了同修會而洩露密意給你的「楊」先生——害你沒有參究的過程與體驗的機會而導致你般若智慧無法生起的「楊」先生，他也一樣無法滅掉祂；乃至教授我們親證阿賴耶識心體的 平實導師也開示過：「合十方諸佛大威神力爲一個極大威神力，也無法滅掉一個極卑賤有情的阿賴耶識心體。」你慧廣既未親證祂，根本不知祂的眞如體性、金剛體性，怎可故意違背佛陀聖教而毀謗說阿賴耶識心體是生滅法？說祂是曾經有生而可以滅掉的妄心？若是無法滅掉的心，當然是眞實心而非妄心，慧廣您也該清醒了吧！

接下來說明第八識是阿賴耶識如來藏，也是佛所說的眞心。聖 玄奘大師《成唯識論》卷三云：「然第八識雖諸有情皆悉成就，而隨義別立種種名，謂或名心，由種種法熏習種子所積集故。或名阿陀那（識），執持種子及諸色根令不壞故。或名所知依，能與染淨所知諸法爲依止故。或名種子識，能遍任持世出世間諸種子故，此等諸名通一切位。或名阿賴耶（識），攝藏一切雜染品法令不失故，我見愛等執藏以爲自內我故；此名唯在異生有學，非無學位不退菩薩有雜染法執藏義故。或名異熟識，能引生死善不善業異熟果故，此名唯在異生二乘諸菩薩位，非如來地猶有異熟無記法故。或名無垢識，最極清淨諸無漏法所依止故，此名唯在如來地有；菩薩二乘及異生位持有漏種可受熏習，未得善淨第八識故。」

聖 玄奘大師已明說這個「第八識」就是佛所說的「心」、阿陀那識、所知依、種子識、如來藏、阿賴耶識、異熟識、無垢識。這麼多個心的異名其實都是

「隨義分別建立種種名」，所說唯是一心——第八識阿賴耶識；所異者，第八識心體在不同階位所含藏染淨種子有差異爾。

譬如第八識攝持含藏一切雜染法而不失，有分段生死的無明種子含藏在阿賴耶識心體中，因爲有能藏、所藏、我愛執藏的阿賴耶性故，這個第八識名爲阿賴耶識，此通有學位及諸凡夫；在解脫道的無學位時，已斷盡我見、我執，沒有能藏、所藏、執藏一念無明種子的體性，此時阿賴耶識心體不再具有阿賴耶識名，唯餘異熟識名；但異熟識名，通異生凡夫、二乘無學、八地以上諸菩薩在內；然二乘無學、八地以上菩薩都已不再名爲阿賴耶識了。佛的無垢識即是因地的第八阿賴耶識心體，若已在解脫道中修行而斷盡我見、我執之分段生死，就滅掉阿賴耶識名，剩下異熟識名繼續使用；若再斷盡煩惱障所攝一念無明習氣種子隨眠及所知障所攝無始無明隨眠，成爲最清淨無漏法之心體，就是佛地一切法所依止的第八識，此時就名爲無垢識，不再稱之爲異熟識、阿賴耶識了，但仍然是因地的同一個心體—阿賴耶識心體如來藏。由此可知，第八識就是吾人明心證眞所悟之因地的心體，就是阿賴耶識、異熟識，更是未來佛地的無垢識，所以這個第八識當然是阿賴耶識心體，當然是 佛所說的眞心。

又《大乘起信論》卷一云：「心生滅門者，謂依如來藏有生滅心轉，不生滅與生滅和合，非一非異，名阿賴耶識。」如是一語，更道出阿賴耶識是眞妄和合識，含藏著意根與識陰六識的種子，能出生意根與識陰六識，才能有您慧廣的離念靈知心而作種種虛妄分別來謗佛、謗法、謗賢聖；所以阿賴耶識一直都與慧廣您的意根及意識同時同處運作的，但您的意根與識陰六識都攝歸阿賴耶識中，所以唯識祖師說：「一心說，唯通八識。」因此阿賴耶識具足不生滅與生滅二種體性，所以祂是有自性、有體之法，非僅具有種子及七識心等虛妄不實、幻生之法，何以故？阿賴耶識心體恆而不審，常顯示眞如無爲，雖然受無明煩惱等生滅法的熏染而有所藏種子的生滅性，卻恆時不斷的顯示心體自身之清淨、無染、平等、不變異的眞如心性，而且可以親證，才有今天正覺同修會中三百多位明心的菩薩跟隨平實導師進修一切種智，同時也在努力救護慧廣這一類人，期望他們可以脫離印順所傳的藏傳佛教六識論邪見。

由於阿賴耶識雙具生滅及不生滅體性，可以在阿賴耶識自身所生虛幻不實的蘊處界中，現觀祂外於蘊處界運作的範圍，而在蘊處界中分明顯現祂不生不滅的心體，爲證悟者所親證；也能夠藉著生滅的七轉識現觀自己的阿賴耶識不生不滅及清淨性而發起般若慧；並以此智慧推己及人，觀察別別有情的阿賴耶識亦復如是，恆常清淨，與己無二無別。能夠這樣現觀阿賴耶識具有生滅性及不生滅性和合運轉，這個阿賴耶識如來藏當然是 佛所說的眞心了；慧廣豈可不察其中眞實義理，強行將阿賴耶識分割爲二，不管阿賴耶識不生不滅的眞如性，卻依阿賴耶識所生顯然虛幻不實的陰界入生滅性，妄說阿賴耶識是妄心、妄識，然後自己又落在阿賴耶識所生的六識自性生滅法中，認妄爲眞，反而指責眞悟者所證的第八識是生滅法，眞是顚倒啊！

又《大乘密嚴經》卷二已明說有八個識，謂：「諸仁者！一切眾生有具功德威力自在，乃至有生險難之處，阿賴耶識恆住其中作所依止。此是眾生無始時界，諸業習氣能自增長，亦能增長餘之七識。」

又《大乘百法明門論》也謂：「第一心法，略有八種，一眼識、二耳識、三鼻識、四舌識、五身識、六意識、七末那識、八阿賴耶識。」

《顯揚聖教論》卷一更說：「問：「何等爲識？」答：「識有八種，謂：阿賴耶識、眼（識）、耳（識）、鼻（識）、舌（識）、身（識）、意（根）及意識。」

在在處處都說明阿賴耶識就是第八識，心體內含藏七轉識，所以一共有八個識，此即「一心有八識」之正理。但慧廣卻無視於經論中的聖教，一味的否定阿賴耶識心如來藏，眞不知他是何居心？

如果慧廣仍然堅持第八識是妄心、妄識的話，正光藉此機會再提出幾個問題，有請慧廣回答；待慧廣你回答了，就不敢再妄謂阿賴耶識是妄心、妄識了：

一者，揆諸經典、論典所說，有哪一部眞悟菩薩所造的論曾經開示第八識是妄心、妄識？有請慧廣舉證。（想必慧廣無法舉證來證明自己是對的，何以故？因爲任憑慧廣查遍三藏十二部經，一切眞悟菩薩都已證明第八識是眞心、是眞識；祂是眞實存在的，可以被證悟者親證及現觀。唯慧廣恣意曲解佛說，或引用未悟凡夫所造的謬論—譬如安慧、清辨、宗喀巴等人所說—來否認第八識是眞心。）

二者，佛說一心有八識，如果第八識像慧廣所說是妄識的話，請問慧廣：「第八識爲妄心，應屬於哪一識所攝？」有請慧廣回答。（想必慧廣又答不得也！何以故？如果第八識是妄識，必定是被前七識中某一識所攝，則第八識應該改用七個識當中某一識的名稱，何必另外再施設一名爲第八識？這樣一來，八個識變成七個識，嚴重違背佛說一心有八識的正理。又：慧廣應該說第八識既是妄心，當然是由眞心所生，總不能說是自然生吧？那麼請問是不是你慧廣的離念靈知心「意識」是眞心、常住心呢？是否你慧廣的意識心能出生第八識心而說第八識是妄心呢？請慧廣也針對此問題一起回答吧！）

三者，如果第八識是妄心的話，佛說妄心有七個，再加上妄心第八識，一共就有八個妄心了，這樣有沒有違背佛說妄心有七個識的開示？有請慧廣回答。（不論答與不答，想必慧廣均必須口掛壁上，沒有說話的餘分！因爲若回答：「是！」就是以自己的說法來證明他人說法正確，那又何必否定他人的說法？眞是顚倒啊！如果回答：「**不是！**」更顯示慧廣連最基本的唯識知見也沒有，卻偏偏還愛說唯識，讓人看見慧廣所說處處違背佛語聖教，也違背現實常識及理證，在在都無法經得起考驗。）

四者，如果第八識眞是妄心、妄識的話，慧廣的意思是不是說「**佛、玄奘大師、無著、天親菩薩等說錯佛法了**」？有請慧廣回答。（想必慧廣仍不敢回答也，若回答：「是！」正是成就謗佛、謗法、謗賢聖僧的諸大惡業，此罪非輕，慧廣怎敢如此回答。若不能如此回答，當然得要回歸佛、菩薩們的經典與論典所說「阿賴耶識心體是常住法、是眞心」，可是這樣卻成爲自己掌嘴的窘境了！所以慧廣所說「阿賴耶識是生滅法、離念靈知意識是眞心、六識知覺之性是佛性」的立論，是處處漏洞、補不勝補，永遠堵不了別人的質疑，並且每一個質疑都是慧廣無法回答、無法善了的。）

基於上述四個提問，慧廣還會繼續堅持「第八阿賴耶識就是妄心、妄識」嗎？如果慧廣你還堅持第八識——阿賴耶識就是妄心、妄識，你又如何能面對這些經典、論典而自圓其說？你又如何來面對違背唯識正理的窘境？你又如何能夠風光下台呢？唯有面對經典及唯識所說正理，認定第八阿賴耶識就是 佛所說的眞心，也是一切有情各自本有的眞識，不僅不會衍生上面種種難處現前，而且未來還有親證第八識的可能，就可以成爲大乘通教菩薩初果人及證悟般若實相的第七住位不退菩薩；若不如此，只怕是慧廣你正在廣造地獄業給未來世的自己承受。慧廣所有謗阿賴耶識、謗 平實導師的文章，將會是他親自所寫的一份又一份的「入住地獄申請書」，未來無量世中將受無量苦而仍不自知。

接下來再依聖教量，說明如來藏是 佛所說的眞心。《大乘密嚴經》卷三云：**「佛說如來藏，以爲阿賴耶**（識）**；惡慧不能知：**（如來）**藏即**（阿）**賴耶識。如來清淨藏，世間阿賴耶**（識）**，如金與指環，展轉無差別。」**經中已明說佛地「如來清淨藏」就是吾人因地時的「阿賴耶識」，猶如黃金與指環不一不異。不一者，阿賴耶識雖然是未來佛地之清淨藏，然於因地其本體含藏七轉識等不淨法種，要待未來長劫中修除之，故說必須「輾轉」修證；亦即需要斷除煩惱障現行之分段生死，阿賴耶識就稱爲異熟識而不再名爲阿賴耶識了；再斷除煩惱障習氣種子隨眠、所知障隨眠而究竟清淨含藏的種子成爲究竟佛時，改名爲無垢識，才是如來地的清淨藏；這時雖然改名爲無垢識，但心體仍是原來的阿賴耶識心體，只改其名不改其體；心體雖然是同一個，但是心體中含藏的種子被改變了，因地心中的種子與佛地心中的種子不相同，所以說不一。不異者，因地阿賴耶識心體與佛地無垢識心體無有差別，都是同一個心體，不是另外再新生一個心體，而是同一個心體中有沒有淨除二障染污種子（無明）的差別而已，因此說「無差別」。既然如來藏就是阿賴耶識心體，阿賴耶識也是未來佛地一切法所依的無垢識，也就是「在纏名如來藏，出纏名法身」之眞實義，當然就是 佛所說的眞心了。慧廣爲何對這些聖言量都不解、不信？故意講出與聖言量不符的言論，如此，還能算是佛門的法師嗎？

如來藏即是阿賴耶識心體，即是未來佛地時的無垢識心體，是佛地一切功德法的所依。既然如來藏就是佛地的法身，就可以證明 平實導師所弘揚的如來藏法完全符合佛說，爲什麼慧廣不依佛語、不依 平實導師開示，卻以偏頗的心態來誣賴 平實導師所弘揚的如來藏法非眞實有，還毀謗說：「蕭平實先生出有一本書《眞實如來藏》，極力肯定如來藏、第八識的眞實有。換言之，蕭氏的學說就是建立在如來藏實有、第八識眞實上面。如果第八識不實，如來藏非實有，他們所修證的『眼見佛性』、『明心』就崩塌了。」慧廣這樣說，是公然否定第二、三轉法輪諸經的聖言量。

像這樣不依佛語及眞善知識開示來簡擇，卻以偏頗的心態來毀謗他人，這豈是出家的聲聞僧所應爲？聲聞法中的所有阿羅漢們都不敢否定第八識如來藏，如今平實導師的《阿含正義》中亦已經分明舉證了！但是慧廣卻還不願相信，猶敢以凡夫身而大膽否定聖教；如此毀謗正法的膽子，阿羅漢可是絲毫都不敢與之比擬的，令人深覺慧廣乃愚癡與無聞：連聲聞凡夫僧都應懂的阿含法義，慧廣都不懂，或不曾閱讀、聽聞，成爲寡聞少慧之愚癡者，才敢作出阿羅漢們都不敢觸犯分毫的否定第八識之謗法行爲！然而這都只能怪他年輕時，誤信印順所弘揚的藏傳佛教應成派中觀的六識論邪見；當慧廣因爲第八識眞心極難修證而放棄，轉而相信印順的六識論邪見以後，才會誤以爲意識是最終心、常住心，主張意識離念時就變成眞實心，然後大膽示現爲證悟者以後，不料遇到眞善知識 平實導師出世弘法，爲眾生宣說有眞心如來藏確實可證，因此而間接的顯示慧廣悟錯了，於是慧廣深怕名聞利養會因此流失，故心中不能安忍；爲了保有既得之利益、鞏固現有的徒眾眷屬，才會極力否定說明心不是親證第八識如來藏，才會否定見性是見第八識見分；若不否定如來藏，就等於承認慧廣自己所謂的「悟」全都是幻想泡影了，你教他怎能不拚命否定呢！所以他爲了維持那虛假錯會的開悟聖者身分，當然會再三的否定如來藏，他的居心也就昭然可知了！

但這其實不需大力責備他，因爲台灣四大山頭的大法師們私底下以言語否定平實導師的原因，也是和慧廣一樣的；只是他們懂得迴避正面衝突，多以言語私下誹謗以減少本會的回應辨正，故傷害也比較小；而慧廣不知其中利、害，又不自量力、膽大妄謗還落於文字的結果，就是使天下更多的佛弟子廣爲知曉慧廣未斷我見的事實；如今台灣佛教界的學禪者，多數都已知道慧廣所謂的開悟，是落在意識心中，惡見（五利使）仍然具足存在，仍是凡夫。因此，若以慧廣較之彼大法師們來說，他的城府顯然是比較淺薄的，故應該還有得救的機會，還有出離邪見深坑的希望，所以正光還是希望他能深入思惟經教之實義，以及正光書中所說的種種理證，若於捨報前懂得殷重大力的懺悔改過，還是有希望可以懺除以前謗菩薩藏的無間地獄罪（謗如來藏妙法即是謗菩薩藏）。

綜合上面可知，這個第八阿賴耶識如來藏，就是 佛所說的眞心、眞識，也是一切大乘學人多劫多生所追求證悟的標的，是大乘參禪者所證悟的生命實相心；證實相心如來藏以後，就是證得本來面目，就可以看見本地風光，可以進修到初地而成見道位已經通達的人。由初地再進修，在七地滿心時不得不斷除其阿賴耶性而改名爲異熟識，乃至最後圓滿爲佛地的無垢識，含攝佛地的一切大功德法。反觀慧廣所說，與佛、菩薩的開示完全相反，完全不如法；譬如慧廣在《禪宗說生命圓滿》中說：

「阿賴耶識就是第八識，就是妄心的根本，就是無始無明。」（一九八頁）

「所以，禪宗的明心見性，絕對不是明白到阿賴耶識。明白到阿賴耶識只是明白到妄心根本，也就是明白到根本無明，然後把根本無明的空空洞洞，看做眞心……。」（一九九頁）

「第八識在大乘學理上是存在的，但那是虛妄的存在，轉識成智後即無第八識的現象，第八識便消滅了……。」（二〇六頁）

爲什麼慧廣書中會堅持阿賴耶識—第八識如來藏—是妄心、妄識、是會滅的？又說第八識是根本無明、是空空洞洞的？而佛弟子爲何應該遠離他的邪見，吾人有必要探討一下：

一者，他因為阿賴耶識心體內含藏染污的種子，所以他不相信阿賴耶識是真心，這是由於他讀不懂大乘經論中的聖教所導致的。如《成唯識論》卷二所說：「初能變識，大小乘教名阿賴耶（識）；此識具有能藏、所藏、執藏義故，謂與雜染互為緣故，有情執為自內我故。」

七轉識因為無明的關係，將阿賴耶識能生萬法的功能據為己有而造作諸善業、惡業；造已再由阿賴耶識持種而令不失，到未來世，待因緣際會時，業種現前，果報還自受。由於阿賴耶識有集藏、所藏、能藏的體性—阿賴耶性，亦是執藏分段生死種子的體性，《成唯識論》說阿賴耶性偏重，此即阿賴耶識名之由來。慧廣有可能是誤會或曲解這些經論的意思，所以不信阿賴耶識心體是真心。

由於阿賴耶識有阿賴耶性的關係，含藏分段生死種子，有了對於分段生死種子的能藏、所藏、我愛執藏的特性，才會被稱為阿賴耶識；祂含藏著染污的七轉識種子、含藏著分段生死的種子，導致眾生輪轉生死。因此有很多人誤會論文的意思，誤以為阿賴耶識是染污心，應該消滅。不相信阿賴耶識就是 佛所說的真心，因此妄說阿賴耶識是妄心、妄識。譬如慧廣在〈眼見佛性的含義〉一文[77]如是寫著：「第八識（阿賴耶識）是眞妄和合識，可以說，它是妄心，是根本無明。」在同一本書一九八頁如是寫著：「阿賴耶識就是第八識，就是妄心的根本，就是無始無明。」然而《大乘起信論》及《成唯識論》中都已證明了阿賴耶識有不生滅的眞實識性，也說這個心體恆而不審，常顯示眞如無爲；雖受七識心的無明煩惱等生滅法的熏習而有所藏種子的生滅性，但卻恆時不斷顯示出心體自身之清淨、無染、涅槃、平等、不變易的眞如心性，慧廣豈可因爲阿賴耶識心體內有染污的七轉識不淨種子、有分段生死的種子，就妄說阿賴耶識是妄心、妄識？不但此二論中如此，其餘諸大菩薩的論中也都是同此一說。所以慧廣的誤會，都是由於自身寡聞少慧，再加上迷信、誤信印順六識論邪見的緣故，才會造下毀謗最勝妙法的大惡業。而他說阿賴耶識即是根本無明、空空洞洞，應該是中了二十年前風行台灣的月溪法師著作遺毒；因爲阿賴耶識不是根本無明，更不是空空洞洞，只有月溪法師才會這樣講，從來沒有證悟者這樣講過[78]。

---

[77] 正光案：慧廣已將該文編在《禪宗說生命圓滿》一書第一五二—一五三頁。

[78] 編案：阿賴耶識、根本無明、無始無明、空空洞洞等說法，詳見《護法集—正法眼藏》書中

二者，慧廣誤解《瑜伽師地論、成唯識論》「捨阿賴耶」之意。在《瑜伽師地論》卷五十一云：「復次，修觀行者，以阿賴耶識是一切戲論所攝諸行界故。略彼諸行，於阿賴耶識中總為一團一積一聚；為一聚已，由緣眞如境智修習多修習故而得轉依；轉依無間，當言已斷阿賴耶識，由此斷故當言已斷一切雜染。當知轉依由相違故，能永對治阿賴耶識。又阿賴耶識體是無常，有取受性[79]；轉依是常，無取受性；緣眞如境聖道，方能轉依故。」在這一段論文當中，常被人誤解的地方，就是「阿賴耶識體是無常」這一句論文。

又《成唯識論》卷三這一段話也常被人誤解：「此識無始恆轉如流，乃至何位當究竟捨？阿羅漢位方究竟捨，謂諸聖者斷煩惱障究竟盡時，名阿羅漢，爾時此識煩惱麤重永遠離，故說之為捨。」

然而《瑜伽師地論、成唯識論》所說的「斷、捨」字，都在指陳阿賴耶識心體之阿賴耶性（或名阿賴耶識性）的捨棄，而不是捨棄阿賴耶識心體，何以故？《瑜伽師地論》說「阿賴耶識體是無常」者，論中多處說「執藏分段生死種子之體性的辨正。

[79] 正光案：「取受性」意為取受一切無漏有為法的種子、業種及四大等種子。

偏重，是故從重立名為阿賴耶識」，是指阿賴耶識之阿賴耶性——集藏、所藏、能藏分段生死種子之體性；這種阿賴耶識的體性是無常的，是可滅的，是應捨棄的，否則就不能成為阿羅漢而永離分段生死了！並不是說阿賴耶識心體無常也。這個道理其實很簡單，並不難懂：捨阿賴耶識以後，這個心改名為異熟識，故不是可斷滅心，不是生滅心。

不僅《瑜伽師地論》如是說，《成唯識論》卷三亦如是說：「然阿羅漢斷此（阿賴耶）識中，煩惱麤重究竟盡故，不復執藏阿賴耶識為自內我，由斯『永失阿賴耶名』說之為捨，非捨一切第八識體。」

從上舉證聖教可知，《瑜伽師地論、成唯識論》所指「阿賴耶識體是無常」一語，是指阿賴耶識執藏分段生死種子的體性—阿賴耶性—是無常的，是可修滅之法，也是《說無垢稱經、本事經》……所說的「滅阿賴耶」，非謂阿賴耶識心體是可滅的、無常的。若能夠親證此識而斷我見已，復殷勤斷盡我執，永斷煩惱障現行，即可改阿賴耶識名為異熟識，即名已斷、已滅阿賴耶識—唯滅此識名而不滅此識體，故不可說阿賴耶識心體是生滅法，因為祂才是常住法。若再斷盡此心含藏的煩惱障習氣種子隨眠及所知障隨眠，則阿賴耶識心體所含藏之所有種子都已究竟清淨圓滿，不再受熏變異，即名已斷、已滅異熟識，再改異熟識名為無垢識，亦名佛地眞如。如是，已經永離變易生死苦，二種生死永盡後，無垢識心體常住不滅，此心體之種子已究竟清淨，故不能再滅掉任何一法，當然就是常住法，這才是眞常唯心之正理。阿賴耶識、異熟識、無垢識三種之稱呼，乃是從阿賴耶識心體所含藏之種子淨除二障程度的差異，而在不同階位施設不同名稱；然其心體是永遠不滅的，並非慧廣誤會經論文字以後想像此心體有所生滅。乃是在不同階位的阿賴耶識心體，永遠是只滅其名、不滅其體，仍是同一心體—阿賴耶識心體—常住不滅，直到成佛時都一直繼續常住不滅的。

三者，慧廣亦有可能是誤信了錯悟、未悟祖師的開示，才會謗法、謗賢聖。由於錯悟、未悟的祖師（譬如佛護、安慧、清辨、寂天……等六識論者）沒有證得阿賴耶識眞心，也沒有依據經典作為簡擇（其實是沒有簡擇能力），不知此識就是有情的實相心，不知此識一心有二門——心眞如門、心生滅門，將心生滅門的七轉識之生滅性，錯認為是心眞如門的阿賴耶識心體之性，妄說阿賴耶識是妄心、妄識，還在著作中公開否定而寫之、流通之；更可悲的是，將來甚至可能會被收入大藏經中，成就無量無邊的破法大惡業。後世被無明所遮障的學人如慧廣等人，自身沒有慧眼，也沒有能力簡擇古今眞假善知識的開示；對經典所說甚深微妙義理，也沒有能力深入理解；又因爲先已信受印順所說的六識論邪見，而錯將意識誤認爲眞心，自以爲悟而公開宣示自己是證悟的「聖者」了。所以，他無法信受眞悟祖師的正確開示，反而相信未悟祖師之錯誤開示，還援引作爲自己已悟的證據，故相信阿賴耶識就是妄心、妄識。

後來，甫聽眞善知識宣說阿賴耶識—第八識如來藏—是 佛所說的眞心、眞識，與自己所說完全不同時，原有之證悟者的假象身分破滅了；因不肯接受的緣故，不能安忍眞善知識的著作間接顯示他悟錯了，不甘自以爲是的證悟者假身分被間接剝奪了，由於名聞利養受損及無明而生瞋的緣故，遂公開毀謗眞善知識 平實導師所說正法爲非法，說之爲：「蕭氏的學說就是建立在如來藏實有、第八識眞實上面。如果第八識不實，如來藏非實有，他們所修證的『眼見佛性』、『明心』就崩塌了。」說之爲：「其實，說有什麼是眞實的，執著不放，非此不可，就是佛教所說的『常見』；而這個眞實的第八識（阿賴耶識），可以親證，觀看到它的運作，可以『眼見佛性』（見分），那麼，它們便是所見，也就是心外之物。蕭氏的『眼見佛性』與『明心』，見到的都是心外之物、修證到的都是心外之物，這便

是心外求法。心外求法，佛教就稱爲『外道』。所以，蕭平實先生毫無疑問是『常見外道。』有常見而又心外求法，便是標準的凡夫，如此，蕭氏自稱證到聖位，是大乘勝義僧，便是大妄語，後果堪憂。」

但慧廣卻不知自己否定如來藏的實有時，他和他的追隨者之三乘菩提的見道因緣，已在他手裡全面斷滅了；他根本不知道自己才是心外求法者，不知道自己已經成就謗佛、破法、謗大乘勝義僧的無間重罪，未來將受無量世苦。這樣的人，正是長沙景岑禪師所說的可憐生：「**學道之人不識眞，秖爲從來認識神；無始劫來生死本，癡人喚作本來人。**」（《五燈會元》卷四）所以正光不得不再次寫作此書，回應慧廣的再度挑戰，看能不能救他免除謗佛、破法、謗大乘勝義僧的大惡業。

而且，慧廣自己落入自相背反而違背邏輯的弔詭中，但他自己並不知道。當慧廣公開主張意識覺知心離念時就是眞心時，而意識正是以意根、法塵爲緣，才能從如來藏中出生的；作爲出生意識的助緣的意根與法塵，也都是從如來藏中出生的，這是三乘聖教中都如此說的。這樣一來，證得最粗淺意識境界的慧廣，自稱是開悟的聖者，卻證不到第七識與第八識，也無能力現觀意根及法塵都從如來藏中出生；而 平實導師卻教導許多弟子證得比離念靈知更高境界的無相念佛、看話頭功夫，並且也同樣實證第八識如來藏，也能同樣現觀意識離念靈知心，確實是從第八識如來藏中出生。證得低層次境界的慧廣是開悟者，證得慧廣所無法證得的極高層次境界的 平實導師，卻被慧廣貶成凡夫、邪魔、外道，這邏輯是很荒謬的。慧廣卻完全無法實證這些境界，而慧廣的離念靈知心意識離念境界，則是 平實導師的許多弟子們都早就證得以後，如今已經是棄如敝屣了，已經是轉依慧廣所無法證得的第八識本來自性清淨涅槃的眞如境界了。這樣一來，高下立判，而慧廣對這種事實卻是完全沒有認知的。他處於知己而不知彼的情況下，處在對方知己亦知彼的情況下，還繼續與人爭高下，只能說他眞的沒智慧；不知他這種沒智慧的情況，何時才會消失而變得較有智慧一些？

又這個眞心——阿賴耶識、第八識，就在各各有情身中，聖教中才會說祂實有；只是慧廣吃了印順法師的密宗應成派中觀邪見口水，不信大乘經，才會否定祂。譬如《解深密經》卷一所說：「**廣慧！此識亦名阿陀那識，何以故？由此識於身隨逐執持故。亦名阿賴耶識，何以故？由此識於身攝受藏隱，同安危義故，亦名為心**。」證明眞正的心就是阿賴耶識心體，否定此心、外於此心而求佛法的人，就是心外求法者，慧廣正是此種心外求法的人。

又譬如《大方等如來藏經》卷一所說：「**善男子！我見眾生種種煩惱，長夜流轉生死無量。如來妙藏在其身內，儼然清淨如我無異。**」

不但大乘經中如此說，四阿含聲聞佛法中也是如此說的，平實導師也已在《阿含正義》中多處舉證明確了；所以現在是只有慧廣一類無智之人，才會愚癡的繼續否定阿賴耶識的存在。而且正覺同修會中已有三百多位親證者，都已證得如來藏阿賴耶識了，這也是事實；慧廣卻仍在繼續否定，只能說他眞夠愚癡了！

由此可知，這個阿賴耶識就在吾人色身中，剎那剎那與自己所生的色身不相離。既然這個阿賴耶識能生吾人色身，也與這個色身剎那不相離，這個阿賴耶識當然就是 佛所說的眞心；若沒有這個阿賴耶識心的常存，法界中所有的有情早就全死光了，慧廣也不能繼續生存在人間了，這也是《成唯識論》卷三所說的：「**離第八識，無別蘊法窮生死際無間斷時。**」因爲若離開了阿賴耶識，沒有別的五蘊等法能夠窮生死際而沒有間斷，證明第八識是出生五蘊，並且是五蘊存在及運作時的所依心，當然可名爲眞心了。假使慧廣滅失了自己的阿賴耶識，慧廣早就死了，還能繼續在台灣與人諍論嗎？他卻還不知感恩而大力否定自己的大恩人阿賴耶識。阿賴耶識若不是眞心，古今許多菩薩求證祂作什麼？聖 玄奘菩薩又何必爲了求證祂而冒著生命危險千里迢迢的去天竺？彌勒菩薩又何必辛苦傳授專講八識論的《瑜伽師地論》給 無著菩薩呢？玄奘菩薩又何必辛苦的造作《成唯識論》來弘揚祂呢？又何必在論中對安慧、清辨等人的六識論邪謬法義大力破斥呢？然而慧廣對此卻是完全無所知、無警覺的。

又慧廣曾如是云：「他們說明心破本參『就是找到自己身中的阿賴耶識』。那麼？能找者是什麼？阿賴耶識是找到的，那便是心外之物，心外之物如何是你自己？」但本會從來沒有人說過所證的阿賴耶識是在心外，而是說尋找的方向要離意識心、離開離念靈知心的範圍來找；而且是不斷的強調：要找阿賴耶識心體就在自己五陰身中找，離念靈知心則是包含在五陰中。顯然慧廣對本會的法義及書籍，只是片面的閱讀，再斷章取義的解讀，然後以他的片面所知來拼湊；也有可能是根本就讀不懂，因此全面的誤解本會弘揚的法義與參禪知見了。而且本會的法義，在書籍中處處說明阿賴耶識是出生離念靈知意識的眞心，與離念靈知意識同時同處，也說五陰是攝歸阿賴耶識心體中[80]；但是慧廣竟然完全讀不懂，還說

80編案：請參考正光老師《眼見佛性》二〇二—二〇三頁：「然而證悟後，卻發覺**七轉識**皆是阿賴耶識所蘊含無數法性之一，本是阿賴耶識內種種局部法性而已，本非自己能獨自存在之法，本非有自體性的心體，都是附屬於阿賴耶識心體而**在阿賴耶識心體的表面上在運作而已**，

阿賴耶識是心外之物，不免令人啼笑皆非；如同三歲小兒聽不懂大人說話，轉述出來時就讓人不免發噱；亦如不懂得微積分的小學生，評論大學教導微積分的教授不懂微積分一樣，實在太沒有智慧，也太大膽了。

又這個第八識——阿賴耶識，在人間又名阿陀那識、持身識，是在阿賴耶識自己所生的有根身堪用時才持身；因此在有根身敗壞而無法運作時，阿賴耶識就會捨離這個五陰身，另外再造一個五陰身；唯除入無餘涅槃，或是出生於無色界。然而阿賴耶識剛捨身的時候，乃至完全捨離五陰身以後，依其業力、願力、隨重等，而在三界中受生。譬如造下謗佛、謗法、謗菩薩僧或未得言得、未證言證等重罪，在死亡約半小時後極重悶絕（離念靈知心斷滅了），此時阿賴耶識開始捨身一分，就在無間地獄化現地獄身一分，而至阿賴耶識捨身十分，地獄身也成就十分。待覺知心現起時，已經是在領受自己廣大的地獄身正在地獄中受無量苦了。

本都攝歸阿賴耶識心體之中，是故從證得阿賴耶識者的立場觀之，前七識都屬於阿賴耶識所顯現的無量法性中的部分法性而已，並無實質，都攝歸阿賴耶識，所以證悟阿賴耶識的人觀察前七識並不外於阿賴耶識，以阿賴耶識的立場來看前七識時，前七識亦是阿賴耶識的部分體性，故說一眞一切眞。由此可知，七轉識妄心亦是阿賴耶識所擁有的種種功能差別中之一，非一非異於阿賴耶識故。」

若菩薩發願在娑婆世界度眾，往生時則依願力尋找有緣父母正知入胎受生。因此，阿賴耶識在捨身時、捨身後，由阿賴耶識化現中陰身正知入母胎，也就是阿含中說的入胎識。難道慧廣也不信阿含了嗎？難道也要接著否定阿含中說的入胎識嗎？入胎後已無六識心，離念靈知當然已經滅了，此時阿賴耶識仍然在運作，才能出生來世的有根身，以及後來藉有根身再出生離念靈知意識心。難道慧廣是以離念靈知心意識入胎、住胎，並由意識心離念靈知來製造有根身而出生的嗎？然而入母胎後，前世的意識永遠斷滅而不再生起了（下一世是依來世的五色根為緣而出生的全新意識，不是此世的意識）。離念靈知心意識尚且還未生起前，慧廣要如何以離念靈知意識心住胎而出生、增長胎身？當然慧廣必須承認阿含中 佛說的入胎識是確實存在的；若無入胎識—阿賴耶識—仍然在運作不輟，就不會有名色可以成長及出生了，那麼慧廣今世死後將會化為烏有了，因為沒有入胎識可以住胎來出生未來世的慧廣色身與名等四陰了！但是這個能出生慧廣此世名色的入胎識——阿賴耶識，也可以出生未來世慧廣身心的入胎識，慧廣卻說祂是生滅法，謗為死後會壞滅；那麼慧廣死後將會化為烏有，成為斷滅空。何以故？慧廣曾云：

「阿賴耶識在身中，那麼身死阿賴耶識也就烏有了，這如何會是不生不滅的眞心？

唯有妄心才是在身中，隨身一起死亡。」由於慧廣執離念靈知心爲眞心，妄謂第八識阿賴耶識是妄心、妄識，認爲阿賴耶識若是在身中時，死時就會跟著色身滅壞；可是慧廣的離念靈知意識心是無法去到下一世的，因爲現見他的意識離念靈知心不是從上一世往生來的，故完全記不得上一世的事，所以在母胎時是完全不知的。如此，慧廣死後將會成爲斷滅空，他是無法逃脫這個結論的。但他這一段文字中，似乎是在認同常見外道達賴喇嘛的說法，暗示說阿賴耶識不在身中，主張只有妄心才會在身中而隨身死亡。但這個主張，卻又與 佛在三乘經典中的識不離身的說法完全違背，與達賴同樣成爲第八識可以外於色身而在虛空運作，不免成爲 佛所斥責的虛空外道了。

而且慧廣的說法，也是自打嘴巴；既說「唯有妄心才是在身中，隨身一起死亡。」那麼慧廣主張開悟是證得離念靈知心意識，又自稱已經證得離念靈知心意識，所以有資格說他是證悟的聖者；而慧廣所證的離念靈知心意識正是在身中，正好是慧廣所說的身中的妄心，將也必定要依慧廣所說的「隨身一起死亡」，那麼慧廣自稱的開悟，正好由慧廣自己推翻了。如此這般自己推翻自己，又何必出來寫文章、出書辨正，想要證明自己的開悟是正確的？這樣子寫得越多，越能證明慧廣自己是沒有開悟的，正好違背他想要證明自己是眞正開悟者的目的。這樣的慧廣，究竟是有智慧或是沒智慧？慧廣是應該自己檢討一下的。

又「轉識成智」，乃是消除七轉識對三界諸法之執著與錯誤分別，成就眞實智慧。亦即參禪人在參究過程中，透過七轉識見聞覺知心及處處作主的心，不斷地去尋找本來離見聞覺知的第八識心；一旦找到祂，再以六、七二識現觀第八識本來無生的體性後，轉變第六識而生起下品妙觀察智的少分，轉變第七識而生起下品平等性智的少分，合此二智名爲般若總相智，已現觀一切眾生都具此眞如法性故，已現觀一切眾生之第八識都平等故。由於眾生未破參前，第六、第七識種種不如理思惟、作意，導致執色身爲眞實我、執意識（離念靈知心）自己爲眞實我、執處處作主的意根自己爲眞實我，以此我見未斷的結果，將永遠沒有證悟的機會；慧廣正是這類沒有證悟機會的人，因爲這些執著全都在慧廣身上存在。

必須在現觀蘊處界（特別是意識離念靈知）虛妄，在現觀六識自性（見聞知覺性）虛妄的前提下，並且心中確實信受有第八識實存，才有可能悟入禪宗明心的公案密意中。若沒有這三個前提，即使聽聞而知道禪宗密意了，也不會有一念相應而生起的般若總相智——不能發起眞見道位所得的根本無分別智。若具備了這三個前提，一旦在參禪中找到第八識時，第六識意識與第七識意根將會發現原來第八識才是眞實我，色身、意識、意根都是無常之緣起性空的假我，都是第八識所出生的法，本身都沒有自在性，因此再度確認自己是虛妄的，只有第八識才是眞實的；此時我見、常見、邪見再也無法存在了，自然同時證得聲聞初果斷三縛結的解脫功德。

由於第六識透過這樣微妙、殊勝的觀察後，發現十方法界一切有情皆以第八識爲本，能現觀自他有情無分別心的清淨運爲，遂轉依第八識本來無生的體性，發起了下品妙觀察智的初分，亦即第六識意識以其能分別的智慧觀察，而轉依第八識的無分別體性，發起了極少分的般若智慧。第七識透過第六識如理作意的分析、整理、歸納後，現觀一切眾生的第八識與己普皆無二，同一體性，無有高下差別；上至諸佛、菩薩、聲聞、緣覺，中如諸天天主、天人、人類，下至畜生、餓鬼、地獄眾生，皆是同以此心爲依，平等無二，遂轉依第八識之平等不二的體性，發起了少分的智慧，此名爲下品平等性智的初分，亦即第七識轉依第六識所證的智慧而平等觀待眾生，不再以惡心對待眾生。綜合上面所說得知：唯識學中的「轉識成智」，此識是指七轉識心體，此智是由證悟而轉依意識參禪開悟所生的智慧，智乃識所擁有的智慧，非離識體有其作用，因此識與智不得分離，不是慧廣所說的轉變識體而滅失了識體，只剩下智慧；此即《大寶積經》卷第一百二十所說正理：「無有少離智，由識能了知；識智不相離，和合我常說。」慧廣所說的轉識成智，是智慧出生以後識體消滅不在了；如同愚人主張說：「陽光出現以後，太陽就消滅不在了，這樣的陽光才是眞實法。」慧廣正是如此，他不懂智慧是識心所擁有的，竟然要把識心消滅而留下識心所擁有的智慧，正是愚人。

又明心時所發起的下品妙觀察智及下品平等性智，只是才剛發起少分的智慧，亦即第六識、第七識已經有少分清淨，但未圓滿具足，一直要到初地入地心才圓滿妙觀察智、平等性智的下品智；而中品的妙觀察智及平等性智，始從初地住地心才發起，一直到七地滿心將入八地心時才圓滿。上品的妙觀察智及平等性智，則始從八地入地心開始，一直到最後身菩薩明心見性成佛，成就四智圓明的究竟佛位才圓滿，此即禪宗祖師對唯識學所說的「轉識成智」、「六、七因中轉，五、八果上轉」（《景德傳燈錄》卷五）之正理。反觀慧廣不懂第八識阿賴耶識就是佛所說的眞心，承繼藏傳佛教印順法師的六識論邪見，極力否定第八識如來藏，謗爲外道法；又不懂唯識之轉識成智正理，卻提出似是而非的說法，來籠罩無知的學人，說：「如果第八識是眞心，唯識還說轉識成智做什麼？見到第八識、阿賴耶識就可以了，何必轉識成智？」但他沒有想到：當他否定了第八識阿賴耶識及第七識意根時，還會有佛地的大圓鏡智及第七識的平等性智嗎？像這樣的行爲，再一次證明慧廣根本不懂唯識。既然不懂唯識，又如何了知證悟菩薩所發起的下品妙觀察智、下品平等性智以及如何「轉識成智」的唯識道理呢？

又明心的時候，發現有生滅性的七轉識自己，一直都與不生不滅的阿賴耶識心體和合運作，才能爲吾人所親證，此即聖　馬鳴菩薩於《大乘起信論》卷一所說的一心有二門——心眞如門、心生滅門：「此中顯示實義者，依於『一心』有二種門，所謂心眞如門、心生滅門。此二種門各攝一切法，以此展轉不相離故。心眞如者，即是一法界大總相法門體，以心本性不生不滅相，一切諸法皆由妄念而有差別……心生滅門者謂依如來藏有生滅心轉，不生滅與生滅和合、非一非異，名阿賴耶識。」

所謂心眞如者即是一眞法界，是指第八識如來藏，顯示一切法的根源都是從心眞如而來，因此心眞如即是如來藏，以祂所函蓋的八識心王來總攝一切法；也因爲有這個心眞如第八識心體常住不滅，才能出生十方三世一切法。所謂心生滅者，乃是第八識如來藏能執持種子、流注種子而出生五陰、七轉識，由於第八識具有如是流注種子生滅不斷的體性，故稱爲心生滅門；也因爲有心生滅門的七轉識，所以才能了知十方三世一切法。合此不生不滅心體之心眞如門與流注種子的心生滅門，才能出生色身及七轉識而和合運作，合此二門八識心王而名爲阿賴耶識，是以阿賴耶識來含攝七識心王的；這也是禪宗祖師所證悟的心體，因爲外於第八識阿賴耶識，無有別法能夠貫通三世、能生一切法，所以阿賴耶識是 佛陀示現人間說法四十九年所詮釋的眞心也。

從上面分析可知，有生滅的七轉識與不生滅的第八識如來藏和合運作，才能出生及了知十方三世一切法，因此證悟的時候，必須透過八識心王、五十一心所有法、色十一、二十四心不相應行等九十四種法和合運作，方能顯示心體眞實與如如的六種無爲性，爲證悟者所親證，這才是禪宗所謂的明心、證悟、破本參。

從這裡得到結論如下：

一者，由於證悟要透過八識心王等九十四種法和合運作，方能顯示第八識心體的眞實性與如如性而證眞如，因此透過禪宗祖師開示辛苦參究，到處去尋覓與妄心同時同處配合運作的眞心，當一念慧相應，找到無始劫以來本來就在，而且從來離見聞覺知的第八識，此即禪宗「開悟明心」所證悟的心體；並不須要滅掉意識與阿賴耶識等心體。有黃檗希運禪師的開示爲證，《黃檗山斷際禪師傳心法要》卷一云：「**然本心不屬見聞覺知，亦不離見聞覺知。但莫於見聞覺者上起見解，亦莫於見聞覺知上動念，亦莫離見聞覺知覓心，亦莫捨見聞覺知取法。**」

亦即需透過見聞覺知心，去尋找本來離見聞覺知的第八識，待一念相應慧，六、七識找到第八識，遂轉依第八識無生體性，才是禪宗所謂的開悟。因此禪宗祖師證悟的心，是透過生滅的七轉識去尋找到不生不滅的第八識，就是用七轉識去尋找第八識。由於慧廣執離念靈知心爲眞心，不知外於七轉識還有一個不斷配合運作的第八識，由於錯解證悟祖師的開示，以及不知、不證第八識心體，難怪會提出這樣荒謬的說法：「**可知眞心不是用找的。**」他是把現前的意識離念靈知生滅心認作是眞心，是要把妄心修行變成眞心，才會說眞心不用找；因爲當慧廣的覺知性生起時，離念靈知意識心就已經存在了，誤以爲眞心就是意識自己，當然就不找另一個第八識眞心了。但是 佛說的眞心既然是第八識如來藏，不是離念靈知自己（不是意識自己），當然就必須參禪尋找眞心；慧廣誤把意識當作眞心，把他從來所不知道的眞心如來藏謗作妄心，所以會說眞心是不用找的。因爲慧廣認爲「我自己就是眞心」，當然不用找尋眞心如來藏，卻沒想到這正是四阿含中 佛所說的凡夫我見，與常見外道一模一樣。

二者，禪宗祖師所謂的開悟，是以意識離念靈知的自己，透過禪法知見的熏習，而後不斷的尋覓，於因緣成熟時，得以一念慧相應，找到第八識，再於第八識心體上現觀祂自住的涅槃境界，也現觀祂於六塵萬法中顯現出來的眞如法性，意識因而轉變自己原有的邪知邪見，依止第八識從來離見聞覺知、從來不思量、從來不作主的無生體性，但仍然保留意識覺知心自己本有的體性——歸納、分析、整理、設計、分別等功能，也保留意根自己本有能處處作主的體性；從此開始，不再認定覺知心及處處作主的自己是眞實我、不再認定蘊處界是眞實有，於是我見斷除，我執分斷。因此緣故，即知禪宗證悟祖師是以意識自己透過禪法熏習正知見而參禪，發起疑情而去找到第八識，因此在證悟的那一剎那，仍然是具足八識心王等九十四種法和合運作，方能顯示及觀察到如來藏心體的眞實性與如如性，方能知道眞心「從來離見聞覺知，從來離思量性，從來不作主、從來不於六塵境界中取相分別、從來無我性、從來遠離一切六塵境界……」，這樣完全符合 天親菩薩《佛性論》所說：「**佛性（成佛之性）者，即是人法二空所顯眞如**」，以及

《佛祖歷代通載》卷五禪宗二十三祖鶴勒那傳法偈：「認得心性時，可說不思議；了了無可得，得時不說知。」所以眞心是離見聞覺知的，證悟眞心時一定不會說眞心是有覺有知的，這是慧廣所不能知的智慧。慧廣豈可因爲證悟的時候不離能取與所取，不離眞心與妄心和合運作，就質疑說：「以分別而得的，便是分別中物；以妄心找到的，還是妄心，如何會是眞心？」妄謂禪宗開悟祖師所找到的第八識是妄心、妄識，以此來否定禪宗證悟祖師所證的心體、般若智慧及證量。試問：若無意識覺知心可以取相分別，又如何參禪覓心而證得第八識心？可見慧廣對宗門禪的參禪知見是極度欠缺的，怪不得他老是斷不了我見，至今還是執著意識離念靈知心爲眞心，墮在我見中。

又眞心第八識無形無相、不可捉摸、不可見，可是祂外於蘊處界運作的範圍，卻在蘊處界上分明顯現祂的眞實性與如如性，眞如法性在蘊處界上分明顯現，爲證悟者所觸證、所領納，表示祂眞實的存在、也有眞實的體性，可以爲吾人現前領受，慧廣豈可因爲眞心無形無相、不可捉摸、不可見，以及自己無法親證及領納祂的眞實性與如如性，便妄說第八識「無名稱無形相，非有爲法，如何觀它？如何見到它？何況還有運作？」妄謂阿賴耶識是妄心、妄識，乃至連眞心也否認，說之為「眞心連眞亦是假立，方便稱呼而已」，其目的是在主張他所「悟」的妄心意識才是證悟的標的，以此遮掩及迴避自己沒有證悟第八識的事實，想要藉此繼續保有證悟者的虛名。

三者，既然能夠明心證眞，發現：眞心永遠是眞心，妄心永遠是妄心；妄心離念靈知不可能有時透過修行清淨了就變為眞心，有時放逸不清淨了就變回妄心，否則慧廣所悟的眞心就是常常變異的生滅法了！何以故？因為眞心從本以來不曾有刹那間斷過，從本以來不曾於六塵境起見聞覺知故無分別，故名恆而非審；妄心意識（離念靈知）從本以來一直會對六塵境起見聞覺知性，而且從出生以來都是夜夜斷滅非不斷滅，故名審而非恆。因此，生滅的妄心意識離念靈知，不可能因為修行清淨就變成恆常的眞心如來藏，也不可能因為放逸不清淨而又變回妄心了。眞心是第八識如來藏，能出生第六識意識；出生了意識以後，就與意識同時並存而互相配合運作，是二個心同時存在，而不是由妄心來變成眞心，然後又有時再變回妄心；所以眞心永遠是眞心，妄心永遠是妄心，永遠是眞妄心和合一起運作的，二者體性也完全不同，故也不可能互相轉變而成為有時是眞心、有時是妄心。

又這個意識心的「我」，也是凡夫眾生、常見外道所認知的「我」，能夠分別一切法，有知、有證、有悟故，非是本來不知、不證、不悟的第八識，完全符合《圓覺經》卷一破斥的妄心體性：「善男子！末世眾生不了四相，雖經多劫勤苦修道但名有爲，終不能成一切聖果，是故名爲正法末世，何以故？認一切我爲涅槃故，有證有悟名成就故。」

由於慧廣執離念靈知心爲眞心，所以妄想把妄心修行清淨變成眞心，難怪他會提出違背唯識的說法：「蕭團體中明心者找到眞心後，然後還有眞心、妄心兩個心並行運作。請問，這是什麼眞心呢？」慧廣連唯識學八識心王最基本知見尚且闕如，而自稱已證得禪宗的本來面目，不要說正光不相信，就是連剛修學唯識學一、二年的佛弟子也不會相信。因此建議慧廣：爲了避免無明遮障，導致不如理作意而謗法及毀謗善知識、成就大妄語以及誤導眾生之重罪，請多多閱讀 佛在《心經》、《金剛經》、《維摩詰所說經》、《解深密經》、《如來藏經》……等之開示，就能遠離你自己目前講出來的邪見。

如有不懂，可向正覺同修會請閱 平實導師種種著作，用心的閱讀有關眞心種種的體性，仔細加以思惟整理，並與經典比對，慧廣就可以避免被無明所遮障，謗法的事情就不會一再出現了，惡業就不會再加重了。待閱讀、思惟整理並與經典比對後，就可以知道自己被無明遮障的有多嚴重。因此正光在此呼籲佛弟子們：要相信被公認的古代證悟祖師、菩薩的說法，要相信當今正覺同修會 平實導師契合經論的修證內容及說法─八識論─才是正確的佛法，慧廣的六識論是錯誤的常見外道法，墮在我見中；不要再迷信古今錯悟、未悟的凡夫僧、凡夫居士的說法。能夠這樣的話，就不會再被誤導，自然就能遠離惡知識、親近善知識，就可以建立佛法正知見，未來緣熟時就能夠明心、眼見佛性，乃至有生之年，能夠往初地菩薩的果證邁進。

四者，又明心的人，發現這個第八識不僅可以親證，而且祂對六塵境從不分別而如如不動，故無四相──我相、人相、眾生相、壽者相，因此證悟的菩薩轉依眞如無生的體性，發起了二種功德：

一，發起般若智慧。阿羅漢僅從蘊處界觀行，觀察五蘊、六入、十二處、十八界剎那剎那生滅，虛妄不實，因而斷了我見、我執，於捨壽時入無餘涅槃。因此阿羅漢的智慧僅是觀察蘊處界的虛妄而發起的，並沒有找到有情的生命實相心。菩薩則不同，用參禪的方式參究，尋覓有情的生命實相心，待找到眞心以後，再來反觀自己的蘊處界虛妄，發起了般若的智慧。正因爲阿羅漢沒有證得生命實相心的般若智慧，所以無法與證悟菩薩對話，更何況是阿羅漢以下之凡夫，如慧廣等人更無法與證悟菩薩對話了。這是事實，不是慧廣所能否認的，除非彼等拋棄聲聞心態、拋棄離念靈知等邪知邪見，拋棄面子比裡子重要的錯悟知見，來正覺同修會共修二年半，經親教師的正知見教導，以及 平實導師指授之下，才有機會明心；悟後努力進修，將來才有可能眼見佛性。

慧廣若有機會明心時，方知以前所認的一念不生了了「常」知的離念靈知心是意識心，其實不是常知，因爲夜夜都會斷滅不在，當然不是眞心；以往極力毀謗爲妄心、妄識的第八識如來藏，是慧廣所「悟」的離念靈知心的根源，才是 佛所說的眞心；乃至悟後進修而眼見佛性時，眞的如《大般涅槃經》所說可以用父母所生肉眼而眼見佛性，得以完成身心及世界如幻觀行，圓滿十住而往十行的初行位邁進。到這個時節，再反觀自己的明心見性，將會發現下面幾點事實：

第一項，當你明心的時候，不僅禪宗的公案看懂了，而且經典也漸漸看懂了，何以故？經典所說無非都在談自心故。當你見性了，就會知道 佛在《大般涅槃經》已經分明舉說「肉眼看見佛性」的正理，無有一絲一毫隱瞞。因此緣故，不僅證實眞的有明心與見性的法，而且也將證實 平實導師所說的明心、見性之法，眞的可以助人明心、見性，完全符合佛說，一點也不虛假。因此 平實導師所弘揚的明心與見性之法，非但不會如慧廣先前所說的崩塌了，反而是堅固的磐石，永遠屹立不搖。

第二項，正如慧廣書上所說的一樣，全世界目前只有正覺同修會才有明心與見性的了義法，其他的地方沒有，眞的是「只此一家，別無分號」！因此，具有菩薩種性而且想要明心與見性的佛弟子們，正如慧廣文中所說，唯有到正覺同修會共修，才有機會明心與見性，眞是誠實言，非虛妄語；果眞能夠如此，屆時已明心見性後的慧廣，一定會謝謝當初謗法時的慧廣，於書中爲自己指陳證明正覺同修會的明心與見性「只此一家，別無分號」。

第三項，明心與見性所悟的標的，並不是正覺同修會自行註冊的法，乃是自無始劫以來就存在的法；每一個眾生都本自圓滿具足，只是因爲無明遮障，故無法顯現而已。唯有透過佛菩薩及證悟的善知識開示及教導，才能將眾生都圓滿具足的這個法分明顯現出來，才能爲吾人所親證、所領受。

有這樣的認知以後，再以自己明心與見性的證量及智慧，來看待一切凡夫眾生，您將如正光一般，一則以喜，一則以憂：喜的是，發起了般若智慧，對於眞如心所含藏之種種無漏無爲法、無漏有爲法、有漏有爲法能夠漸漸了知，因此得以修證別相智、道種智以及斷除煩惱障與所知障。由於般若智慧是一念相應慧而得，是本無今有的智慧，可以透過經典來簡擇，可以心得決定而不再懷疑，自知未來必定成就佛道。這時候的慧廣，反觀自己以前的佛法知見偏邪，不僅無法與正覺同修會禪淨班共修一年半以上的同修對話，更無法與同修會已明心的菩薩們對話，何況能與 平實導師對話。而當今世上只有「正覺」才是了義究竟正法的歸依處，幸運的是正光正好安住其中，而且有許多菩薩已經親證眞心如來藏，更有十餘位菩薩眼見佛性了，正法命脈的流傳可以無憂了，所以心中有喜。

憂的是那時的慧廣將會發現明心之前，不斷的製造一些莫須有的罪名來毀謗平實導師、毀謗菩薩藏所依的如來藏，眞是顚倒啊！何以故？因爲慧廣書中曾云：「我明心了、我見性了，你還未明心、還未見性，你不懂、沒資格跟我談，我慢貢高就出來了。」又說：「而佛教界幾乎所有開悟、見性的出家、在家大德，在他們眼中，都不是明心見性，都被批評成常見外道或斷見外道。只此一家，別無分號，他們的傲慢因而更貢高了。」更說：「從蕭先生的講演或文章中，從被印證明心或見性的學生言談中，隨處可見這種我相傲慢，其程度有時已到了飛揚跋扈，超出正常人應有的心態。」所以，慧廣未來若有機會眞的悟了，到那時候反觀以前的自己，眞的會後悔自己當時愚癡無智之行。

又再看到眾生無有智慧，處處被有名法師、居士們誤導走向常見、斷見外道中，繼續在三界輪迴生死無法出離。譬如像聖嚴、惟覺、星雲、證嚴、淨慧法師等人同執離念靈知心爲眞心，誤導眾生走向常見外道法中；又譬如印順、昭慧、性廣等認爲可以外於萬法的根本因—第八識如來藏—而有一切法緣起緣滅，誤導眾生走向無因論及斷見外道法中。而證悟的菩薩親眼看到常見、斷見外道誤導眾生，因憐憫有情及發起大悲心的緣故，不顧自身的安危而發起師子吼，到處演說第一了義法、公開寫書來破斥常見、斷見外道的法師及居士們，以救度被誤導的眾生們出離生死；但是那些有名的法師、居士們總是顧念名聞與利養，不斷繼續毀謗，不思將來捨壽後要如何承受謗法及無根毀謗賢聖的大惡業？故而憂心。

然而在種種法義辨正當中，證悟的菩薩一切所作所爲無非都是從自心流露，沒有一絲一毫的我慢、傲慢，何以故？明心時，意識、意根了知第八識無我相、人相、眾生相、壽者相，當下又如何有「我」、「慢」存在？因此六、七二識轉依第八識清淨體性，發起了下品妙觀察智及平等性智，名爲總相智。以此智慧爲基礎，到處摧邪顯正，所作所爲無非爲了眾生之法身慧命，所作所爲無非是清淨行。又在摧邪顯正的過程當中，所說都是從自心流露，加上文筆犀利以及所說無不針對誤導眾生嚴重，且徒眾廣大、危害眾多的有名法師、居士們說法之落處加以拈提，都不畏懼他們在佛教界的大勢力，所以針針見血，讓未悟言悟的大法師承受不了，而圖有機會讓他們覺醒自己誤導眾生的本質與惡業。我執煩惱較輕微的法師、居士們若知道破斥自己的人，所說符合佛說，是大善知識時，不但不敢在公開或私下場所輕言毀謗，乃至能夠捨下面子跟隨眞善知識修學正法，如是不久必定可能實證第八識如來藏，發起般若總相智慧而得根本無分別智。

若如慧廣在《禪宗說生命圓滿》二〇四－二〇五頁公開的說：「所以，蕭平實先生毫無疑問是『常見外道』。有常見而又心外求法，便是標準的凡夫，如此，蕭氏自稱證到聖位，是大乘勝義僧，便是大妄語，後果堪憂。」

乃至於在同書二一二頁，將法義辨正說爲人身攻擊、毀謗，說之爲：「對人身的批評、攻擊，更是隨處可見，幾已流於情緒性的謾罵。更甚者，多處咒罵本人謗法，會墮入無間地獄；恐嚇本人會受無量地獄罪苦……。」

如是將正光對他所作的法義辨正，扭曲爲平實導師對他作人身攻擊，自己卻以各種化名而在網路上對 平實導師廣作人身攻擊，卻不思惟自己所造正是毀佛、謗法、謗勝義僧大惡業，已成地獄種性人，未來世將在地獄受無量苦。

二，煩惱漸漸淡薄。未明心之前，不知如何斷除煩惱或者只能以定力去降伏煩惱，無法眞正的斷除煩惱。於日後有機會得以參禪，才開始與無始無明相應，但仍無法斷除煩惱。直到發起一念相應慧——破參明心了，才得以斷除一念無明的見一處住地煩惱（亦名我見、見惑），不再以意識心爲我，也不再以色身及受想行陰爲我，故能斷除少分煩惱；同時也打破了無始無明。因爲我見已在明心見道時斷除，所以我見亦名爲見道所斷煩惱。明心時雖然得以斷除我見煩惱，但仍有一念無明的欲界愛、色界愛、無色界愛煩惱（以上三種煩惱名爲思惑，亦名我執）尚未斷除，須於歷緣對境中，對自己的貪瞋癡等煩惱障種子的現行及隨眠漸漸斷除。因此，我執亦名修所斷煩惱，是見道後所應斷除的煩惱；當有能力斷盡我執煩惱之現行，於己解脫道已究竟清淨成無學時，已離分段生死，但仍然有習氣種子隨眠、所知障隨眠未斷除。地上菩薩雖然有能力斷盡思惑，可是並不急著斷除究竟，而是會在無生法忍的道種智以及斷除習氣種子隨眠、所知障隨眠上努力用功，並且故意留一分思惑以潤未來世生，以便廣度有緣眾生進而成就佛道。然而，菩薩道學人明心前沒有能力斷煩惱，得在明心後才有能力斷除煩惱的現行、習氣種子的隨眠、所知障的隨眠；其原因主要在於明心後，七轉識觀察這個第八識本來無生、不在煩惱中，而是七轉識自己不斷的在相應種種煩惱。七轉識了知這個道理以後，轉依第八識的無生體性，得以在種種境界中，漸漸清淨自己的煩惱種子，汰換自己染污的種子；轉煩惱為菩提，漸漸地斷除種種煩惱的現行、習氣種子隨眠及所知障隨眠。並且，增益自己的差別智、道種智，乃至究竟清淨成就佛道。所以大乘法中，明心見道才是修道的開始，才有能力斷除煩惱少分，並使自己的煩惱漸漸淡薄，乃至究竟清淨。如果沒有明心見道，用定力僅能伏煩惱，無法眞正斷除煩惱。因此，建議慧廣應以證悟第八識如來藏為標的。待明心了，才有能力斷除煩惱、薄貪瞋癡，乃至究竟清淨；別再繼續沈迷於離念靈知意識心，因為意識是無常心，是有生有滅的法。

又我見及貪瞋癡止息乃是菩薩與聲聞皆應斷除的煩惱——斷見惑及思惑，也是菩薩與聲聞正覺共道。然雖如此，菩薩與聲聞正覺也有不共道的地方。其不共道有二：一者，聲聞人雖然能夠斷除煩惱障現行，窮盡一生可以成就解脫道極果，成俱解脫，隨時取證無餘涅槃，卻無法斷除煩惱障習氣種子隨眠及所知障無明隨眠。菩薩則不然，能夠與聲聞人同樣的斷除煩惱障現行，於三地滿心時即可以隨時取證無餘涅槃，但卻不急著取證，而故意留一分思惑潤未來生，努力在無生法忍上用功、努力去斷除煩惱障的習氣種子隨眠及所知障隨眠，窮盡三大阿僧祇劫成就佛菩提道極果——佛。

二者，聲聞人從五蘊、六入、十二處、十八界等空相觀察一切法虛妄，因而得證聲聞初果時，斷除我見及身見，不再以清清楚楚、明明白白、了了常知的意識心及處處作主的意根爲眞我，可是並未找到一切有情生命實相空性心。菩薩則不然，透過參禪方式，找到生命實相空性心，不僅斷除三縛結，而且也打破無始無明，發起大乘般若的智慧；並以此來反觀第八識所生的五蘊、六入、十二處、十八界空相都是虛妄不實，沒有眞實我，唯有第八識才是眞實我。

從菩薩與聲聞正覺共道及不共道當中可知，我見及貪瞋癡的止息，不過是斷除見惑及思惑，也就是斷除一念無明煩惱的現行，只不過是菩薩與聲聞正覺共道而已，尚未論及正覺不共道。從這裡可以了知，慧廣說：「修行要的水——貪瞋癡止息、生死輪迴止息」，僅論及聲聞之道而已，故慧廣所說純粹是聲聞人的心態，是心量狹隘的定性聲聞種性人，不是心大寬廣的菩薩種性人；又慧廣落入識陰我見中，連聲聞見道應斷的我見都斷不了，何況能談及聲聞修道位所證的貪瞋癡的止息？連自己推崇的聲聞道都不懂，這也難怪堅持離念靈知意識心爲眞心的慧廣，甫聽聞 平實導師甚深微妙究竟了義的大乘法，與自己的妄想不同，而無法信受，遂撰文公開毀謗，已成就毀謗大乘勝義僧的罪行，正是 佛說的可憐愍之人。

又慧廣提及三性三無性，正光就舉經文及譬喻來說明三自性及三無性的眞實義理，以免慧廣及其跟隨者，因爲誤解三自性及三無性，而廣造毀謗三寶之重罪。

《解深密經》卷二：「勝義生當知：我依三種無自性性密意，說言一切諸法皆無自性。所謂相無自性性、生無自性性、勝義無自性性。善男子！云何諸法相無自性性？謂諸法遍計所執相，何以故？此由假名安立爲相，非由自相安立爲相，是故說名相無自性性。云何諸法生無自性性？謂諸法依他起相，何以故？此由依他緣力故有，非自然有，是故說名生無自性性。云何諸法勝義無自性性？謂諸法由生無自性性故，說名無自性性，即緣生法，亦名勝義無自性性，何以故？於諸法中，若是清淨所緣境界，我顯示彼以爲勝義無自性性，依他起相非是清淨所緣境界，是故亦說名爲勝義無自性性。」

翻譯如下：「勝義生菩薩！你應該知道：我釋迦世尊依三種無自性的體性所含藏的密意，說一切諸法都是藉著種種助緣，由這個根本因第八識出生，都是因緣所生法，緣生緣滅，本身沒有自體性，也就是相無自性性、生無自性性、勝義無自性性。善男子！什麼是諸法相無自性性？即是對諸法相恆生一切不如理作意，產生了普遍的計度（即遍計執性），誤以爲這些生滅法中有一部分是眞實法，爲什麼這樣說呢？因爲這都是對第八識不如實知的緣故，不知種種法相是由第八識自己所生的六根及共業有情所感而變現的器世間外五塵相接觸，由第八識變現內六塵相分，再由七轉識對這些內六塵相分起了種種不如理作意分別而產生種種的執著。這種執著，是不如實了知一切法都是由第八識所變現，再由七轉識對一切法產生普遍的計度（不是指第八識空性心自己），所以說相無自性性。什麼是生無自性性？即諸法相是依如來藏因與種種緣而出生，乃是由如來藏心藉著六根、六塵、觸三和合而有，爲什麼這樣說呢？因爲諸法都是六根、六塵相接觸後，六識就從如來藏心中流注而出現了；有了六識，就能了知一切諸法內容而安立名言。這些名言都是人爲所施設，假名而有，不是第八識空性心本身，所以說生無自性性。什麼是諸法勝義無自性性？即諸法都是六根、六塵、觸心所三和合，由第八識變現帶質境的內相分，與外境非一非異，何以故？外色塵是色法，內色塵相分是心法，非一故；此帶質境內相分與外色塵相分一模一樣，無二無別，非異故。這個能夠圓滿成就及顯現與外境非一非異的勝義性，是依根、塵、觸而顯示出來的，所以這個勝義並無自性性，是依他而有，因此說勝義沒有自體性，都是因緣所生的法，所以說勝義無自性性。為什麼這樣說呢？因為諸法相都是從這個第八識因，藉著種種緣而生，為空相所攝，並不是第八識空性心自己啊！因為這個緣故，所以說勝義無自性性。」

從上面經文及直譯中得知，依蘊處界而說有三自性，簡稱遍計執性、依他起性、圓成實性，亦即相無自性性、生無自性性、勝義無自性性。菩薩於依他起性的蘊處界中，如實現觀蘊處界及其所生的一切法，悉依不生不滅的空性心，藉著種種的助因與藉緣而出生，故虛幻不實，沒有可以自己獨自存在的體性。以此現觀的緣故，證得遍計執性及依他起性所依的圓成實性——人、法二空所顯眞如。然而，就第八識空性心而言、就第八識所處的涅槃境界而言，根本就沒有所謂三自性的存在，所以三自性是以第八識心體為根本因，藉著種種緣，再由第八識心體出生或顯示，都是因緣所生法，本身是虛妄的，而第八識心中從來都沒有三自性可說；也就是說，第八識實相心自住境界中，並沒有三自性可說；是在第八識出生名色以後，顯示了依他起性及遍計執性時，由實證法界實相智慧的菩薩現觀了第八識的圓成實性，才說這個圓成實性是勝義諦；而這個勝義諦卻是必須假借如來藏及其所生的名色與前二個自性，才能顯示出來；若離名色及前二自性，只有如來藏單獨存在時，就無這個勝義可說了，由此緣故而說勝義無自性的體性；也因此緣故而說三自性爲「三性三無性」。

這個道理就像空性心如來藏與空相蘊處界的關係一樣：空性心所生種種蘊處界空相，雖然不斷的在空性心表面運作，顯現生滅不斷的現象，故言蘊處界虛妄；可是這個貫穿三世的空性心，得以讓世世的蘊處界不斷的生起、不斷的運作、不斷的壞滅；滅已又生，不斷的生滅，恆常不斷；所以是常住的空性心與生滅的蘊處界空相同時同處，是眞妄和合運作而顯示出來的。所以，不能外於不生滅的第八識空性心，而有生滅不斷的蘊處界空相。

同樣的道理，三自性與三無性的關係，是爲諸已證八識心王三自性的人，爲了使他們能實證有餘涅槃、無餘涅槃，使能永伏性障如阿羅漢，然後轉依菩薩道而進入諸地廣修菩薩行，故云三無性；乃依藏識自住境界而說，非無三自性常住於一切凡夫有情中也（然此只有深悟菩薩方能了知，並非初悟菩薩所能了知）。若無三自性，則無依他起性；無依他起性，則無蘊處界，意識覺知心亦無，是誰能修證八識心王而證知三無性？若無遍計執性，尚無無明及業愛種子，則無此世身心，是誰能修證三無性？若無圓成實性，則無依他起性、遍計執性，尚無此世蘊處界，誰能夠於依他起性上修除遍計執性而成就解脫果？若無第八識的圓成實性，尚不能有三界有情身心，是誰能夠修學般若及唯識種智而成就佛菩提果？故唯有已經親證如來藏而能現觀三自性的菩薩，佛才會為他們咐囑「三性三無性」；未實證如來藏者即無可能了知三自性，不能了知三自性者即無可能了知三無性；是故慧廣應先求證第八識如來藏心，證得如來藏心已，更當努力求證三自性，證已方知末學上來所註解的第八識三無性之眞實義理，方能了知三無性，此即《成唯識論》卷九所說：「**三頌總顯諸契經中，說無性言非極了義；諸有智者不應依之，總撥諸法都無自性。**」慧廣極力否定第八識，顯然尚未證得第八識，尚無法現觀第八識的圓成實性，何況能現觀八識心王的三自性？卻奢言三無性，當然會成為戲論之說，徒然貽笑大方，對自己絕無實質利益可說。

因此說，欲證三無性者，必須先證三自性；欲證三自性者必須先求證第八識如來藏，不得否定自心藏識——第八識，第八識自心藏識即是三自性中之圓成實性故；證得如來藏的圓成實性時，才能自己證實識陰等法都是依他起性的虛妄法，才能證實自己處處作主的意根只是在依他起的識陰等法中普遍計度而產生了執著，如此才能證實三自性的確實存在；但是三自性卻都是從親證如來藏，現觀如來藏的圓成實性才能漸次了知的，此即《楞伽阿跋多羅寶經》卷一所說正理：「**云何成自性（圓成實性）？謂離名相事相妄想，聖智所得及自覺聖智趣所行境界，是名成自性如來藏心。**」

反觀慧廣所說，都是對經文誤解以後所說的邪見，證明他完全不懂三自性、三無性，也不懂得其中的圓成實性，何以故？因爲慧廣外於空性心第八識，否定空性心如來藏的眞實有，純以意識等六識而說三自性、三無性、圓成實性故，已成爲牛頭逗馬嘴的笑話。因此，先有對如來藏的圓成實性眞實存在的承認，才能死心踏地參禪而實證如來藏；先已實證了如來藏，才能現觀意識確實是從如來藏中藉六根六塵爲緣而出生的，才有對意識等識陰的依他起性能如實知；有了對意識的依他起性如實知，才有對意根的遍計執性能眞實證解的智慧，這些都是從如來藏的圓成實性中出生或顯示出來的，故三自性是依如來藏的圓成實性而施設的。然而慧廣卻極力否定圓成實性所依的如來藏心的存在，像這樣外於不生不滅的第八識心，執取生滅的離念靈知意識心而解說如來藏心的三自性、三無性以及圓成實性，本身即不如法，有何資格評論他人懂或不懂三自性、三無性及圓成實性？因此緣故，說慧廣根本不懂佛法也！所作的評論即如同三歲小兒妄評大學教授一般的可笑。

最後，針對這幾章作個總結：這個阿賴耶識—第八識如來藏—就是因地的眞心，也是未來果地的無垢識。因此，阿羅漢精進斷除了煩惱障的種子現行（菩薩亦斷習氣種子隨眠），將阿賴耶識的阿賴耶性（能藏、所藏、執藏的體性）捨清淨了，斷除分段生死，而滅掉阿賴耶識之名稱，唯留異熟識名稱，只改其名不改其體，仍是同一心體——第八識；待斷盡了異熟識的煩惱障習氣種子隨眠及所知障隨眠，改異熟識名爲無垢識，也是只改其名不改其體，仍是同一心體第八識。既然這個心體就是未來佛地的常住心無垢識，所以這個阿賴耶識（第八識如來藏）就是佛所說的眞心，也是眞悟的禪宗祖師所悟的心體，故知祂絕不是慧廣所說的妄心、妄識。所以 大慧宗杲禪師云：「到這裡，打失布袋，湛堂爲我說底方便，忽然現前；方知眞善知識不欺我，眞箇是金剛圈，須是藏識明，方能透得。」（《大慧普覺禪師

語錄》卷十五）

假使能出生慧廣所「悟」的離念靈知意識心的第八識如來藏——禪宗證悟祖師所悟的第八識阿賴耶識，慧廣可以說爲妄心、妄識，那麼慧廣所「悟」的離念靈知意識心，正是被第八識如來藏「妄心」所出生的，又該說是眞心或妄心呢？慧廣對自己這一嚴重的矛盾，卻是尚未想到而不能及早考慮自己文章中的大過失，怎能說是有智慧的人呢？

又如《佛祖綱目》卷四十一載云：【燈祝曰：「色身無常，早求證悟。時至，吾將行矣！」侍者執紙求偈，燈曰：「終不無偈便未可死耶？」侍者請益堅，乃書曰：「生滅與去來，本是**如來藏**；拶倒五須彌，廓然無背向。」投筆端坐而逝。火化，異香襲人，舍利不可勝計。】

亦如《圓悟佛果禪師語錄》卷四：「群靈一源假名爲佛，體竭形消而不滅，金流朴散而常存；於一現一切而普該，於一切現一而無剎不遍；同古同今契物契我，正體一如非生非滅。所以道：『生滅去來，本**如來藏妙真如性**。』夫如是，則生未嘗生，滅未嘗滅，去未嘗去，來未嘗來，都盧是箇**如來藏體**，**真如**正性。敢問提舉中奉，即今在什麼處？還委悉麼？無生無住著，處處是全身。」

三如《宏智禪師廣錄》卷二：【舉魯祖問南泉：「摩尼珠，人不識，如來藏裡親收得。如何是藏？」泉云：「王老師與爾往來者是。」祖云：「不往來者？」泉云：「亦是藏。」祖云：「如何是珠？」泉召云：「師祖！」祖應諾，泉云：「去！汝不會我語。」頌曰：別是非，明得喪；應之心，指諸掌。往來不往來，只者俱是藏。輪王賞之有功，黃帝得之罔象。轉樞機，能伎倆，明眼衲僧無鹵莽。】

亦如《宏智禪師廣錄》卷四記載，天童宏智禪師：【持鉢歸，上堂：「生滅去來，本如來藏；清淨妙明，虛融通暢。六門我，絕攀緣；三界渠，無身相。無生路上底人，識取萬迴和尚。參！」】

《宗鏡錄》卷四，永明延壽禪師說：「然第八識無別自體，但是真心；以不覺故，與諸妄想有和合不和合義。和合義者能含染淨，目爲藏識；不和合者體常不變，目爲真如，都是如來藏。故《楞伽經》云：『寂滅者，名爲一心。一心者，即如來藏。』如來藏亦是在纏法身。」

此如來藏，在楞伽中的聖教開示：「此阿梨耶識名如來藏，與無明七識俱。」明說阿賴耶識心體就是如來藏，是與意根及識陰六識同時在一起的；而上面稍微例舉的禪宗眞悟祖師之開示，也都說**禪宗證悟的標的就是第八識如來藏**，又說是

眞心。慧廣自稱懂禪、悟禪，也常常教禪而爲人主持禪七，而以證悟者自居；若眞是證悟者，就應該已經證得第八識如來藏；不料卻會信受印順的六識論邪見，落在意識心境界中；顯見他尚未證得祖宗禪師所證的第八識眞心如來藏，顯然是誤會禪宗、誤會佛菩提的凡夫；因爲意識心是常見外道、佛門凡夫所墮的生滅境界法故，而慧廣正好是落在意識心中的凡夫，未斷我見而與常見外道合流。

然而菩薩證悟第八識後，依第八識的立場而言，根本沒有所謂的四相（我相、人相、眾生相、壽者相）存在，因此心中沒有慢、過慢、慢過慢、增上慢；唯有未悟而不能直心的人，反謂菩薩心中有慢。正如慧廣一樣，不能安忍被人揭穿假冒證悟者的身分（其實是他自己心虛而對號入座來批判別人，才會被人回應評論而洩露他錯悟的底細），然後開始在網路上以化名極力毀謗 平實導師。但在慧廣化名毀謗 平實導師以前，平實導師從來不曾主動指出慧廣所說之法義有誤；而慧廣只因爲 平實導師所著書中的法義已顯示一切錯悟者（慧廣只是其中之一）所「悟」的離念靈知是意識、是妄心、是生滅法，所以慧廣不能安忍於名聞利養漸漸流失，屢次以化名質疑，都被正光及諸同修們所破，無力提出其法正確之辯證，即開始採取人身攻擊，反說 平實導師及正光心存我慢、傲慢，乃至說之爲「**飛揚跋扈，超出正常人應有的心態」；作出這些無根毀謗以後，已成就謗法、謗賢聖之重罪，而使他自己種下難以善了的不可愛異熟果報。

慧廣的所「悟」是意識心，這是因爲信奉印順派的六識論以後的必然落處——意識是識陰所有諸心的最終心。但是慧廣應該想到的一點—很重要的一點—那就是：意識是由如來藏藉六根、六塵爲緣而出生的，而根與塵也都是由如來藏出生；意識不但無法出生根塵，反而是要由根塵爲緣才能出生的。意識既是藉根與塵爲緣才能從如來藏中出生，而意識出生必須依止的根與塵也和意識一樣是從如來藏中出生的；那麼慧廣所「悟」的意識若是眞心，則意識所依的根、塵、如來藏，更有資格說是眞心。若如來藏及意識都是眞心，慧廣何須妄評實證如來藏的平實導師未悟？若如來藏及意識都是妄心，那麼慧廣同樣是錯悟者，也沒有資格來評論別人錯悟。若意識是從如來藏中出生的，而且也找不到任何一法可以出生如來藏，當然如來藏才是最終心、究竟心，當然是眞心；而慧廣以所生的意識認定爲常住不壞的眞心，顯然是錯悟；更無資格評論已斷我見、已證得第八識如來藏者是否有悟。所以慧廣妄評別人，眞是不自量力的作法，最後終究會招來別人依法辨正，所說都屬徒然，無法挽回自己的名聞與利養；並且是促使更多人經由辨正而了知慧廣的落處與錯悟，故慧廣妄評別人，依世俗法而言，並非有智之行爲。

因此，正光才會特地在這裡舉出眞悟禪師們一小部分的開示，證明禪宗證悟的唯一標的就是第八識如來藏，期望能攝受慧廣回歸禪門正道，早日懺悔滅罪，以免後報。在此建議慧廣，趕快拋棄「阿賴耶識是妄心、妄識」之大邪見，努力尋找自己身中本來離見聞覺知的阿賴耶識心體；一旦找到這第八識如來藏，才會眞的知道平實導師所說都是眞實語、不誑語，完全符合經典所說。若不拋棄「阿賴耶識是妄心、妄識」之大邪見，仍執「阿賴耶識是妄心、妄識」的邪見，仍堅執離念靈知意識心是眞心，則永遠不脫禪宗祖師所說「光影門頭認識神」、「鬼窟裡作活計」、「冷水泡石頭」……的常見外道無明；就算能無量世生死中努力精進的修行，依舊是博地凡夫一個，仍將流轉於三界生死輪迴不得出離；而今時未得言得，未證言證，已犯下大妄語業，未來將受長劫尤重純苦之果報，誠是可憐憫之人！

六、宗門與教下

慧廣云：

禪宗號稱「不立文字，教外別傳」，自然有它的道理。因爲，一切佛教經典所談大多屬方便對治，所謂衆生有八萬四千煩惱，佛乃開演八萬四千法門以對治。禪宗則直指眞心本性無妄，煩惱皆由不明實相而產生，若明此眞心本性無妄之實相，煩惱當下息。所以，永嘉大師《證道歌》說：「不除妄想不求眞；五陰浮雲空去來；三毒水泡虛出沒」。由此而顯出「直指人心，見性成佛」的頓悟法門，有別於教下各法門的漸修而悟。

所以，講說禪宗，必須依止禪宗祖師的開示，如果依教下經典來說禪宗，會把禪宗說的三不像而不知。例如：唯識經典是講求漸修的，以漸修來說頓悟的禪宗，不知道要如何來說起！這也就是蕭團體多年來一直獨豎一格[81]，不能與佛門中人溝通、交流所在。

爲了讓有志於禪宗法門之人，能夠正確認識禪法，文後我會列出禪宗祖師的一些開示典籍，名：「修學禪宗必看典籍」。有心修學禪宗之人，務必找個時間多少看看。相信今人不如相信祖師，有心人可以找尋來閱讀，就知蕭團體所說禪，是否符合禪宗正見？可免受其所惑，斷害慧命而不知；也希望蕭團體中人，能幡

[81] 編案：慧廣引用成語，但用字錯誤，應爲「獨樹一格」。

然醒悟，改過自新猶未晚。

正光辨正如下：慧廣不懂禪，不懂經論，自以爲悟，竟以未悟之凡夫本質，想要來指導眞悟者隨其回墮生滅的意識境界中；並指責遠離意識境界的證悟者有慢，除顯示其正是慢過慢與增上慢之人，亦令有智之人感到可笑。因爲，只有落在意識境界的人才會有慢，意識才會與慢相應故；出生意識的第八識如來藏是眞心，是離六塵的，從不與慢相應；證悟菩薩轉依離六塵的第八識以後，當然是不會與慢相應的。只有落在意識境界中的慧廣才會有慢，而慧廣對此是完全不懂的，所以才會以具足我見的未悟凡夫身，在慢心運作之下寫文章來「指導」眞實證悟者，可見慧廣是多麼無知與傲慢了！

《楞伽阿跋多羅寶經》卷三：【「三世如來有二種法通，謂說通及自宗通。說通者，謂隨衆生心之所應，爲說種種衆具契經，是名說通。自宗通者，謂修行者離自心現種種妄想，謂不墮一異、俱不俱品，超度一切心、意、意識，自覺聖境界，離因成見相。一切外道聲聞緣覺墮二邊者所不能知，我說是名自宗通法。大慧！是名自宗通及說通相，汝及餘菩薩摩訶薩應當修學。」爾時世尊欲重宣此義而說偈言：「我謂二種通：宗通及言說。說者授童蒙，宗爲修行者。」】

語譯如下：【「一切過去、現在、未來諸佛，皆悉成就二種法的通達，所謂說通（說法的通達）及自宗通（宗門的通達）。說通者，乃是佛隨眾生種種相應的心，而為之說種種相契的法。自宗通者，乃是能夠遠離自心（第八識——如來藏、阿賴耶識）所現正理而生之種種虛妄想；不墮一異、俱不俱、有無、常無常四句中。又修行者所證悟的空性心，超越而度過一切眾生心、意根、意識等妄想境界，而他自己覺悟所證的境界是離開因成見之虛妄想（對一切法的根本因—第八識阿賴耶識—未曾了知、未曾親證而作種種虛妄想），不是一切外道、聲聞、緣覺等墮於二邊的人所能了知的智慧境界，這個法就是我釋迦牟尼佛所說的自宗通的法。大慧菩薩！這二種自宗通及說通的法相，是汝及其餘大菩薩們應該要努力修學的法門。」這個時候，釋迦世尊想要再一次宣示此中的眞實義理，而說偈言：「所謂二種法的通達，就是宗門通達及言說通達，所謂言說通達乃是為了接引及度化初機的人聞思修證佛法（猶如古時私塾的老師為諸學童教授三字經等），藉以啓發佛法中的童蒙，建立正確的佛法知見，為未來證悟作準備，乃至證悟以後，能夠以自己所證悟的心，地地增上，於三大阿僧祇劫後成就佛道；所謂宗門通達乃是為佛門修行人演說第一義諦，得以證悟法界實相心，親得般若智慧，乃至未來可以成就佛菩提

果。」】

從上面 釋迦世尊的開示可知，所謂說通者，即是 釋迦世尊說出來的法教，也就是教下的三藏十二部經；所謂宗通者，即是證悟自心第八識如來藏而能於法通達。佛說：證悟眞心如來藏者才會有宗通，有宗通的人所說的法義結集起來成爲經典、論典，也就是說通的人，所說的都是宗通證悟的眞心內容。換句話說，宗通與說通的標的，都是同一眞心如來藏。如今 釋迦世尊在經中說大乘菩薩證悟的眞心是第八識如來藏，中國禪宗初祖 達摩大師也以《楞伽經》所說的如來藏來爲二祖印證；慧廣卻偏要以意識離念靈知妄心，作爲禪宗證悟的眞心，眞不知他究竟信不信 佛陀的法教？信不信 達摩大師、二祖慧可……一脈相傳下來的禪門宗旨？

又禪宗號稱「不立文字、教外別傳」，是指禪宗證悟祖師站在眞心如來藏的立場，來詮釋這個眞心如來藏的眞實境界——絕諸思議、言語道斷、心行處滅，故說「不立文字」，與慧廣所「悟」的離念靈知意識心大不相同。離念靈知的意識心一向都與名言相應，就算修定有成而不與表義名言相應，仍一定會與顯境名言相應，故一向是與思議相應、言語道在、心行常現的。慧廣的離念靈知心只是意識，從來不曾離開顯境名言；就算能偶爾稍離表義名言，也都維持不久，隨即再墮表義名言中；不能如本會初學而未悟之參禪者，一直都能處於離表義名言境界中來參禪覓心。這是慧廣從來都作不到的功夫，也遠超過慧廣的離念靈知境界。本會參禪者雖已具有如是參禪功夫，遠超慧廣短暫的離念靈知境界，但仍不許自稱爲悟；因爲百尺竿頭，還得向上一路，才能觸證如來藏；並且悟後還要通透了，才能被勘驗爲悟。故說慧廣是以自身極粗淺的意識境界，來評判他所不知、不證的如來藏深妙境界，只能說他是「**眼光短淺如井蛙**」。

又禪宗證悟自心如來的宗通法門，有別於說通的經教法門，是由 釋迦世尊當眾別傳給迦葉菩薩，後轉傳給阿難尊者，再次第輾轉傳到東土；不是經由讀誦經教而悟，故說之爲「教外別傳」。禪宗雖然號稱不立文字，然而必須與經教中所說之第一義諦法契合，故以《楞伽經》爲主要印證經典[82]，這是禪宗印證所悟的歷史事實；而不立文字的中國禪宗，所遺留下來用以詮釋眞心如來藏的典籍，卻遠遠超過其他佛教宗派。反觀慧廣根本不懂得「不立文字、教外別傳」眞正的內涵，遂有如此荒謬的說法：

82 編案：《楞伽經》所說一切法義都在闡揚如來藏阿賴耶識妙法，並說這就是菩薩藏。

【爲什麼要「不立文字」？文字一立，能所即現，分別妄想隨即而生，此即妄心。禪宗修行直探心源，不立階梯，所以要「不立文字」。同時，禪宗開悟的內容，是不能以文字語言傳述的，只能以心傳心，以此而說不立文字。

爲什麼要「教外別傳」？禪宗心法既然是不立文字，它的傳承也就不能依靠文字，所以它捨棄了佛法教說，不依經典修行，不修觀，不修止亦不觀心。六祖說：「唯論見性，不論禪定解脫」。（六祖壇經行由品）】（《禪宗說生命圓滿》四十七頁）

爲什麼說慧廣的說法非常荒謬、不如法呢？解釋如下：

一者，雖然禪宗以心印心，然有情之根性不一，因此所用的方法各有不同，此即四悉檀的爲人悉檀。譬如上上根器的人，透過緘默的方式就可以讓人親證生命實相心，如《無門關》卷一，外道問佛的公案：「世尊因外道問：『不問有言，不問無言。』世尊據座，外道贊歎云：『世尊大慈大悲，開我迷雲，令我得入。』乃具禮而去。阿難尋（隨即）問佛：『外道有何所證，贊歎而去？』世尊云：『如世良馬，見鞭影而行。』」如果慧廣眞的是證悟底人，對此公案的內容應該很清楚了知，釋迦世尊到底在說什麼？如果以離念靈知心來解釋這個公案，保證慧廣會解釋得不倫不類、荒誕不經，不免令有智之人私下哂笑。

又譬如一般根器者，則由善知識透過文字言語、機鋒等來直接顯示眞心實際理地，得以親證生命實相心，如《景德傳燈錄》、《五燈會元》、《指月錄》、《續指月錄》……等所記載眞悟者的公案。既然可以透過文字語言、機鋒來表達眞心義理，可以讓人親證；乃至證悟以後，可以透過文字言語、機鋒等來詮釋眞心的內涵，讓未來的學人可以親證實相，爲什麼慧廣卻反其道而說：「**禪宗開悟的內容，是不能以文字語言傳述的，只能以心傳心，以此而說不立文字。**」果眞如此，《楞伽經》中佛講的「宗通」與「說通」二門中的「說通」也就不必要了，大乘三藏十二部經典也都可以廢棄了！因爲 釋迦世尊依「自宗通」而說出來的就是經典，能夠這樣宣講就是「說通」，而「說通」講的正是「自宗通」所悟的眞實心；既然「說通」所成就的經典是在講「自宗通」所悟的清淨本心，怎會與宗通無關？怎會是無法講得出自宗通所悟的內涵？果眞如同慧廣所說是無法講得出來的，那麼依慧廣的意思就成爲：「**佛陀所說的三藏十二部經都是無意義之戲論。**」理必如是。不知慧廣對自己這個過失有什麼辯解之詞，能公開寫出來與佛門四眾分享？看來只能顧左右而言他，另外再闢新題目、再開新戰場，繼續迴避無法回答他人質問的窘境，以不斷的另立新題而無窮無盡的轉移焦點，來挽回自己的顏面；但是這樣無止盡的繼續下去，最後終究只會漸漸變成路人皆知的狀況，更加無法挽回顏面。正光只能這樣說：慧廣眞的不是有智慧的人。

故知慧廣這個說法，與親證生命實相心的人所知所見完全顚倒，何以故？從親證實相立場來看，本心無形無相、離見聞覺知、清淨無爲，如何有文字語言相？但卻必須透過祂所生的蘊處界之文字語言相才能熏習正知正見，必須透過顯境名言與表義名言共同配合運作，才能爲證悟者所親證，才能由證悟者爲未悟者開示及引導。因此，證悟者爲了讓有情能夠親證生命實相，何妨透過蘊處界所衍生的文字語言來詮釋，又何妨透過五陰輾轉出生的文字語言來直指人心，得以讓人親證。如果，慧廣的說法能夠成立的話，慧廣又何必勞心勞力著作多達十六本想要來解釋眞心呢？[83]因爲他自己說無法以語言文字來說明，而且他所指陳的眞心仍只是意識妄心，尚且要用到十六本著作來說明，何況是眞心如來藏的深妙遠超眾生所知的意識心？更需有極多的著作來說明。但慧廣卻說不能用語言文字來說明，這是不是也意味著慧廣十六本著作都是多餘的？看來慧廣正是自己掌嘴以後仍不

83編案：事實上慧廣並不懂眞心，他說的所謂「眞心」是誤會了的「眞心」，是指鹿爲馬、張冠李戴的所謂「眞心—意識」，都只是戲論、虛妄想像的，根本不是佛所指說的眞心。

知道痛癢的麻木者了！

然而 佛為何要宣說那麼多的經教？都是因為不可以為眾生明說此心密意，只能旁敲側擊、烘雲托月，使有緣者方得悟入；不會勉強使因緣未熟者得知密意，以免明聞密意時不能發起智慧而不信受，導致如同慧廣一樣的謗法，招得未來無量世的惡果。所以，眞心如來藏本身雖離語言相、離眾生意識心的行相，但是當意識心證得眞心時，卻是可以用語言文字為人講出來的；在講出來時，說者與聽者的眞心仍然是離語言相及意識心行相的。慧廣錯在以意識心自己來悟得意識心自己，想要以經中所說眞心的自性套在意識心自己身上，誤以為意識心離念時就是開悟，所以才會將意識離念境界當作是開悟的境界，嚴重誤會佛法般若正義；在慧廣寫文章評論如來藏為妄心之時，已公開的顯示慧廣是未斷我見的凡夫，使更多世人知道他落在意識中，與常見外道完全相同。

二者，既然是自己在參禪過程中，由於一念相應慧而找到眞心，是自己眞實經歷的經驗，當然可以把自己參禪的正知見、方向、過程、應注意事項、證悟的標的，以及證悟後之修行次第等等，用文字語言傳述下來，讓後來學子了知其中義理，得以建立正知見去尋覓及證悟第八識；證已，方知眞的有明心及見性之法，眞的可以親證第八識，眞的如經中所說：祂從來離見聞覺知、從來不作主。譬如：在正覺同修會共修二年半，期間由親教師傳授正確的佛法知見、學人自己努力培植定力增上及福德的增長，因緣具足得以參加禪三，在善知識的引導下，於觸證眞心如來藏時，能在主法和尚面前口說及手呈，將其證悟後的見地說出。這也就是說，於證悟後可以透過文字語言將眞心的實際理地說出，可以讓善知識勘驗，並且可以完全與經典相印證，故心得決定而不退轉。

這時證悟的人會發現：這個眞心雖然離文字語言相，卻不妨用此眞心所生的五蘊輾轉出生的文字語言，乃至以緘默來描述眞心的實際理地，都可以讓別別證悟者心領神會及意通，毫無障礙又不落二邊。所以，開悟是能以語言文字乃至不用語言文字都可以說得出來的；但當用語言文字說出眞心之所在時，眞心卻仍然繼續住於離語言文字、心行處滅的無境界境界中。這才是眞悟者應有的見地，不該如慧廣一般，妄想將意識鍛鍊成離語言文字就能變成眞心、就以為是滅除了意識心行；而且意識是永無可能變成不與語言文字相應的心，只能在定中的短時間與語言不相應，比起如來藏自無始劫來都不與語言相應，根本無法相提並論。既有語言文字，就是有意識的心行；縱使能離語言相，住在離念之中，也仍然不離意識心行；要知道妄心意識是永遠都不可能滅除心行的，意識存在的本身即是意行；除非意識願意將自己永遠斷滅，並能說服末那識接受，在捨報後也不再現起，成爲無餘涅槃。故說慧廣以意識作爲證悟的標的，是完全悖離禪宗正見及佛法正理的，也是公開顯示他落在意識而未斷常見、我見的事實。

三者，既然如同禪宗眞悟祖師的對答與開示一般，如來藏確實可以用文字語言來描述，當然不會如慧廣所說「是不能以文字語言傳述的」。然而正光這樣的說法，錯「悟」的慧廣不服，故意舉出《五燈會元》卷十三溈山靈祐禪師：「父母所生口，終不爲子說。」又舉《瑜伽師地論》卷五一 彌勒菩薩說阿賴耶識是「佛世尊最深密記，是故不說」，想要證明自己是對的。可是慧廣卻不知道 彌勒菩薩及溈山靈祐禪師這幾句話中，其實都已經分明指出眞心所在了，只是慧廣自己不懂。何以故？因爲 彌勒菩薩及溈山靈祐禪師都不敢將眞心的密意明白說出，而是以弦外之音的方式說出了，並不是說不出來。因爲要證得這個第八識心眞的很不容易，需要定力、慧力、福德具足後，才有機會親證；待親證後，就能發現這個心在蘊處界中不斷運作、分明顯現，非常平實、非常直心。慧廣只因祂太近了而沒有發現，故曰「日用而不知」。若非無始劫以來所累積的福德，得以值遇善知識及熏習佛法正知見、努力護持正法、發起五善根，不疑眞善知識所說，如何能有一念相應慧的親證而勇於承擔呢？而且，在溈山禪師及 彌勒菩薩所說的這四句話中，也已顯示是可以用語言說得出來的；只是爲了保護密意，所以不爲悟緣未熟的人明說。慧廣舉出這四句聖教，只能證明他自己不懂表義名言，證明他自己的說法錯了。

待學人找到如來藏心，並且能勇於承擔後發現：不僅可以看見自他有情眞心的運作，而且在讀經典時也會發現經典都已經明白告訴我們了，無有絲毫隱瞞。何以故？經中所說的都是在談自心如來藏故，自宗通所證的心能夠與經典相印證故。所以，彌勒菩薩、溈山靈祐禪師不是無法說出眞心，只因爲太現成、太親切了，不能明說（但卻已不說而說了），以免眾生在福德、定力、慧力不具足下，不能承擔而產生懷疑、毀謗，而造下謗法的地獄業。因此，一切弘揚大乘法的菩薩們，都是隱覆密意如理、如法而說，而不是說不出來。如果眞的如慧廣所說，不能用文字語言傳述的話，世尊也不必辛苦到娑婆世界來說法四十九年，處處開佛知見、示佛知見，而令眾生悟佛知見、入佛知見了；也不需要禪宗證悟祖師爲我們留下那麼多公案，處處爲我們指陳眞心所在。所以說：慧廣！您其實不懂禪，您眞的不懂禪宗。

可是這麼現成、親切的「答案」，如果不是自己定力、慧力的增長、努力為眾生無怨無悔的付出，不斷的修集見道的福德資糧，云何能夠明心證眞？乃至能夠眼見佛性？所以黃蘗禪師說得好：「**塵勞迥脫事非常，緊把繩頭做一場；不是一番寒徹骨，爭得梅花撲鼻香。**」（《黃蘗斷際禪師宛陵錄》），唯有經過一番如喪考妣的參究，於觸證第八識時，心得決定、毫不懷疑而勇於承擔，才能發起般若實相智慧。不想親歷參究過程的淬鍊，只想善知識明白告知「明心、見性」的密意，反而會導致智慧無法生起，生起退轉之心，乃至後來毀謗正法的大惡業。因此，正光建議那些不願努力付出，卻私下探求明心乃至眼見佛性密意的人（如慧廣等人），先停止謗法的惡行，否定離念靈知意識心為常住心，觀察確認祂的虛妄；並且要在護持正法、修除性障轉為直心，而親隨眞善知識，在建立正見上面用心，然後鍛鍊參禪功夫，親自參究，才有可能一念相應而親證如來藏，現觀祂的眞如法性而證眞如，發起般若實相智慧。從此以後，世人及諸阿羅漢都不能對你有所評論。這才是慧廣其人所應為的有智之事。名聞、利養終究帶不走，只有一世，貪之何用？

四者，佛門祖師有一句話：「宗不離教，教不離宗。」教下經典乃是　釋迦世尊證悟宗門之後，將宗門證悟的內涵透過文字語言分明舉示，然後再由後人記載下來，印製成書加以流通的。所以宗門之修證，要以教下經典來印證，不可稍離教門而言已經通宗；若稍離教下聖言量，而言已經通宗門者，若不是狂禪之輩，就是魔眷屬。既然禪宗是　世尊法脈一支，禪宗證悟第八識當然不能離開教下經典第一義諦；如果背離教下經典，是爲魔說。此即禪門所說正理：「依經解義，三世佛冤；離經一字，即同魔說。」（《續傳燈錄》卷二十八）

反觀慧廣說法完全不如法，是爲魔說。何以故？因爲慧廣曾云：「爲什麼要『教外別傳』？禪宗心法既然不立文字，它的傳承也不能依靠文字，所以它捨棄了佛教說法，不依經典的修行，不修觀，不修止亦不觀心。」如果慧廣的說法能夠成立，是不是意味著：世尊教下開示的實相心是另一個眞心，而禪宗門下開示的實相心是有別於教下的另一個實相心？成爲二個實相心，而且這二個實相心互不相干，所以能夠「不依經典的修行」？基於此，正光提問如下，有請慧廣回答：

世尊在經典中都開示只有一個實相心，慧廣言外之意卻是有二個實相心，是否違背　世尊聖教？有請慧廣回答。（慧廣一聞，只得口掛壁上，根本無法回答也！因爲慧廣認爲宗門與教下毫不相干，宗門所證與教下所言的眞心各不相同，故是有二個實相心，與世尊開示只有一個實相心的聖教相違背。因此，慧廣不論答或不答，都無法面對違背佛說的窘境，都無法自圓其說。）

就算眞的有二個實相心[84]，不知慧廣你所悟的實相心究竟是哪一個？如果慧廣說所悟的是宗門的實相心，與教下的實相心不同，即是說外於教門而另外有一個宗門所悟的實相心，祂與教下所言的實相心不相干，那麼所有教典當然都可以廢棄了，只要留下慧廣弘揚的「宗門」就夠了。這樣的說法，不正是魔說嗎？既然是魔說，又如何證成自己的說法是正確的？當然不能以其錯誤的說法來評論完全符合佛說的 平實導師說法。如果慧廣所悟的是教下的實相心，而慧廣自稱是禪宗開悟的聖者，是依宗門而證得實相心，卻說自己所悟是教下的實相心；這樣的說法又成爲張冠李戴，完全不是如實語。像這樣前後自相顚倒的不如實說法，竟出於自詡弘揚禪宗，自稱佛法修證很高而證悟了，其實根本不懂禪宗的慧廣嘴裡，讓人覺得慧廣太離譜、也太大膽了！所以宗門不能離開教下，教下不能離開宗門，

[84] 正光案：其實根本不能有二個實相心，只能有一個實相心，這裡姑且依慧廣所說**假設**有二個實相心。

二者所說的心都是在指陳同一個心——第八阿賴耶識如來藏，不是有二個實相心。故說慧廣主張宗門所悟與教下所悟不同，是錯「悟」的知見所產生的邪見。

又慧廣曾云：「講說禪宗，必須依止禪宗祖師的開示，如果依教下經典來說禪宗，會把禪宗說的三不像而不知。例如：唯識經典是講求漸修的，以漸修來說頓悟的禪宗，不知道要如何來說起！」慧廣這個說法，顯然是認爲：禪宗祖師都是一悟便成就佛果了。但是，這樣的認知會有如下的過失：

一者，禪宗是 世尊法脈的一支，所以禪宗祖師頓悟的心，當然要以經典爲依止，並輔之以眞正禪宗證悟祖師的開示，來簡擇自己所悟的心符不符合 世尊的開示？符不符合證悟祖師的開示？應該兼攝雙驗，不可如慧廣所說，完全依止禪宗祖師開示；如果只依禪宗祖師的開示，不依教下經典簡擇，很容易走上歧路，成了狂禪之輩或魔的眷屬。假使禪宗明心證悟等於究竟佛位的證悟—慧廣依此而認爲唯識經典中說的開悟只是第七住位的說法錯誤—所以不准以唯識經典所說來定位禪宗的開悟；慧廣這個看法假使可以成立，那麼 佛陀住世時大迦葉及諸大菩薩們都已經開悟成佛了，應當不只一佛住世，已違背經中「同一世界中無二佛並住」的聖言教，慧廣對此又該如何解釋呢？

二者，禪宗祖師之證悟有正有訛，眞悟與錯悟者的公案同樣都被收存於禪宗典籍中，如同魚目混珠，比比皆是；若無慧眼抉擇，無法分辨證悟祖師與錯悟祖師之間的差異，誤以錯悟祖師開示爲依止，自以爲眞的開悟了，卻不知道自己落在意識心中，往往以悟者身分自居，妄言已知、已證，就會成爲大妄語人。譬如慧廣錯解證悟禪宗祖師的開示，誤將錯悟者牛頭法融及高麗的釋知訥、釋普照等人墮於離念靈知意識心，認定爲眞悟，將此三人同於常見外道的錯悟內容收入慧廣之〈修學禪宗必看典籍〉專欄中一一加以弘揚，將這些錯悟者的開示，當作禪門修行的依據，使自己的佛法修證走入常見外道意識境界中；妄言已知、已證禪門宗旨，誤導學人同墮於大妄語中，是不智之舉。像慧廣錯將生滅的意識心當作不生不滅的第八識，才是眞正將禪宗說得三不像的人，正應以己之言語來責備於己，反而不知自省而指責眞悟者爲三不像。

三者，慧廣的說法若是正確的，那麼經教中說的證悟內容，應該是不同於禪宗證悟的內容，那麼證悟的內容是否應該有二種或以上？實相當然就跟著會有二種或更多種了！不知慧廣對此有什麼合理解釋可以告訴佛教界？佛所悟的既是眞如心第八識，禪宗祖師悟的也是眞如心第八識，慧廣又認爲不該以佛經所說內容來檢驗禪宗的開悟境界，那麼慧廣之意顯然認爲禪宗的開悟不該同於 佛在經中的開示；這樣一來，禪宗究竟是佛門宗派或是外道宗派，才可以所悟與 佛所說的心不同而仍然可以說是佛門的開悟？慧廣對此又有什麼合理的解釋？假使慧廣「宗門與教門不同」的說法可以成立，那麼當年 世尊是依菩提樹下的宗門證悟內容來演說經典？或是不依宗門證悟內容來演說經典？若是依另一個教下證悟內容來演說經典，就該在入滅前把異於宗門的教下所悟內容講解清楚，而建立兩種開悟的內容——宗門的開悟及教下的開悟的二種不同內容。但是 佛陀直到入滅之前都不曾講過二種不同的內容，也不曾說過這樣的話：「**我的教外別傳所悟內容，與教下所說的證悟內容不同，不許以教下所說內容來檢驗宗門所悟的內容。**」不知慧廣對此，又該作什麼合理的解釋？以外的種種矛盾也會隨著慧廣「宗門與教下不同」的說法而產生出來，限於篇幅也就不再多問了，只問這幾個問題，慧廣還能自圓其說嗎？

四者，即使有因緣明心證悟了，有了總相智以後，只不過是大乘別教七住菩薩而已，還有十住眼見佛性、十行陽燄觀、十迴向如夢觀、地上菩薩道種智及諸地的現觀應該修證，因此對二轉法輪般若經典所說的別相智（依總相智多方領受及體驗第八識種種中道性的智慧，亦即第八識所含藏種種不同法相的總相智慧）、三轉法輪唯識經典所說的道種智（依深層的別相智熏修八識心王等種種的智慧，是諸地菩薩應修的一切種智）之漸修法門深入思惟、親證及通達，如此才是佛門的正修行。

般若總相智的親證，是證如來藏所顯的眞如法性；如果不能證得如來藏，就不會有般若總相智；若無證悟如來藏的般若總相智爲基礎，如何能進修般若經典的別相智？如何能進修唯識經典的一切種智？如何能因進修一切種智而發起道種智？如何能圓滿道種智而成就一切種智？沒有一切種智又如何能圓成究竟佛果？三世十方一切佛都是以一切種智爲憑而成佛的。所以佛弟子應該以 世尊經典開示爲主，以禪宗頓悟法門爲行門，在宗門下明心證悟以後才能進入悟後漸修的唯識五位的見道位中，才有可能入地，然後才能進修諸地無生法忍而證得道種智，這樣才能對般若諸經及唯識諸經之漸修法門深入了知；但是，在頓悟而證得如來藏以前，是沒有漸悟可說的，是還沒有進入佛法內門修行的人，卻來與人論議成佛之道的內涵，都是純屬奢談而不切實際的。千萬不可像慧廣一樣，堅執離念靈知意識心爲眞心，而不知禪宗祖師所頓悟的心是第八識，又因不知、不證、不解而妄說：「唯識經典是講求漸修的，以漸修來說頓悟的禪宗，不知道要如何來說起！」

又妄說：「教下主張漸修，要修到三大阿僧祇劫才能成佛，歷經菩薩幾住幾地才能成佛，它所修到的境界，也只是禪宗這個頓悟佛性的境界。所以教下才是方便說。」（《禪宗說法與修證》八十四頁），像這樣的說法，彰顯出慧廣自己對禪宗根本不瞭解，也彰顯他對教下的般若經典及唯識經典的嚴重誤會。他這樣寫書、出書，都是自誤誤人的行為，是連自己都還不懂的時候就寫書誤導別人，連座下最親近的弟子們都被他這位無明師父給耽誤了。

佛弟子不論修學大乘佛法任一宗派法門（一般所謂密宗的藏傳佛教不是佛教），都要以悟得第八識為標的，都要以大乘法的教下經典來簡擇；也就是說頓悟了以後，要能通過教下經典的檢驗，這樣才能對 世尊所說般若及唯識經典漸漸通達，才能上求佛道、下化眾生、圓成佛果；不能像慧廣這樣，執著生滅性的離念靈知意識心為眞心，自己還落在常見外道法的凡夫位知見中，就胡亂說法誤導眾生。

又，佛說法不離四種悉檀，即第一義悉檀、為人悉檀、對治悉檀、世界悉檀。所謂第一義悉檀，即破除一切論議語言，直接以第一義詮釋諸法實相，令眾生眞正契入教法。所謂對治悉檀，即針對眾生貪瞋癡等煩惱，應病而予法藥，滅除眾生煩惱與惡業，以其能斷眾生諸惡故。所謂為人悉檀，即說法時觀照有情根器種種不同，隨其根器大小，宿種之淺深，爲說各人所相應的法，使其發起正信，增長善根。所謂世界悉檀，即隨順世間法，而說因緣和合義，即說適合世俗法以隨順眾人，令凡夫喜悅而得世間之正智。

然而，世尊往往於世界悉檀中兼說爲人悉檀、對治悉檀，或者隱覆密意而說第一義悉檀；或於第一義悉檀兼說爲人悉檀、對治悉檀或世界悉檀，此乃觀機逗教而有偏有正、有廣有狹、有顯有隱。如是言說，眾生聞之，能獲法益，故名文字般若，非實相般若。然言說之最終目的，無非都是在指陳及彰顯第一義悉檀的中道正理，並讓眾生契入中道實相心——第八識。因此 佛說四種悉檀，無非以第一義悉檀爲中心，兼說爲人悉檀、對治悉檀及世界悉檀，而有八萬四千法門來廣度有情，這才是 釋迦世尊降生人間說法度眾的最終目的。反觀慧廣所說「**一切佛教經典所談大多屬方便對治，所謂眾生有八萬四千煩惱，佛乃開演八萬四千法門以對治**」，只是選擇性的說了一半，並沒有將整個事實全盤說出，有其過失：

一者，乃是將 世尊甫降生人間時，即演說的第一義悉檀給忽略掉；因爲 世尊當時四方各行七步說：「**天上天下，唯我獨尊。**」是一開始就隱說第一義悉檀了！而慧廣竟說 世尊專門在對治悉檀用心。這樣的心態，完全符合 平實導師在拙著

《眼見佛性》序文中所說的「心小慧狹的出家人」之說法，純是聲聞自了漢的心態，不是心量大、智慧廣的菩薩種性人。

二者，世尊固然說有八萬四千法門，意思是說「門門可入」；但是不論從哪一個法門入門以後，所要得的難道不是同一法，而是各不相同的八萬四千個不同的證悟內容嗎？是否應該各門所入都是同樣一個內容？慧廣對此，又要如何對佛教界說明呢？慧廣應知：八萬四千門，門門可入，所入當然都是同一個佛殿；同一個佛殿中絕對不會有二種證悟標的，否則諸佛就該分為二種或二類以上了。慧廣講八萬四千法門的例子時只說前半，後半這個道理卻不說，若不是居心叵測，就是根本不懂禪宗所悟的標的是什麼，才會落入常見外道所墮的意識心中，將意識心—離念靈知—誤認為常住不壞心，與常見外道合流；像這樣的人，正如六祖慧能大師的《六祖壇經》所說：「不識本心，學法無益。」就算歷經無量世生死以後，仍將一無所成，還是凡夫肉胎一個，哪有可能證悟？因此奉勸慧廣：應該拋棄心小狹隘及崇拜僧衣的聲聞心態，並且修除慢、過慢、慢過慢、增上慢，修除五蓋再進而發起菩薩性，才能成為心大、寬廣的菩薩種性人，這樣才有機會證悟—明心證真，乃至眼見佛性。也應該知道，身穿僧衣的阿羅漢們，還是應該歸依那些穿著俗衣的大乘勝義僧——文殊、普賢、觀音、勢至、維摩詰……等菩薩。當這些阿羅漢迴心大乘而歸依大乘勝義僧時，初悟之際其實只是第七住位的賢位菩薩，距離等覺位、妙覺位還是差很遠的，雖然他們的解脫果已經相似於八地菩薩了！

又慧廣引述永嘉大師《證道歌》說：「**不除妄想不求眞；五陰浮雲空去來；三毒水泡虛出沒。**」然而，慧廣故意省略很多他所不懂的文句；原文應為：「**君不見：絕學無爲閒道人，不除妄想不求眞；無明實性即佛性，幻化空身即法身；法身覺了無一物，本源自性天眞佛。五陰浮雲空去來，三毒水泡虛出沒。**」正是說明空性眞心與空相蘊處界兩者之間的關係，何以故？「不除妄想」乃是說這個空性心從來離見聞覺知、從來不作主也不打妄想，本來自性清淨，何須除妄想？「**不求眞**」，乃是說眞心本來就是眞心，也是本來就存在，不必修行改變；祂是本來就在、本來就是眞心，何必另求眞心？所以，慧廣顯然完全不懂永嘉大師的《證道歌》而故意處處抄略。

唯有空性心所生的妄心七轉識，因爲有相應的染污種子，才會有妄想、才會有染污，所以七轉識才需要除妄想、才要求眞。這是證悟如來藏者極深妙的自證境界，絕非未斷我見、聲聞種性而又落入意識心中的慧廣所能了知的；若不是具足菩薩種性的學人，何以能信之？即使像慧廣一般的信受了，卻又很難眞正的悟入，往往不免橫生誤會而寫出荒誕不經的書籍來誤導座下弟子及諸眾生。因爲這個空性心不生不滅，可是祂所生的五陰空相，卻是生生世世顯現有生滅的現象，空性心與所生的五陰是不即而不離的；好像摩尼寶珠與映現的影像一樣，珠體本身不變，可是在珠體的表面，透過光線不斷的折射及變化，產生種種不同的幻相，猶如胡來胡現、漢來漢現一樣，讓人目不暇給；雖然珠體表面有種種影像（喻世世的五陰）生滅變化，但是這個摩尼寶珠始終不生不滅、不動其心。眾生不能了知其中的道理，被珠體表面的幻相所迷惑，不知此幻相（五陰—特別是識陰中的意識—離念靈知）爲摩尼寶珠藉著光影所變現出來的，誤以爲有眞實五陰接觸眞實外境，執爲眞實有。因此，在種種幻相中廣造三毒，輪迴生死而無法出離，如此方是永嘉大師《證道歌》所說的正理，慧廣誤會永嘉大師《證道歌》的眞義了。

又空性心與空相，兩者的關係非一非異，學人應知；避免在修學佛法中，因爲不如理作意而產生種種障礙，何以故？空性心與空相是二種不同的法，一個是心體，一個是心體的作用所幻化出來的，故非一；可是蘊處界這個空相卻是空性心藉著種種因緣才能出生、才能成就，才能爲吾人所接觸而實證其緣起性空，故非異。然此二法，甚深微妙，唯有 佛究竟了知，地上菩薩多分了知，證悟菩薩少分了知，一般佛弟子根本無法了知；因此常常將空性心與空相混在一起，並以生滅的空相來解釋不生不滅的空性心，導致墮入斷見外道中，眞是毫釐有差，天地懸隔。譬如印順主張外於第八識而說一切法空就是 佛所說的全部佛法——以誤會的聲聞法解脫道來取代大乘佛法，並施設滅相不滅，以掩飾被人看穿其爲斷滅外道的事實；又譬如慧廣、傳聖法師（自稱「無心禪和」）等執離念靈知意識心就是眞心，卻不知這個離念靈知心是意根、法塵相接觸而生的法，是輾轉被出生的法，都是生滅法，非有其自在性，不是本來自在、本來不生不滅的第八識。因此，正光建議佛弟子在修學佛法當中，應該把握這二個法之差異，作爲綱領，修行才能提綱挈領，就像用手將一串粽子的繩頭提起時，就能將整串粽子提起；如此才能避免被未悟的法師、居士籠罩，而錯失修學正法的因緣。

又 平實導師不斷的用道種智深妙法義來宣說三乘菩提，不斷的揭露常見外道、斷見外道、藏傳佛教邪淫外道的法師、居士之落處，使外道法於佛門中再也無所遁形了，讓這些外道法很難如同以往光明正大的存在於佛門中；如此作爲必然會得罪佛門多數的錯悟大法師、大居士，但卻可以讓台灣的佛弟子，包括佛學院及佛學學術界漸漸回歸 佛的正法；乃至大陸及其他地方也漸漸接受此一事實，咸認爲正覺同修會是娑婆世界唯一能夠代表 佛陀宗門正法、了義正法的道場。由於 平實導師不斷的演說三乘菩提正理及著書摧邪顯正，使得有名望的法師、居士、喇嘛們未悟言悟的事實，被間接的彰顯出來而不得不面對名聞利養流失的窘境，當然會異口同聲的抵制 平實導師。稍有世間智慧者，都只敢以語言在私下毀謗與抵制；極度愚癡的人則不能反省自己的錯悟所在，不知自己說法違背佛說，也不知自己已成就誤導眾生的重罪，非但不能在法義上作如理作意的辨正，更以死纏濫打的方式及強詞奪理的狡辯，一再另闢新題而不針對以前被評破的部分先作改正，並在事相上講一些無智慧之無義語：「只有你們說的法都對，別人說的法都不對。」所以慧廣如此說：「對有名望、不符合他所說的佛門法師、居士，大肆批評攻擊，說他們是常見外道、斷見外道。」亦如極有名氣的二大法師私底下以言語如此說：「蕭平實是邪魔外道，他的法義有毒，讀他的書會下地獄。」但卻不敢行之於文字而辨正法義眞假，寧可繼續廣造無根毀謗賢聖的大惡業，這些人眞是 佛說的可憐愍者。

譬如慧廣，被「成佛之道」網站的版工菩薩列爲附佛外道，不思反省自己說法與佛道相違背，與常見外道無異；也不思檢討自己所悟非眞，而妄言已知、已證。更因不能安忍於被人指正，認爲該版工剝奪了他的證悟者身分，便在事相上毀謗 平實導師：「**蕭團體多年來一直獨豎**[85]**一格，不能與佛門中人溝通、交流所在。**」誠爲無明所遮障的可憐眾生。然而慧廣這樣的說法，也正好反映了一些事實：

一者，一爲佛經義理所斥的常見外道如慧廣，二爲完全符合 佛所開示的 平實導師，兩者所說的知見及內容當然大異而南轅北轍，相差何止十萬八千里？舉凡慧廣所知，平實導師無不知之；舉凡 平實導師所知，慧廣都無所知；在此情況下，慧廣又如何能夠與 平實導師對話？又如何能夠交流呢？唯除慧廣捨棄常見外道邪見，回歸 佛所說的正法，並且實證而檢查確與經中所說無異，才能與 平實導師溝通，才能與 平實導師稍有交流而仍然無法全面交流；否則永遠都只能前來求法，沒資格談交流的。

再者，阿羅漢僅證得蘊處界虛妄的智慧，菩薩則不僅證得蘊處界虛妄的智慧，

85 編案：應爲「獨樹」。

進而證得法界實相心；所以阿羅漢所知的，菩薩都知；菩薩所知的，阿羅漢卻不知；因此，阿羅漢也只能聽證悟菩薩說般若實相法，根本沒有插嘴的餘地；更何況連初果人之智慧都未曾證的慧廣，又如何能與已證解脫果、已明心見性且具有道種智的 平實導師對話、溝通與交流呢？因此，正光非常感謝慧廣點出這樣的事實，正光在此也藉慧廣自己的說法，來讓違背佛說的慧廣有所警惕，以免因爲愚癡無智的毀謗惡行而造下難以彌補的大惡業，成就未來無量世的極不可愛異熟果報。

又爲了讓有志於禪宗法門的人，能夠正確認識禪法以及建立禪法正知見，正光建議學人請閱 平實導師所著的《公案拈提》第一輯到第七輯。因爲閱讀 平實導師所著《公案拈提》諸書的好處如下：

一者，已將眞悟祖師的見地及錯悟祖師的落處標示出來，學人可以很清楚分別出來，不至於一再墮於錯悟祖師言語中。

二者，已將證悟祖師及錯悟祖師兩者說法的差異處明白指出，從此可以遠離錯悟祖師的邪知邪見，趣向眞正的佛菩提道。

三者，平實導師在《公案拈提》諸輯中處處指陳眞心所在，不僅能使人在建立正知見以後於證悟時，可以印證所悟的眞僞，而且能使自己悟後大爲增進，增益自己的般若慧。

四者，對於不同證悟祖師開示的內涵差異、使用機鋒的內容及時機等，都能很清楚的顯現出來，不僅可以了知證悟祖師當時說法的背景，也能觀察眾生證悟的因緣成熟與否、使用機鋒次第、機鋒深淺的內涵等，而且可以增益自己的禪門差別智，增上自己的方便般若波羅蜜，得在爾後度眾時，視眾生根基深淺而以不同善巧方便度眾。

五者，由於證悟的關係及禪門差別智的增上，對於第二轉法輪般若經典能夠漸漸通達，乃至第三轉法輪唯識經典也能漸漸了知。

因此有心修學禪宗的人，請務必詳加閱讀 平實導師的《公案拈提》諸輯，一定會有很大收穫，不會讓你入寶山空手而回，因爲這些書籍都是眞悟者大悲心所顯發而寫出來的。由於慧廣誤執離念靈知意識心爲眞心，自身已墮意識境界無法出離，所以無法分辨證悟祖師及未悟祖師之間的差異，不僅眞悟祖師意而只能與錯悟之言說相應，難怪他會特地選取錯悟的祖師開示，列入〈修學禪宗必看典籍〉中，當作禪門的正修行；爲了免除慧廣誤導眾生同犯大妄語的惡業，因此正光才會在慧廣所列〈修學禪宗必看典籍〉之中，針對未悟祖師的開示一一加以說明及辨正，使大眾了知錯悟祖師的落處，避免今時及後來的學子們再受其邪知邪見所誤導。一旦學人讀了正光的辨正以後，有了正知見能夠分辨眞悟祖師及錯悟祖師，了知慧廣所說的禪全屬野狐禪，不再被邪知邪見所誤導，自然就會遠離慧廣團體的錯誤知見了。

又慧廣在書中如是寫著：「相信今人不如相信祖師。」是爲崇古賤今的無智人。慧廣言下之意，明白的告訴學人：不要相信今世眞悟而且能當面指授的平實導師，應該相信他推薦的古時落入意識境界的錯悟凡夫祖師，卻不知他已經曝露自己的無知與無智了，何以故？

一者，佛法所講的是三世因果，過去世種下今世應當生爲人類的因緣，所以今世得以出生爲人。因此，今人是由古人來作，而古人也展轉投生爲今人；古時悲心特重的祖師了知三世因果，因有般若智慧及發起悲願故，發願生生世世在娑婆世界廣度有緣眾生，由於如是等因緣故，今世有機緣得以在娑婆世界的台灣誕生及出世弘法，慧廣豈可不思其中因緣，輕賤投胎轉世於今時的菩薩，卻尊崇古時未悟、錯悟的部分祖師呢？如是輕賤今時眞悟之人、尊崇古時錯悟之人，是不是也意味著輕賤今時的慧廣自己呢？何以故？因爲慧廣是今時錯悟之人故。不知慧廣心中是否不承認自己是古人轉生而來的？而古時證悟的祖師，悟後一世又一世精進修行之後，難道會比古時的證量更差嗎？豈可崇古賤今！

再者，如此崇古賤今的作法，再加上無法分辨眞悟及錯悟祖師所悟內容之不同，這將會使自己走上常見、斷見外道法中，對自己的佛法修證又有何增益呢？所以說，崇古賤今是不正確的觀念，應該是要依照經典所說來簡擇古、今一切善知識才是。如果善知識說法不符合經典，不論古人或者今人、不論有無名望，都應遠離之；如果善知識說法符合佛說，不論古人或今人、不論有無名望，都應該依止才是。不該因爲善知識所說法義間接顯示了自己悟錯之處，將會造成自己名聞、利養漸漸流失，就造文毀謗善知識；否則不僅此世、未來無量世都將與善知識無緣，而且也爲自己造下未來無量世的不可愛異熟果報。

最後，針對這一章，作個總結：禪宗之所以「不立文字，教外別傳」，乃是證悟祖師一念相應慧而頓悟眞心第八識，發現此心從來離見聞覺知境界，從來離語言文字相，卻不妨礙生起意識覺知心而繼續保有語言文字相爲吾人所受用。實相法界是離念靈知心伴隨著語言相，而與從來離見聞覺知、離語言文字的第八識如來藏，同時同處配合運作著，才能成其為人。因此，禪宗祖師所證悟的第八識，是大乘菩薩法，屬於大乘別教法，不同於大乘通教與聲聞共的解脫道；但因這個如來藏極難實證，所以世尊慈悲，不用語言文字來明說，特地教外別傳、直指人心；如是依教外別傳而證悟之時，所證的正是教門中所說的：離見聞覺知、無覺知心行的第八識如來藏，此即禪宗號稱「不立文字，教外別傳」的由來。

然而禪宗也有祖師藉教悟宗而明心的，譬如永嘉玄覺大師也是藉教悟宗的，而他也說自己所證的眞心是如來藏，仍然與禪宗的眞悟祖師所悟相同，才能獲得六祖的印證；而六祖的證悟，也是由五祖為他講解《金剛經》而悟入的，這都說明教下所說的眞心與教外別傳的宗門所悟的眞心，都是相同的，慧廣怎能妄說禪宗所悟的眞心與教下所開示的眞心不同？由此證明，禪宗證悟祖師所悟的第八識，就是佛陀降生人間說法四十九年所詮釋的眞心、涅槃本際；此一勝妙教理，即是一切佛教經典所闡述的第一義悉檀。因此禪宗證悟祖師所悟的心，當然要與世尊依其所悟而演說出來的教下經典第一義悉檀吻合才是，此即禪門所說的「宗不離教，教不離宗」的道理，這也正是眞悟禪宗祖師所說的眞理：依文解義三世佛怨，離經一字即同魔說。

由於慧廣誤執離念靈知意識心爲常住眞心，落入識陰中，不符教下三乘經典聖言量，所以主張宗門的證悟不必符合教下的經典所說；他不知別於意識心之外還有一個與意識心同時、同處配合運作的第八識眞心，落入常見外道見的凡夫六識論中，當然會認定意識是最究竟心，不知意識是由如來藏藉緣出生的；難怪慧廣說法時處處違背佛說，也難怪會列舉落入離念靈知心的錯悟祖師開示、典籍，當作〈修學禪宗必看典籍〉，用來壞斷眾生的法身慧命；不但如此，還堅持己見說離念靈知心意識是常住不壞心，與常見外道合流，這就是他無法與 平實導師及正覺同修會證悟的同修們溝通、交流的原因。本書序文後所附函件，已顯示慧廣無法與本會初悟菩薩對談的事實，正是一個明顯的例證。正光在此建議慧廣應該否定離念靈知意識心，了知意識心的虛妄，確認「意識是常」的常見是外道見，亦須遠離意識心所住的「當下、放下、不執著、莫思量、莫染污」等生滅境界，遠離意識我所，去尋覓本來離見聞覺知、本來離能所的第八識，這樣的說法才是禪宗眞正證悟祖師所證的第八識妙心，這樣才是眞正禪宗的參禪知見與參禪方向。能在這樣的情況下眞正找到第八識的人，才有可能眞懂禪宗眞悟祖師的悟道公案，才是禪宗證悟的人。

慧廣又云：

心性無形，亦無凡聖可言，我們如何知道一個人的心態是凡夫，還是聖者呢？從心行上觀察即知。「心行」是什麼？就是心的行爲。什麼是心的行爲？所思、所說、所寫、所作都是心的行爲。從《眼見佛性》一書的文章中，我們可以看出蕭平實先生與正光先生兩位的心態如何，是凡或聖？

七、以行觀心

拙文《眼見佛性的含義》，其實早在二〇〇二年十一月就已寫成，發表於個人網站「佛法討論室」中，給大家共同來討論，直到二〇〇三年七月，才整理發表在雜誌上。

而網站所以會討論這些話題，乃因早在一九九九年，就有修學蕭平實先生法門的人來網站討論室貼文，談些似是而非的相似佛法，乃引來不少人留言反駁，如此鬧了幾年。

但《眼見佛性的含義》一文純就法義來討論，不做人身攻擊，也不談及人事是非。沒有想到正光先生《眼見佛性》一書，包括蕭平實先生的序文，行文之間，不時挾雜著對個人的曲解、牽強附會、無中生有而進行污衊，令人覺得匪夷所思。

也太會想像、太會幻想了。對人身的批評、攻擊，更是隨處可見，幾已流於情緒性的謾罵。更甚者，多處咒罵本人謗法，會墮入無間地獄；恐嚇本人會受無量地獄罪苦……。

這些實在是沒有必要的，如果道理對，只要把道理談好，別人看了自然會信受。進行人身攻擊，不會爲自己加分；恐嚇別人會墮入地獄，也不會增加說理的正確性，只會讓人覺得「沒格」，俗話說「看破手腳」，把自己的貪瞋癡慢疑、愛恨情仇等低劣凡夫心態，赤裸裸的攤開給人看。如此，說自己證了什麼？自己修的多好？誰信？只會自暴其短而已。

我與蕭團體沒有什麼仇恨，也不想與人爲敵，雖然與團體中人偶爾有過一些爭辯，但事過了無痕，不會放在心上。我的爲文，只是站在護法的立場而寫。不希望一個新的教派，把禪宗曲解談壞了，誤導了許多人。

說蕭團體是新的教派，是客氣的說法，其實蕭團體是新的宗教。雖然它自稱佛教，但所談幾乎都與佛教（禪宗）義理相悖，所行也不符合佛教戒律。例如：蕭平實先生自稱（或被稱而默認）大乘菩薩僧、勝義僧，以在家人身份[86]爲人授皈

---

[86] 慧廣寫的「身份」應爲「身分」之錯別字。

依，未從其修學的出家法師則被稱爲凡夫僧，沒有資格爲人作皈依。正信佛教徒就知道，在有出家僧寶住世的世間，這是不如法的。

一個新興宗教[87]，它要生存，必須依附在舊宗教旗子下。但它要成長，卻又必須不斷批評、攻擊舊有宗教，然後壯大自己，希望取代舊有宗教，蕭團體走的正是這條路。

多年來但見他（他們）不斷的批評、攻擊佛教界有名望的法師長老，連歷史上的祖師（蓮花生、宗喀巴、密勒日巴、龍樹、安慧……），所談只要阻礙了他的學說，也毫不客氣拉出來批評。被批評者，則先加以誤解、曲解，或牽強附會、無中生有，於是藉口批評對方是常見外道、或斷見外道，而說自己是在護法。

試問：古來高僧大德，哪位不護法？但有哪位以如此我慢的態度，自以勝義僧，非斥未曾從其修學的，就說是凡夫僧。以自己已明心（非佛教禪宗的明心）、以自己已見性（非佛教禪宗的見性），而傲視其他人，說他們未明心、未見性，無資格跟他怎樣、怎樣……。

[87] 新興宗教的定義，是依附於某一宗教之表相，但其所說所行之本質異於所依附之宗教。又新興宗教的存續通常不會超過二十年，一般約在十五年左右就漸漸萎縮而消失了。

就如正光先生在書中以在家人之身，對出家法師的本人，不時的作人身批評、攻擊。試問：這還可以稱是佛教徒嗎？還是三寶弟子嗎？但他有理由：慧廣是凡夫僧、是常見外道，沒有資格稱作僧寶。又不思自己造作惡業會墮落，卻反說別人會墮落[88]。

同時，高推已[89]境，故示神異，說「平實於過去諸佛座下出家以來已歷無量世，於本師[90]釋尊座下出家以來[91]已二千餘年。」（三七頁）；說「平實二千餘年前，[92]親在佛座下時雖已明心，然而眼見佛性之緣，直至千年前親遇大善知識[93]克勤圓悟大師之時，以心性單純、信心具足及福德具足故，殷勤奉侍、力護正法，是故親得傳授見性之法。」（十九頁）

這些說的跟大藏經中佛菩薩的本生談一樣，蕭先生等於暗示自己是菩薩了。如此，用意不外是吸引信徒崇拜。說穿了，就是自我造神運動，用以迷惑人。正

---

[88]編案：以上慧廣所說十一段文字，都屬於事相及人身攻擊，不涉及法義辨正。
[89]編案：應爲「己」之錯字。
[90]正光案：原文有「挪抬」空格。
[91]正光案：少一字：「亦」。
[92]正光案：多一個標點符號：「，」。
[93]正光案：原文有「挪抬」空格。

信佛教徒是不會如此顯弄神異的。神異如果不實，就是犯大妄語；如果眞實有，說出來也犯了「過人法」，在出家戒上是犯戒的，但蕭先生是在家人，他不知也不理會。

總之，在蕭平實先生的序文、與正光先生的文章中，看不到一個見道者、證眞者所展現出來的無我、無執與祥和的眞心風貌，多的是妄心想思所產生的人我是非等貪瞋癡慢疑。所以，是凡是聖，從所寫文章的心行中，就可以判斷；同時，蕭團體所說、所證的明心與見性，是否與禪宗相同，也就無法欺瞞人了。

正光辨正如下：慧廣〈眼見佛性的含義〉一文既然公開發表於個人網站「佛法討論室」中，表示任何網友都可以對此公開討論，不因正覺同修會的同修們加入討論而有所差別，因此慧廣應以公平態度接受討論才是；更何況慧廣所悟非眞而自以爲悟，所悟不是佛所說不生不滅的第八識，而是生滅法的離念靈知意識心；他自己的所「悟」同於新興宗教，以此錯誤知見來誤導眾生，果報非輕，更應該虛心接受網友討論及建議而改正才是，豈可因爲正覺同修會有人出來針對法義參加討論，慧廣就說這些人專「談些似是而非的相似佛法，乃引來不少人留言反駁，如此鬧了幾年」，完全違背事實而專在事相上作文章，反而誣賴說沒有作事相上討論的人在事相上對他作人身攻擊，證明慧廣說話與事實相反，是顛倒黑白。

如果慧廣所說、所悟眞的沒有違背　佛的開示，所有佛弟子們（包括正覺同修會的同修們）隨喜讚歎都來不及了，還會出來辨正慧廣寫的文章嗎？從這裡可以了知，慧廣〈眼見佛性的含義〉一文中，先對　平實導師的見性與明心證量提出無理的毀謗，並且登在《僧伽雜誌》中，是由慧廣自己點火引起的；並且慧廣文中所說完全違背　佛的聖教，同於新興宗教，難怪網友們會在網站撰文討論。慧廣既是公開發表而且是供人瀏覽的文章，當然不能迴避他人的討論；又因慧廣已公開登載於雜誌中流通，文中枉曲的評論　平實導師的法義有誤，正光當然必須寫出《眼見佛性》一書來辨正慧廣訛傳的謬見。如今，慧廣在這篇文章中卻反主爲賓、指黑爲白，當然正光要再度加以辨正，顯示事實眞相。既然慧廣〈眼見佛性的含義〉一文有很多的錯誤，延續此文之後再寫的〈明心見性之非〉一文中，慧廣更是錯上加錯，眞是錯得更離譜了。因此緣故，每當正光閱讀慧廣的著作時，發現錯誤之說法無頁不有，就不得不搖頭嘆息：末法時代才剛開始不久，就已經有這種倒說法義的「法師」住於佛門中了。

這是公然以常見外道法取代佛教第八識正法的獅子身中蟲，正光這句話絕對不是人身攻擊，因爲絕對是事實：慧廣公然以常見外道堅持爲常住不壞心的「常見」，取代佛教第八識如來藏般若中觀正理。正光這個說法，是可以從經教及理證上來雙雙證明慧廣確實是這樣作的；正光所造的《眼見佛性》一書，以及本書到此爲止的所有法義辨正，都已經證明這一點了！然而許多佛弟子在法義辨正中，分不清楚「法義辨正」與「人身攻擊」之分際，常將法義辨正說成評論他人的身口意行，說之爲攻擊他人身口意過失、說之爲人身攻擊，不幸的是慧廣正是此類分不清楚的人。正光藉此機會將此中分際說明清楚，以免未來還有愚癡無智之人，不知此中分際，因而犯下無根毀謗之罪業，未來世須在地獄受苦而不知；也希望佛弟子們以此爲鑑，莫造如是愚癡無智行。

所謂「法義辨正」是看見他人說法與 世尊說法相違背時，必有誤導眾生之處，不忍其邪說誤導眾生；也因爲說法錯誤者，他在說法時卻違背事實而說他的錯誤說法確實是 世尊所說的。同時也成就了謗佛的大惡業；善知識因而發起悲心，舉出正法及邪法之差異所在，輔以經典來證明，以摧毀外道邪說，救護眾生迴向正道，讓眾生得以遠離邪法，趣向眞正的解脫道及佛菩提道。這與人身攻擊無關，因此，法義辨正純粹是在「法義」上辨明正邪，無關個人身分，當然也不應有出家人尊貴而在家人卑賤之區別，因爲法義的實證是不分出家或在家的，也無關個人的身口意行等過失，更無所謂的人身攻擊。但慧廣對此並無正確認知，將本會同修們對慧廣錯誤法義的討論，曲謗爲 平實導師對他作人身攻擊；又將後來 平實導師對他的指教，謗爲對他作人身攻擊。

所謂「人身攻擊」是在指說對方身、口、意行之過失，完全在「個人是非」事相上用心，無關「法義辨正」，與法義辨正完全不相干，如同慧廣以上十一段文字都是在說事相上的事而無關法義的討論，正是在講莫須有的個人是非；又譬如評論某人戒行不清淨、某人私德不好、說某人之人我是非等等。像這一類專說他人之身口意行過失等，即是談論個人的是非，不論他是出家人或在家人，他都正是「是非人」，也就是在作「人身攻擊」最好的例子。

從上面的說明可知，「法義辨正」與「人身攻擊」兩者是截然不同的，一個是在法義上用心，另一個是在別人的身口意行上用心。同樣的道理，正光既然與慧廣作法義辨正，未曾說過慧廣其人任何的身口意行過失，也不曾說過慧廣待人處事之人我是非，慧廣不應強加誣賴；如果正光個人有對慧廣作出人身攻擊而非法義辨正之處，也請你舉證出來，大眾欲知。請慧廣不要蓄意在事相上作無根毀謗來轉移話題，因為你這樣的作法正是在作「人身攻擊」，你自己正是「是非中人」，有失僧寶的身分。

正光可以肯定的告訴大眾：與慧廣法義辨正當中，正光從來沒有說過慧廣的任何身口意行過失，也沒有評論慧廣的人我是非，所以從來沒有作過人身批評、人身攻擊；因為正光所說、所言都是引經據典，也是從自己證量來說出慧廣的落處，並於舉說之後，告知慧廣不如法的誤導眾生所應受之果報；慧廣豈可因為自己落處被正光拈提，造成自己面子難看以及名聞利養漸漸流失，也耽心自己破佛正法、未悟言悟、誤導眾生的惡業，在將來必受的不可愛異熟果報，心有不甘就昧著良心說瞎話，作此無根毀謗而說正光：「以在家人之身，對出家法師的本人，不時的作人身批評、攻擊。試問：這還可以稱是佛教徒嗎？還是三寶弟子嗎？」然而正光始終不曾對慧廣作過人身攻擊，都只是在法義上辨正，而慧廣卻捏造莫須有的事實來誣謗正光，顯示他自己根本不是在作「法義辨正」，而是在作「人身攻擊、人身批評」；顯示他自己正是「是非人」，卻還來誣衊別人是「是非人」。

慧廣之所以有這樣的說詞，是因為慧廣無法面對正光的法義辨正，因此故意轉移焦點作無根毀謗，故意說正光「對人身的批評、攻擊，更是隨處可見，幾已流於情緒性的謾罵」，可是事實上卻絲毫不是如此，《眼見佛性》一書至今仍在流通，仍都可以檢驗事實眞相，不但沒有人身攻擊，也沒有情緒性文字，更沒有謾罵過。由此顯示慧廣早已知道法義辨正及人身攻擊之分際，並不是不知道，只是爲了移轉自己所悟非眞及不如法，爲了移轉法義辨正的焦點，讓大家不再注意他的法義錯誤有多麼嚴重，對法義辨正的內容故意裝作不知道而不回應，故意在事相上作無根毀謗來轉移話題。如果慧廣不信的話，正光再提出下面幾個問題，有請慧廣公開回答；待你回答後，你的無根毀謗等辯詞就無所遁形了：

一問：「**世尊踵隨六師外道足後，破斥六師外道，是不是在作法義辨正？是不是在作摧邪顯正？有沒有在作人身攻擊？**」想必慧廣會很爽快回答：「**世尊所作正是作法義辨正，正是作摧邪顯正，沒有作人身攻擊。**」否則，豈不是顯示自己對佛法認知太膚淺、太無知了嗎？如果慧廣故意答：「**不是法義辨正。**」則又顯示慧廣不懂法義辨正的眞正內涵，也是在謗佛；顯示他對 佛破斥六師外道而作的法義辨正及摧邪顯正義理尚且不知，又有何資格說正光是在作人身批評、人身攻擊呢？從這裡就可了知，慧廣很清楚知道法義辨正與人身攻擊的分際，以及摧邪顯正與人身批評之分際；只是慧廣不堪正光的辨正，爲了想挽回自己面子難看的窘境，遂轉移話題而在事相上誣賴正光作人身批評、人身攻擊，藉以模糊焦點，移轉大家的注意，忘了他在法義上嚴重錯誤的事實。

二問：「既然佛破斥六師外道是作法義辨正、摧邪顯正，並沒有所謂的人身批評、攻擊，那麼請問慧廣：說法時不如法而說的人，有沒有成就謗佛、毀法的重罪？」想必慧廣一定很爽快回答：「是。」因爲 佛在原始佛法四阿含諸經中都說，說法不如法而說那是佛說的人，就是在謗佛、毀法。如果回答：「不是。」顯然慧廣對於在四阿含中阿羅漢們說法若不如實就是謗 佛的聖教，完全懵懂而無知。如果眞的是這樣，慧廣又有何資格反說正光是在作人身批評、人身攻擊呢？

三問：「既然說法時不如法、曲解佛意的人就是謗佛、毀法，那麼慧廣將生滅的意識心，來取代佛所開示不生不滅的第八識心，有沒有不如法？有沒有成就謗佛、毀法的重罪？」想必慧廣心生不服，亟欲狡辯；可是慧廣再怎麼狡辯也沒有用了，因爲正光舉證了許多事實，每一件都已證明慧廣落入離念靈知意識心中，用生滅的意識心來取代佛門不生不滅的第八識如來藏，正是 佛所斥責的常見外道見；佛在四阿含中處處說意識心虛妄，慧廣難道不知道嗎？卻故意處處主張意識離念靈知是常住法、是常住心，正是說法故意與 佛相悖的不如法者，當然已成就謗佛、毀法的重罪。如果慧廣不死心，還想繼續狡辯，將會顯示更多慧廣違背聖教之證據，進一步表示慧廣不是直心的人；這樣的人，又怎麼可能是證悟的人呢？如果這樣的人都可以說是證悟者，就表示這個人一定是大妄語人，何以故？如《楞嚴經》卷一所說：「汝今欲研無上菩提眞發明性，應當直心酬我所問；十方如來同一道故，出離生死皆以直心；心言直故，如是乃至終始地位中間，永無諸委曲相。」

四問：「既然慧廣已經成就謗佛、毀法重罪，佛說那是地獄業，因此正光說慧廣未來世將受長劫尤重純苦地獄果報，正是如實語！有沒有誣賴了慧廣呢？」慧廣至此只能如同洩了氣的皮球，無法回答正光提問，何以故？因爲慧廣所作、所爲正是以常見外道法取代佛門如來藏正法的破法者，又說他的錯誤說法就是 佛所弘揚的法，也正是謗佛者；而他對正光作莫須有的人身批評、攻擊，所以他自己正是「是非人」，不僅成就謗佛、毀法重罪，而且還成就無根毀謗他人之罪了。從這裡可以了知，慧廣爲了移轉自己不如法以及謗佛、毀法重罪的焦點，故意在事相上作無根毀謗，希望因此而使別人忘了他的法義錯到何等的離譜；這不僅顯示他的愚癡，而且還加重了他的罪業，未來的果報眞的難以善了，他可眞是偷雞不著蝕把米——虧大了。

然而末法時代，邪師橫行，佛弟子若無慧眼，很難分辨正法與邪法的差異，難免會被相似佛法耽誤，而無法分辨眞假知識的開示。譬如落在常見外道中的慧廣與台灣四大山頭的證嚴、星雲、惟覺、聖嚴法師等，大陸則有淨慧、傳聖法師、索達吉喇嘛及藏傳佛教紅、白、花教所有法王與喇嘛等，同是自續派中觀，都落在意識心中，與常見外道無異。又譬如藏傳佛教黃教應成中觀派的印順、昭慧、性廣三位法師、達賴喇嘛等人，既落在斷見外道中，又回頭執取意識細心（細意識）爲常住法，再度回墮意識心中，兼有常見外道的邪見；但是一般學佛人對此一事實，都是無所知的，多數人已被他們引入常、斷見等外道法中，並且不能警覺、不能遠離。

若是具有正知見的佛弟子，看見佛門中的外道見者，不斷用常見、斷見外道法來誤導眾生及毀壞佛法，而不肯擔當重任、挺身出來摧邪顯正，不肯出來辨正法義救護慧廣一類人趕快遠離外道見，繼續放任的結果，將使 佛的正法毀在這些常見、斷見的佛門外道手中而消失殆盡。所以正光非常贊同聖 玄奘大師在《成唯識論》卷三的說法：「**若不摧邪，難以顯正。**」但這不是未斷我見、未證實相的凡夫慧廣所能作到的事，還在凡夫位、尚未斷我見的人，沒有能力來作此事；若是不自量力而恣意去作，只會誤導更多人墮入常見、斷見外道法中，自己反而是破壞摧邪顯正事業的惡人。由正光與慧廣之間的法義辨正之中，已經證實了這一點！

唯有明心以上之證量、具有正知見，或者宿世具有善根福德的佛弟子，依據善知識的說法，輔之以經典聖教而作簡擇，能夠分辨正法與邪法之差異，能分辨眞假善知識開示之正訛所在，並藉著正法的威德力來摧邪顯正，努力的弘揚 釋迦世尊的正法，這樣才是佛弟子所應有的心行與責任；這樣的人，才是菩薩種性人，也是正覺同修會所要度的人。若是說法不如實，明知自己錯了卻一心狡辯，則成爲 佛所斥責的諍論者；說法如實的人，一再的說法、作法義辨正時，都能利益眾生及被辨正者，這樣就不是諍論，而是法義辨正、救護眾生。

又慧廣曾言：「蕭平實先生自稱（或被稱而默認）大乘菩薩僧、勝義僧，以在家人身份爲人授皈依，未從其修學的出家法師則被稱爲凡夫僧，沒有資格爲人作皈依。正信佛教徒就知道，在有出家僧寶住世的世間，這是不如法的。」從這裡可以了知，慧廣特別注重僧寶的「身出家」表相，並不注重僧寶的**實質**內涵，也就是不注重實義僧寶「心出家」的實質，這是對大乘僧寶及二乘僧寶的異同全然無知；針對慧廣這種說法，正光辨正如下：

一者，《大乘大集地藏十輪經》卷五云：「復次，善男子！有四種僧，何等爲四？一者勝義僧、二者世俗僧、三者啞羊僧、四者無慚愧僧。云何名勝義僧？謂佛世尊、若諸菩薩摩訶薩眾，其德尊高，於一切法得自在者；若獨勝覺、若阿羅漢、若不還、若一來、若預流，如是七種補特伽羅，勝義僧攝。若諸有情帶在家相，不剃鬚髮不服袈裟，雖不得受一切出家別解脫戒，一切羯磨布薩、自恣悉皆遮遣，而有聖法得聖果故，勝義僧攝，是名勝義僧。云何名世俗僧？謂剃鬚髮、被服袈裟，成就出家別解脫戒，是名世俗僧。」

此經文中已對勝義僧作了很詳細的定義，不但證得解脫果的二乘聖人都屬於勝義僧，而且是不論色身現在家相或出家相的；至於大乘法中的勝義僧，就更不必區分色身的出家相或在家相了；所以勝義僧的身分界定是很明確的，只有讀不懂經文的人，才會對勝義僧的界定有所爭執。所謂勝義僧是指七種有情，其中之一是菩薩摩訶薩，是指其德尊高，並且是於一切法得自在者；這樣的說法，有廣義及狹義兩種說法。狹義的說法是指初地以上的菩薩，因爲初地菩薩名爲見道的通達位，於般若正法的總相智、別相智已得通達自在。廣義的說法是指已明心的第七住位菩薩，也可以於般若正法具有少分的通達自在；而且這種智慧是阿羅漢勝義僧所不懂的，當然也都屬於勝義僧所攝，不論其身分爲在家或出家。何以故？證悟第八識後，不僅了知一切法不能外於第八識而有，而且對眞心的運作以及對眞心所含藏的種種功能差別也能夠漸漸了知，於般若妙法已得少分通達自在，並以此所得的總相般若智慧進修相見道位應證的般若別相智，最後於總相、別相都已通達自在而成爲見道通達位之初地菩薩；所以明心的七住菩薩也可以稱爲菩薩摩訶薩，不論是在家身或出家身，這與慧廣的只知聲聞凡夫僧表相，而不知聲聞勝義僧實質、不知大乘勝義僧實質，差距是極大的。（編按：經文亦說，斷我見證初果之預入聖流的佛弟子，就屬勝義僧所攝了，何況是證悟的菩薩。）

既然已證得生命實相而獲得般若總相智的人，可以稱爲菩薩摩訶薩，當然也有聖法、聖果可得；譬如明心正確而不退轉的人，不但已經明白阿羅漢所不知道的法界實相，有了阿羅漢所無的般若智慧，同時也必定是已斷我見、已斷三縛結的聲聞初果聖人，當然這樣的菩薩必定屬於勝義僧。只要實證了三乘菩提之一或全部，就成爲勝義僧，不因身爲出家人或在家人而有所不同；因此只要已經確實明心的人，不論在家人或出家人，都是菩薩摩訶薩，都屬於大乘勝義僧所攝。因為明心不是聲聞人所證的境界，而是大乘法中的菩薩才能證得，所以歸屬於大乘法中的勝義僧。

平實導師此世雖然示現在家相，然其佛菩提道的修證與第一義諦如來藏的親證完全依 佛的教示，符合大乘經典聖言量，也符合法界實相；一切親證法界實相者都可以印證這個事實，無可推翻，其證量早已不在凡夫、聲聞及見道位菩薩數中（已入修道位中）；在法義上通達三乘經典，四攝六度俱行，著書教化眾生，弘揚佛佛相傳的大乘了義正法；在世俗法上，更是福報莊嚴，出道弘法至今，不但不接受任何金錢物質供養，反而大量出錢出力為正法付出、為眾生的法身慧命付出。請問慧廣：您作得到嗎？當今世上有哪一位修行人能及？所以 平實導師當然是菩薩摩訶薩，當然可以稱為大乘勝義僧了，有何爭議可言？還勞慧廣撰文毀謗說 平實導師不是大乘勝義僧，這不是顛倒人，又是什麼？像慧廣這樣無知而妄謗的行為，不僅顯示他愚癡無智，也顯示他實在太大膽，不畏因果嚴峻而造下毀謗僧寶的愚癡行！

二者，經中也對出家作了明確的定義，如《大寶積經》卷八十五所說：【（彌勒菩薩）復白佛言：「世尊！此出家者唯形相耳，非眞出家。若諸菩薩眞出家者，謂離諸相，處於三界成熟眾生，方可名爲眞出家也。」】經中已明文界定，不是以色身出家的表相來認定爲眞出家，而是以能夠斷我見、我執，或是能夠明心見性而離開諸相虛妄，並能在三界中爲大眾宣說解脫道者，名爲眞出家；若是能同時以第一義諦來成熟眾生，才是大乘法中的眞出家者。但是，不必言及能在三界宣說第一義諦來成熟眾生或明心見道者，只要心非出家，不能清淨持戒、沒斷我見、無法離開諸相虛妄，認取世俗三界爲眞實等行爲者，都不是眞出家；是披僧衣枉受眾生供養、損耗自己福德的假名僧，只是身出家而心未出家的凡夫僧[94]。

又，在阿含諸經中所說的在家證果者，不論是在家人或出家人，其所證果位，佛也都說是沙門果——出家果；顯示在家身的解脫道證果者，也屬於聲聞法中的聖僧——是示現在家相的勝義僧；所以在家人證得阿羅漢而捨報時，出家身的阿羅漢也一樣要奉 佛之命前去爲他荼毗及供養的。這是阿含諸經中所載的聖教，難道慧廣都沒有讀過嗎？或是讀過而裝作不知，故意欺瞞大眾？

[94]編案：有些出家人修習在家的邪淫法（藏傳佛教雙身法），不僅是心不出家，而且連身出家的身分也已失去了，本質已不是出家人，徒具出家表相而已。

綜合上面的舉證可知，不論在家身或出家身，能夠明心的菩薩，都應稱為大乘勝義僧，亦名菩薩摩訶薩，是為眞出家的勝義僧寶；在聲聞法中斷我見乃至證四果的在家人，也屬於勝義僧寶，名為聲聞勝義僧，也是眞出家。若是未悟三乘菩提的出家人，即使嚴謹持戒不犯而仍然保有聲聞僧的戒體，仍僅是表相出家，是名世俗僧，亦名凡夫僧，不得名為勝義僧，不是眞出家。慧廣雖然外表現出家相，於大乘法中既未能證悟禪門應悟得的第八識，當然不是大乘勝義僧；他並將常見外道錯認為常住不壞心的意識，一樣認定為常住不壞心，當然是個未斷我見的凡夫，顯然不是聲聞勝義僧，頂多是個凡夫僧。正光這個說法，已在《眼見佛性》一書中提出許許多多證據證明過了；如今又不得不在本書中多次舉出慧廣落處的證據，再三、再四的證明，未曾一絲一毫冤枉了慧廣；這是慧廣無法否認的，已經證明他是個不折不扣的凡夫僧。

又慧廣以常見外道認定為常住不壞的意識心來取代 世尊所說不生不滅的第八識，已成就破佛正法、毀壞三寶之罪業；而且他這個破法的惡業是根本罪、方便罪、成已罪都具足的，這是佛門中的最重罪；而慧廣從來不曾為此公開懺悔滅罪，其聲聞戒及菩薩戒之戒體都已失去，本質上已經不是出家人了，僅剩下穿著出家僧服的表相而已。在此情況下，若以表相的世俗僧、凡夫僧來稱呼他，已經是很抬舉他了；所以慧廣不得名爲眞出家，更不是勝義僧所攝的僧寶。這決不是人身攻擊，而是就法論法、依聖教來論定的。既然慧廣不是勝義僧所攝，當然沒有聖法、聖果可得，因此緣故，慧廣說他已證得禪宗的生命圓滿，不僅是不如實語，而且已成就未得言得、未證謂證的大妄語業，聲聞戒體及菩薩戒體早已消失無存了，怎還能說是僧寶呢？

慧廣明知僧寶有勝義僧及世俗僧之分，也知勝義僧的證量遠高於世俗僧、凡夫僧，而昧於教義及事實，欲憑藉身上所穿的出家僧服來非議已見道的勝義僧 平實導師，如此只會使披著出家僧服表相上極尊貴的身分，反而被他愚癡無智的行爲在實際上加以貶抑了。這個道理，慧廣並不是不知道，只是爲了要遮掩自己是未悟凡夫的眞相而已，所以講了一堆無關法義的事相上言語，來轉移法義問題焦點，都不考慮到自己的無理行爲會使表相僧寶蒙羞。如果，慧廣欲有所狡辯，且待慧廣回答下面的提問，就可了知正光所言不虛了：

一問：「如果有人想要歸依三寶、修學佛法時，是歸依勝義僧較好呢？還是歸依世俗僧較好呢？」有請慧廣回答。想必慧廣已經不敢答了，因爲如果回答是勝義僧的話，就證明慧廣早已知道勝義僧及世俗僧之間的差異了，不僅再次證明正光所言眞實，也再次證明慧廣是世俗僧無疑；另外慧廣也必須證明意識心是眞心而且不能違背阿含聖教，但慧廣絕不可能不違聖教而能證明意識是眞心，這將會再一次由慧廣來親自顯示自己是凡夫僧了。如果慧廣回答「應該歸依凡夫僧」的話，則慧廣說法不僅與經典聖教顚倒，而且還是昧著良心說瞎話；則世間懂得基礎佛法的人都會嘲笑他明知故違，他也將會因此玷污了出家僧寶的尊貴身分。因此不論慧廣答或不答，都將前後失據，都是兩難啊！

二問：「請問慧廣，有哪一部經曾經說過：『在家人不能爲人授歸依』？」有勞慧廣用經文舉證，不論小乘經或大乘經的證據都可以舉出來，大眾欲知眞相。想必慧廣此時更答不得也！因爲翻遍三藏十二部經，並沒有一部經曾說過在家人不能爲人授歸依；並且在聲聞教的四阿含諸經中，早就已有在家身的佛弟子爲人傳授歸依的證據了；慧廣既以「智慧廣大」爲法名，應該不會說自己沒有讀過吧？更何況平實導師如同《大寶積經》卷八十五所說是眞出家，不但是出家僧寶所攝，更是大乘勝義僧，根本沒有所謂不如法的情形發生，怎麼會說不能爲人授歸依呢？

從上面的提問當中可知，慧廣早已經知道世俗僧及勝義僧之實際內容與分際，只是不能安忍自己的法義居於下劣之頹勢，爲了挽回自己未悟言悟而被拆穿的窘境，以免面子上覺得難看，欲用尊貴的出家表相身分，來壓抑示現在家相的大乘勝義僧 平實導師，所以專在事相上作無根毀謗，又妄說在家人爲人授歸依是不如法，他卻不知如此作爲早已成就毀謗二乘解脫道、大乘佛菩提道的勝義僧寶之重罪。

又 平實導師從來沒有說過未從其修學的出家法師就是凡夫僧，只說過沒有證悟的出家人是凡夫僧，慧廣豈可故意造謠、栽贓而作此無根毀謗？像這樣的無根毀謗，即可看出慧廣意欲誤導所有出家人共同反對 平實導師的企圖，可謂心性不直。因此，當他在說別人心行如何不對時，其實別人的心行並沒有不對，反而是慧廣自己不對，應檢討的是他自己才是；因爲他才是說不如實語之人，所作的正是人身批評、人身攻擊，也就是佛門中的「說是非人」，這絕對不該是尊貴的佛門凡夫僧所應爲之事。

又正光在網站看見，有人評論 平實導師以居士的身分爲人傳授菩薩戒，謗爲不如法，卻不知道他們自己對經論法義是如何的懵懂無知，何以故？《菩薩瓔珞本業經》卷二云：「**諸佛菩薩滅度後，千里內有先受戒菩薩者，請爲法師，教授我戒。**」經中已明文，只要是受了菩薩戒的人，不論他是出家人或在家人，都可以當傳戒的法師，都可以爲人傳授菩薩戒。又《菩薩瓔珞本業經》卷二：「**其師者，夫婦六親得互爲師授。**」這更說明：只要是已受過菩薩戒的人，於自己的父、母、兄、弟、妻、子之間，都是可以當法師而傳授菩薩戒的。從以上經文開示可知，只要是受過菩薩戒的人，只要能爲人宣講菩薩戒的戒相與義理，都可以爲人傳授菩薩戒，不論是在家身相或出家身相；更何況是已明心見性，且具有道種智的勝義僧 平實導師，早已具有無生法忍之道共戒了，當然更有資格爲人傳授菩薩戒；連傳戒都可以了，怎麼不能爲人傳授三歸依呢？[95]像網路上這些沒有讀懂經典、律典者，自以爲是而魯莽撰文毀謗 平實導師爲人傳授菩薩戒爲不如法的人，不僅證成他們自己的說法不如法，還成就了毀謗善知識之重罪，爲自己造下未來無量世的不可愛異熟果報，這都是只著眼於聲聞凡夫僧表相身分的愚癡人。

又慧廣一再地推崇密勒日巴，由此也已經證明慧廣是尚未見道的凡夫，正光便藉此因緣來談談他吧！密勒日巴是西藏密宗白教噶瑪巴的祖師，在西藏宗教和

---

95 編案：《阿含經》中更記載有示現在家相的女性菩薩童女迦葉，率領五百比丘遊行人間弘法度眾。

文化歷史中雖然有崇高的地位，可是他的說法仍離不開雙身修法與淫樂意識境界，仍然落入意識境界中，是不離心外求法的常見外道範疇。

在《密勒日巴大師全集》（歌集下）第三十四篇，密勒日巴與佛學家的辯論（張澄基教授翻譯，以下密勒日巴所有開示都以張教授翻譯為依據；這些資料，只要在網頁鍵入「密勒日巴」四字，都可以搜尋到，因此不列出處。不過正光已將相關網頁複製存檔，作為證據，以避免將來有人狡辯為無此網頁。）其中密勒日巴回答佛學家有關大手印及其修法云：「**我（密勒日巴）修大手印觀時，心住本然離造作，無散亂中鬆鬆住，空性境中明朗住，喜樂境中明體住，無妄念中惺惺住，眾緣境中平等住，此心如是安住已，無滅決信種種生，自明任運事業成，任何果報無需求，心離願求甚樂哉！希、懼二執盡除故，如是覺受甚樂哉！一切迷惑與妄念，盡成智慧甚樂哉！**」

密勒日巴以常住於一念不生而了了常知的境界，就是證得本來面目、法身，卻不知道此心仍是意識心；何以故？本心從來離見聞覺知、從來不在六塵中相應，故不於六塵中生起分別，如何會有「**心住本然、鬆鬆住、明朗住、明體住、惺惺住、平等住**」等意識境界出現？唯有落於意識境界的人，才會住於此等意識境界而說是證得本來面目；不幸地，慧廣正與密勒日巴一樣，同墮此一意識境界中，不離常見外道見，更以常見外道法來開示隨學者，不斷的誤導眾生，戕害眾生的法身慧命。

又藏傳佛教行者皆以意識境界之修證作爲即身成佛之「果位修行法」，以兩性合修淫欲貪行中，藉氣功控制而不洩漏精液，以延長淫樂高潮時間（或者洩漏精液而能將其吸回膀胱內，妄說不是行淫），妄想以淫觸之樂空無形相，如是安住於性高潮中一心不亂地專心受樂，說之爲空性；又說領受淫樂的覺知心也無形色，故也是空性；合此覺知心與樂觸爲一，如是體驗淫樂與覺知心合一，即是證得空性，名爲「樂空雙運」、「樂空不二」，名爲「大樂光明」。又藉氣功的力量，於持久不退的性高潮中，令覺知心安住其境不起一念，臆想不求射精之樂，曲解爲不對淫樂起貪心；如是久住於遍身性高潮樂觸境界之中，妄名爲「報身佛」大樂果報，自稱已證得正遍知覺（遍身領受淫樂知覺），自誇爲已證報身佛果，其實正是欲界中最粗重的煩惱、下墮之境界；此即密宗高推爲珍寶而秘不示人之「即身成佛」之道，亦即密宗引以自豪之「果位」修行法。可是這樣的說法，卻是全然違背阿含解脫道，更嚴重違背佛菩提道，都與常見外道所執著的意識境界相同，與釋迦世尊開示的成佛之道完全背道而馳，因爲 世尊曾開示：欲得佛身，須經過三大阿僧祇劫，明心見性、努力斷除煩惱障的種子現行、習氣種子隨眠、所知障隨眠，以及發十無盡願、廣大福德莊嚴其身以及圓滿道種智才能究竟成佛。所以，密宗「即身成佛」的說法與 釋迦世尊說法完全相悖，不離常見外道所墮的意識境界，並且遠不及常見外道；因爲常見外道尚且要求坐入一念不生境界中，要求遠離淫行，慧廣竟如此無知的推崇！

又密勒日巴所修證的明點，乃是觀想所成的內相分，屬於有形有相的心所法，攝入六塵中的法處所攝色中，不能外於色陰，是由意識心想像而成；而菩提心是無形無相的，是能生意識覺知心的第八識如來藏，與眾生十八界同時、同處遍在，無一時、無一界不遍，云何能藉意識之觀行而將菩提心如來藏變成明點？或聚集於肉團心間？或降入行者密處海底輪（男女根之根部）而成爲不遍十二處的局部小法？無斯理也！所以，明點絕非 佛所說的第八識阿賴耶識也！因此，密勒日巴所證的明點，完全是妄想法、是外道法，與佛法無涉，依此觀想而妄言已經成就佛地眞如者，乃是大妄語人，成爲斷一切善根的一闡提人；密勒日巴的修證，不外於如是外道境界，慧廣對此藏傳佛教外道邪法究竟是有所知？或無所知？若無所知，即不得名爲「慧廣」；若有所知還予以不斷支持，則成就與藏傳佛教一同嚴重破法的共業。

又密勒日巴在三十六篇對梅貢之〈修持心要〉開示云：「密勒日巴瑜伽士，愕然觀心見體性，洞見離戲似虛空！一切放下悟實相，證悟諸法體性空！鬆復鬆兮歸本元，明體河中清濁分！全捨頓斷妄念絕，六道險徑永滅跡！通達自心即佛故，無有所欲之可修！悟境由內開顯時，如彼極暗黑暗中，皓日突出光大千！一切煩惱妄念聚，不假斷捨與對治，法爾消融無蹤跡！」從上面可知，密勒日巴認爲意識心處於空明之境，無有妄念、一切皆放下時，就是頓悟本來面目，這說法與慧廣無絲毫差異，同墮離念靈知意識境界，仍然不離常見外道見解。

這樣的說法與禪宗眞悟祖師的說法完全相反，因爲禪宗證悟祖師常教人不可放下意識心，不可處於無念、無妄想中，反而要求參禪人常保意識覺知心處於疑情之中，去尋覓本來離見聞覺知、不在六塵起分別的第八識心如來藏。待一念相應慧生起，找到第八識，發現這個第八識從來離能所、從來無覺觀，從來不在六塵中起一念覺知，不須要去轉變祂遠離覺觀、遠離分別、遠離執著，所以不須要使祂離念，因爲祂無始劫以來本就離念、本就放下了！只有意識覺知心，才需要藉修行來處於放下、鬆鬆住，及住於有覺觀、有能所的境界中，因此密勒日巴所「悟」的心仍是意識心，不是本來無覺無觀的第八識如來藏。所以，密勒日巴與慧廣一樣，都墮於離念靈知的意識心中，與慧廣所說「**息心、無心、當下、放下、不執著、莫思量、莫染污**」如出一轍，沒有差別，都是以未悟之身誑稱爲已悟的博地凡夫。

又密勒日巴自稱已成佛，詳見《密勒日巴大師全集》（歌集下）第三十三篇二大成就者之會晤，密勒日巴對達馬菩提的回答：「**出生清淨五界子，洞見心之五淨分。如是成就之大言，我於超勝之佛地……。**」如果密勒日巴眞的已經是佛，應該對所有的世間法及出世間法完全了知才對，可是現見密勒日巴說法不僅違背世間法正理，也違背 世尊的開示，而且仍然落在意識常見之中，連我見都沒有斷；他連七住菩薩所悟的如來藏都還不能證得，居然敢誑稱「成佛」，眞是愚癡無智的異生凡夫！

從這裡可以了知，密勒日巴既然墮入識陰中，連自身的眞相識第八識尚且不知，如何可以稱爲明心證眞者？乃至狂妄自稱爲究竟佛呢？未悟的凡夫竟僭稱已成佛，已成就大妄語業，因此正光說密勒日巴已成就地獄種性，正是如實語，一點也沒有妄評他。由於慧廣舉密勒日巴欲證成自己的說法，來毀謗 平實導師，他萬萬沒想到反而被正光拈提，揭示密勒日巴與慧廣同墮離念靈知心中的事實，反而證明慧廣自己是常見外道，自取其辱；而且慧廣也已造作無根毀謗之罪行、惡業成就，眞是 佛說的可憐愍人！

又慧廣既然也提到古時破壞正法的安慧論師，正光也就跟你談談安慧好了。安慧在其著作《大乘廣五蘊論》卷一如是說：「云何識蘊？謂於所緣，了別爲性；亦名心，能採集故；亦名意，意所攝故；若最勝心，即阿賴耶識，此能採集諸行種子故；又此行相不可分別，前後一類相續轉故。又由此識從滅盡定、無想定、無想天起者，了別境界轉識復生，待所緣緣差別轉故，數數間斷，還復生起，又令生死流轉迴還故。阿賴耶識者，謂能攝藏一切種子，又能攝藏我慢相故，又復緣身爲境界故。又此亦名阿陀那識，執持身故。最勝意者，謂緣藏識爲境之識，恒與我癡、我見、我慢、我愛相應，前後一類相續隨轉；除阿羅漢聖道滅定現在前位。如是**六轉識及染污意、阿賴耶識，此八名識蘊**。」

源於聲聞部派佛教六識論的古天竺安慧論師的說法，有如下的過失：一者，將能生蘊處界的阿賴耶識歸於阿賴耶識自己所生的識蘊中，以此顚倒說來主張阿賴耶識是生滅法，完全違背因明學及世間法的邏輯，也違背 世尊的聖教。《大乘密嚴經》卷二如是開示：「諸仁者！阿賴耶識恆與一切染淨之法而作所依，是諸聖人現法樂住三昧之境，人天等趣、諸佛國土悉以爲因，常與諸乘而作種性，若能了悟即成佛道。」

既然阿賴耶識是一切染淨法之所依，所以是蘊處界及諸種子的所依心，是出生五陰（當然也是出生識陰）者，所以是萬法的根本，怎有可能是生滅法？既是一切染法、淨法的所依，當然一切法都是依祂而有，正是法界的實相，當然不可能是生滅法，當然阿賴耶識也就是 佛所說的眞心第八識了；因此 佛說能夠證悟阿賴耶識而不退轉的人，未來必定能夠成就佛道。反觀聲聞論師安慧，將能生識蘊、能生一切法的阿賴耶識攝入阿賴耶識所生的識蘊中，來主張阿賴耶識是生滅法，正是心行顚倒的人；但是慧廣竟然認同這種違背世間邏輯、違背因明學邏輯的聲聞論師的謬論，怎能服人？

二者，既然阿賴耶識是出生意識的眞心，祂無始劫來不生不滅，縱使在滅盡定、無想定、無想天中也仍然在運作，不曾刹那停止過，如何會是安慧所說在「滅盡定、無想定、無想天『起』者」？安慧論師既說阿賴耶識有生起的時候，與聖教所說相違，他就有義務說明是何時曾經生起？但安慧並沒有負責任的說明，他逃避了舉證的責任。安慧說阿賴耶識是有「起」之法，有「起」者，表示這個法有出生，未來必定壞滅。有生有滅的法，佛如何能說是不生不滅而且能出生意識的眞心呢？慧廣不依 佛的聖教，而認同安慧的主張，認爲安慧的說法才對，援引來支持自己所墮的意識境界，身穿僧衣的慧廣究竟是不是佛弟子呢？

三者，既然經典都說：阿賴耶識是眞心，祂離見聞覺知，不對六塵起分別，沒有證自證分，如何會有安慧所說「與我慢相相應」呢？唯有意根與意識才會與「我慢相」相應。這個道理，只要稍微熏習過佛法正知見的佛弟子都能知道，而安慧竟然不知道，乃至公開寫在論中流通，用以誤導眾生，而慧廣竟會認同他的邪說！究竟有什麼證量可說呢？若無證量，又如何可以妄評實證的賢聖呢？

綜合上述可知，安慧嚴重誤解 佛所說阿賴耶識眞義，將不生不滅、能生蘊處界及一切法的阿賴耶識，返歸於阿賴耶識所生的識蘊中，是其心顚倒的凡夫；也難怪古時聖 玄奘菩薩、窺基大師乃至今時 平實導師都要加以辨正，都明白揭示安慧是破佛正法的人；今時因應慧廣支持安慧破壞正法的愚行，正光免不了也要略作辨正。至於安慧其他破佛正法的主張，請恭閱《成唯識論》、《成唯識論述記》

以及 平實導師的《識蘊眞義》之舉例辨正，於此不再贅言。

至於慧廣所提到的 龍樹菩薩，他一直是 平實導師公認的證悟菩薩，並無一絲一毫批評與毀謗，慧廣揑造莫須有的事實作無根毀謗，說 平實導師否定 龍樹菩薩，這完全是毫無根據的栽贓，已經顯示慧廣的心行不直。從 平實導師著作《燈影》第四四四頁—四七四頁，就可看出對於 龍樹菩薩的推崇；而且正光也在《眼見佛性》一書第一七三頁—一八三頁中，將此一事實證明過了；是慧廣自己無明所障而堅執離念靈知心爲眞心，讀不懂 龍樹菩薩於《中論》所宣揚的般若中道就是如來藏法、不懂 佛所說的中道正義就是如來藏法，以自己偏斜的常見外道法來污衊 龍樹菩薩及平實導師所弘揚的如來藏法。

慧廣如是妄說：「因爲從龍樹的般若中觀思想中，看不到有第八識、如來藏。坦白說，連教主釋迦牟尼佛，也應屬於他眼中的附佛外道，因爲從記載佛陀言行的四部《阿含經》中，我們找不到佛陀有談到第八識與如來藏。（《禪宗說生命圓滿》第一五二頁）」

慧廣又說：「多年來但見他（他們）不斷的批評、攻擊佛教界有名望的法師長老，連歷史上的祖師（蓮花生、宗喀巴、密勒日巴、龍樹、安慧……），所談只要阻礙了他的學說，也毫不客氣拉出來批評。（《禪宗說生命圓滿》第二一四頁）」

以此夤緣及栽贓的手段，妄指 龍樹菩薩也是落在意識境界的凡夫，以遮掩自己誤會 龍樹菩薩甚深密意的實情，扭曲 龍樹菩薩之法義用來否定 平實導師所弘揚的如來藏法；這樣的行為，更顯現他的愚癡無智及成就毀謗善知識之業行。慧廣以自己對 釋迦世尊及龍樹菩薩以如來藏為中道心的誤解、曲解，將 世尊及龍樹所證的第八識境界，強拉下來附和自己所墮的意識境界，用來牽強附會自以為「悟」的離念靈知常見外道法，用來反對完全符合 釋迦世尊及龍樹菩薩開示的 平實導師，乃至無中生有而作無根毀謗，以此妄謗三寶、曲解法義的行為而說為護法，不知自己其實正在破壞正法——與常見外道的意識境界合流，讓 佛的正法漸次消失殆盡，其過大矣！身為出家人，理應護持 世尊正法，卻將常見外道法引入佛門，用來破壞 佛的正法，還說自己正在護法；若不是極度愚癡，那就是別有居心了。

慧廣說：「坦白說，連教主釋迦牟尼佛，也應屬於他眼中的附佛外道，因為從記載佛陀言行的四部《阿含經》中，我們找不到佛陀有談到第八識與如來藏。」可見慧廣完全不懂北傳四大部的《阿含經》，在四大部的《阿含經》中，很清楚地記載有第七識意根與第八識如來藏，平實導師已在《阿含正義》七輯著作中，很清楚分明地舉證出來：世尊確實是以第八識心的常住性、金剛性、寂滅性，來爲聲聞羅漢們解說聲聞涅槃之道。現有《阿含正義》七輯著作俱在，一一證實無誤，不容慧廣狡辯爲無；但慧廣說四大部《阿含經》中沒有講過第八識，那麼慧廣顯然是在誣衊 世尊沒有證得第八識，是嚴重誹謗 世尊而成爲謗佛者及謗法者。慧廣又以他誤會《阿含經》義理之後的邪見，來栽贓說「平實導師指控世尊爲附佛外道」，又成爲無根誹謗賢聖的愚行，只能爲慧廣嘆息：眞是愚不可及的凡夫僧。

又慧廣也談到：「古來高僧大德，哪位不護法？」正光卻說慧廣這句話僅說對了一半。不論身爲在家人或出家人，所有佛弟子理所當然要護法，可是卻要看你護持的是什麼法？如果你護持的是 釋迦世尊的正法，包括了義正法及表相正法，當然正光非常認同，也會隨喜讚歎；因爲護持 世尊的正法有大功德，可以修集自己見道、修道所需的福德資糧，爲今時或後世的明心與見性作準備，也爲未來成就佛道作準備，也可以利益學佛人。如果你所護持的是常見外道法，如聖嚴法師、惟覺法師等意識常見之法，或如護持兼具常見、斷見外道法的印順、昭慧、性廣、證嚴、星雲等，或如護持藏傳佛教邪淫外道的達賴喇嘛、大小活佛、仁波切等，都是在護持滲入佛門中的外道法，都是在破壞 佛的正法，非但沒有功德，反而有壞法共業的大罪過。如今慧廣所護持的都屬於壞法者，都屬於以外道法取代眞正佛法的破法者，慧廣心中究竟是怎麼認知護法的眞義呢？

又 平實導師之能見自己「於過去諸佛座下出家以來已歷無量世，於本師釋尊座下出家以來亦已二千餘年」，之能見「二千餘年前親在佛座下時雖已明心，然而眼見佛性之緣，直至千年前親遇大善知識克勤圓悟大師之時，以心性單純、信心具足及福德具足故，殷勤奉侍、力護正法，是故親得傳授見性之法」，是因爲 平實導師平常對煩惱障、所知障精進的斷除，道種智不斷的增上，禪定的實證以及 釋迦世尊冥冥加持下，使得 平實導師在定中或在夢中，由於末那連續識可以任運接觸往世所修的有漏、無漏業種，讓過去世所熏修的業行內容，得以片段、片段的現行，再經過整合思惟，得以了知往昔的因緣而如實說出，與高推己境或故示神異無關；這都是心地清淨及十迴向滿心如夢觀功德的緣故而產生的自受用功德，與神通無關，故與示現神異無關；而且正是經中所說「菩薩不修神通而能了知往世宿命，故名不可思議」的寫照；這樣的修爲次第與境界，與經典相合，不是下地的人所能領會，更何況於大乘法修學次第知見不足者所能認知。慧廣雖然目前無法修證、無能少分領會，既著僧服受眾供養，當好好深入經典增加知見，豈可不察其中因緣，而誣謗為示現神異？

又慧廣不知世俗人的神異與菩薩不修宿命通而能了知往世業緣的異同所在，也不能探討 平實導師所說的般若眞實內容，也不懂菩薩心得清淨時可以少分了知宿命的證境；所以慧廣以不知宿命因緣智慧、不懂般若證境的凡夫身，反誣 平實導師爲「高推己境，故示神異」，因此導致他無法從 平實導師書中所說般若與道種智妙義，獲得絲毫的增上；如是行爲，可以證明慧廣對神異及般若智慧都是一竅不通的，只是爲了要模糊焦點，遂在事相上廣造無根毀謗 平實導師爲「高推己境，故示神異」、謗爲「用意不外是吸引信徒崇拜」、謗爲「自我造神運動，用以迷惑人」；既是誣謗之說，則「神異如果不實，就是犯大妄語；如果眞實有，說出來也犯了『過人法』，在出家戒上是犯戒的，但蕭先生是在家人，他不知也不理會」等說法，也就毫無意義了！慧廣專在出家身相與在家身相上面廣作文章，落在色身所穿的僧衣表相中，不知僧衣是無情物，不能幫助他實證心地法門；慧廣也不知僧衣不是實證境界的表徵，實證 世尊所說的第八識境界才是實證佛法境界的表徵。慧廣落入僧衣崇拜中，只看重色身是否聲聞出家人的表相，全然不懂勝義菩薩僧的眞義，意圖因爲身披聲聞僧衣而博取恭敬，意圖假藉僧衣的威德，高推常見外道的意識離念靈知爲 世尊所證的不落於三界的境界，完全不想在證法上面用心，讓正光不得不搖頭嘆息曰：「竟有如此愚癡無智的出家人，異於淡泊名利而眞正修行的其餘出家人。」這與從來不受禮拜、恭敬，與從來不曾受人錢財供養，與不曾從正覺同修會受領過任何薪資或錢財，與純屬義務傳法並且出錢出力的 平實導師，根本不能相提並論：因爲慧廣是全缺應供，而又錯說法誤導別人成就大妄語業的人。

又菩薩不需示現神通，也可以示現不可思議的境界，譬如在夢中爲人說法以及施用機鋒助人開悟。如果菩薩與某人往世有深厚的緣分，如曾爲眷屬或爲師徒，今世有緣得以在一起共修，菩薩就可以藉著自己如來藏之不可知執受而在夢中爲人說法。然此菩薩在夢中爲人說法時，有緣人可以在夢中親領受菩薩說法，乃至有因緣得以悟入。像這樣的案例極多，在正覺同修會中的例子更多；乃至有多次的案例，是正光所教的班級學員們夢見 平實導師與正光一起出現，爲他（她）解說佛法，乃至施設機鋒幫助學員開悟，然後在禪三道場中被驗證。但這並不是故示神異，而是感應道交的事例，是正覺同修會中的平常事；在其他親教師任教的班級學員中，也有許多不曾面見 平實導師的學員，在夢中被 平實導師引導觸證如來藏，或在夢中被親教師引導而觸證如來藏；這對一般人而言，可說是無法思議的現象，當然更不是慧廣所能想像的。

在清醒位中，菩薩不需示現神通，也不樂於故示神異，卻在法義辨正當中，依自心所證悟第八識勝智境界如理、如實而說，所說無不是甚深極甚深、而且是眾生聞所未聞法，所作所爲無不針對邪師說法之落處加以拈提評唱，藉著錯誤法義的辨正，使眾生可以了知正法與邪見看似相似卻有大大差異之處，即能遠離邪見而趣入正法中；但心性不直爽的人，爲了自身的利害關係，常將菩薩救護學人法身慧命的法義辨正義行，誣指爲人身攻擊、謗爲我慢極重的人。

然而菩薩於演說甚深了義法以及摧邪顯正當中，所說言語雖極犀利而廣破邪見或錯悟者，卻又直指人心欲助邪見者及諸眾生皆能悟入實相；其所作所爲無不是利益眾生，不顧得罪錯悟大師乃至甘冒生命危險而義無反顧，而心中卻無一絲一毫的慢，也沒有一絲一毫爲自己作打算，完全是爲眾生能夠遠離邪知邪見、爲眾生能夠回歸解脫道及佛菩提道而設想。這樣的心行，卻不是心已迂曲的慧廣所能想像的！何以故？菩薩親證生命實相，如實的走過來，回頭反觀眾生被有名法師、有名居士誤導而長劫輪迴生死無法出離，感同身受及悲愍眾生的緣故，不禁發起大悲心而作獅子吼，不畏生命危險出面破斥外道邪說，所說無不針對有名法師、有名居士說法落處進行法義辨正及摧邪顯正，逼令一切錯說佛法者改邪歸正，所以菩薩所說、所作、所為，無非是在利益眾生，何有人身批評、人身攻擊及慢心存在？所說都是如實語故，純屬解說法義正訛故，非為諍勝故。

由於慧廣故意分不清楚**人身批評**與**法義辨正**的分際，妄評菩薩的摧邪顯正是在作人身批評、攻擊，誣謗為「我慢」，眞是顚倒啊！所以我們在慧廣的文章中，根本看不到一個自稱已經證悟者所展現出來無我的風貌，完全在自己貪瞋癡慢疑相應的人我是非上面作文章，所說根本是在法義辨正的範疇之外了。因此，慧廣是凡、是聖？由其心行及所說法義來證明其尚未斷我見，已可判定了！他所說的「明心見性」，經過正光一番法義辨正之後，也已證明慧廣既未明心，更未見性，是以未悟者的身分，大妄語為已悟者，這與眞悟祖師必斷我見的情況，是大不相同的。

最後，針對這一章作個總結：慧廣自身已墮離念靈知心中，錯將此生滅的意

識心當作　佛所說的不生不滅第八識心，不僅是　佛在四阿含中所斥的常見外道，而且已成就未得言得、未證謂證的大妄語業。已成就大妄語業的慧廣，不思己過、不圖懺悔補救，卻反其道而行，變本加厲再謗　平實導師之法義辨正爲人身批評、人身攻擊，更謗如實說法者爲有慢者；然而經過法義辨正以後，卻證明慧廣自己所說才是完全與佛教、與禪宗義理相悖，所行也是嚴重違背佛教最重戒律。他以外道法爲基礎來評論　平實導師時，正光爲了救護眾生法身慧命免受其誤導，當然要出來作法義辨正，以救學人及慧廣。

又慧廣將　平實導師所演述微妙的道種智說之爲神通、高推己境、故示神異，說之爲：「**說穿了，就是自我造神運動，用以迷惑人。**」但造神運動是專在神通及事相上作文章，從來不談法義，更不作法義辨正的；慧廣卻違反事實而加以誣謗，顯示出他的**人格**是有問題的，不僅失去了聲聞僧的**僧格**，更談不上大乘凡夫僧的**僧格**了，那又怎能有資格來評論別人呢！

慧廣云：

《楞嚴經》卷六：「阿難：如是世界六道眾生，雖則身心無殺盜淫，三行已

圓，若大妄語，即三摩地不得清淨，成愛見魔，失如來種。」「所謂未得謂得、未證言證，或求世間尊勝第一。謂前人言：我今已得須陀洹果，斯陀含果，阿那含果，阿羅漢道，辟支佛乘，十地地前諸位菩薩。求彼禮懺，貪其供養。是一顛迦，銷滅佛種，如人以刀斷多羅木。佛記是人永殞善根，無複[96]知見；沈三苦海，不成三昧。」「我滅度後，敕諸菩薩及阿羅漢，應身生彼末法之中，作種種形，度諸輪轉。或作沙門、白衣居士，人王宰官，童男童女，如是乃至淫女寡婦，奸偷屠販，與其同事，稱讚佛乘，令其身心入三摩地。終不自言我眞菩薩，眞阿羅漢，泄佛密因，輕言末學[97]。唯除命終，陰有遺付……。」

正光辨正如下：慧廣舉《楞嚴經》卷六說法的用意有二：一者，暗示平實導師及正覺同修會已證悟的菩薩是未得謂得、未證言證；二者，暗示平實導師「自言我眞菩薩，眞阿羅漢，泄佛密因，輕言未學。」從這裡就可了知，慧廣對佛法是眞的無知。正光爲了避免今時及後世的人不明事理而妄加毀謗，導致證悟無門，

[96]正光案：應爲「復」，慧廣打字錯誤。
[97]正光案：經文所說是「未學」。

今解釋如下：

一者，平實導師自從證悟以來，所說法義無不深契三乘經典，所說法義莫不是當今之世聞所未聞法，卻又都完全符合三乘諸經聖教，極爲難得。譬如　平實導師在書中所開示的：十八界都滅，就是無餘涅槃的本際，也是第八識自住的涅槃境界；當代聞所未聞，卻與《般若波羅蜜多心經》所說無異：「**無眼耳鼻舌身意**（沒有六根），**無色聲香味觸法**（沒有六塵），**無眼界，乃至無意識界**（沒有六識）。」

又譬如在悟前，教導學人區分眞心與妄心二種，並指示要離心意識（離三世意識心的方向）參，遠離意識境界而不要落在意識心中，不要妄取意識的境界作爲證悟的境界，要這樣去找本來離見聞覺知的第八識眞心，避免學人將見聞覺知妄心當作眞心。待證悟後，卻告訴證悟者說：妄心是眞心的局部體性，也是眞心的功能差別之一，所以一眞一切眞，完全符合「一眞法界」及「一心有八識」的說法；這是當代大師與學人聞所未聞的妙義，卻完全契合三乘聖教。

又譬如悟前告訴學人，這個眞心從來離見聞覺知；待證悟後，卻告訴學人這個眞心並不是完全無知，還是有分別性，但不是像識陰六識專在六塵中起分別，祂是對七轉識的心行能夠完全了知，卻不在六塵境上起分別，所以名爲無分別心。

這完全符合《維摩詰所說經》卷一說法：「知是菩提，了眾生心行故。不會是菩提，諸入不會故。」這也是當代大師與學人聞所未聞法，又完全符合經中聖教，都可以通過三乘經典的印證，全無所違。從這裡就可證明，平實導師是證悟的人，以過來人的身分，教導正覺同修會的同修們能夠證悟此心；所以 平實導師及正覺同修會明心證眞的同修們，都沒有慧廣所說的未得言得、未證言證的大妄語業。

反觀慧廣所證悟的「心」是離念靈知的意識心，每天只要醒來就有能所與覺觀，從來落在六塵中，正是生滅法，完全不符經典開示；慧廣又無法演說甚深第一義諦法，所以慧廣不離意識種種變相境界而演說常見外道法，而他爲人印證的禪宗開悟境界，也都是以離念靈知意識作爲眞心，落於我見，還在凡夫位中；而禪宗眞悟祖師所悟的第八識如來藏，卻被慧廣謗爲外道法，因此已由慧廣自己來證實慧廣是未斷我見的凡夫了，根本就無資格與任何證悟者對話。故說慧廣在《禪宗說法與修證》、《禪宗說生命圓滿》等書公開宣示他已開悟，乃是不如實語、大妄語，因此慧廣才是《楞嚴經》卷六所說未得言得、未證謂證的大妄語人。

二者，世尊說：「終不自言我眞菩薩、眞阿羅漢，泄佛密因，輕言未學；唯除命終，陰有遺付。」乃是限制像法、末法時期的菩薩們，乘願再來人間時，不可在生前明講自己的果位以圖自身之名聞利養；但可以將自己所悟、所證，傳授給有緣人；捨報時就可以爲人明講而起眾人之大信，然後交待應作的種種事務。經文如是說：「或作沙門、白衣居士、人王、宰官、童男、童女，如是乃至婬女、寡婦、姦偷、屠販；與其同事，稱歎佛乘，令其身心入三摩地。」（《楞嚴經》卷六）

經文中明說：菩薩發起大願而重新受生於人間時，有時作出家沙門，有時作身穿白衣的在家居士、國王……，乃至妓女、姦偷、屠販等下賤行業中人，都可以爲人說法而任**法師**之職，然後教導同一事業的眾生學佛；那時不可以自稱是等覺、十地、十迴向、十行、十住的菩薩，但是以其所證的法義與證量，是可以觀察因緣具足者而作教導的；命終時若仍有未完成應作的事務，但是難行難爲而可能無人承接時，爲達到目標，可以說明自己的果位而使人生起大信心，而能勉勵受學的弟子們努力的承擔未完成的弘法利眾大業；而且不許輕易的洩露佛法最祕密的根本因如來藏的所在，否則就是「泄佛密因」；更不可輕視任何人，但是卻要教導隨學的大眾們進入實相般若三摩地中。這才是這一段《楞嚴經》中的眞義，平實導師也正是如此奉行，爲大眾說法及指導大眾建立正知見與參禪的功夫，然後幫助大眾「令其身心入三摩地」；慧廣卻是一再質疑，想要藉質疑而在回覆的文章或書刊中來竊知佛法的最大密因，正是謗法、壞法、盜法、謗賢聖者。

又這段經文中明說菩薩在 佛陀入滅以後，常常會受生為出家人、白衣居士……等，不會專門示現作聲聞相之沙門（聲聞出家人）的；但是慧廣只要看見不是聲聞相的法師，他就輕視而全無絲毫信受之智慧；在他書中雖然文字分量極少（不到本書分量的四分之一），卻是處處輕視在家菩薩；如是作為，正好與他引述的這一段經文聖教全然相違，惡心指責依 佛聖教乘願受生為在家相的菩薩，豈非心行顛倒？

佛陀入滅後示現於人間的菩薩們，有在家相及出家相的差別，在世時往往不明示往世的身分，多是在捨報時才明講的。譬如唐朝豐干禪師、寒山及拾得三位大士，是 彌陀世尊、文殊師利菩薩及普賢菩薩的示現；其中一位是現沙門比丘相，另外兩位則是現在家人相，當大眾了知其眞實身分後，祂們就消失於人間了。古籍記載如下：

【豐干（禪師）出雲遊，適閭丘胤出守台州，欲之官（赴任）。俄（不久）病頭風，召名醫莫差（無法治癒）。豐干偶至其家，自謂善療此疾，閭丘聞而見之。師持淨水噀之（將水含在口中噴出），須臾祛殄（不久病症驅除滅盡），因是大加敬焉。問所從來，曰：「天台國清。」曰：「彼有賢達否？」曰：「寒山文殊，拾得普賢，當就見之。」閭丘至任，三日後即到寺。問曰：「此寺曾有豐干禪師否？」曰：「有！」「（豐干舊院）院在何所？寒山、拾得復是何人？」時僧道翹對曰：「豐干舊院即經藏後，今闃（寂靜無聲）無人，止有虎豹，（有）時來此哮吼耳。寒山、拾得二人，見在僧廚執役。」閭丘入（豐）干房，唯見虎跡縱橫（到處有老虎蹤跡）。又問：「干在此有何行業？」曰：「唯事舂穀，供僧粥食；夜則唱歌，諷誦不輟。」如是再三嗟嘆（感慨而讚嘆），乃入廚見二人（寒山、拾得），拜之。二人起，走曰：「豐干饒舌！彌陀不識，禮我何為？」遂攜手出松門，更不復入寺焉，豐干後不知所終。】（《神僧傳》卷六）

想必慧廣若遇到 文殊、普賢化現的 寒山、拾得二人時，也一樣會輕視而毀謗的，因為慧廣從來是以色身的出家相或在家相身分來判定佛法修證的對錯或高下，不是以心出家為準。

又譬如布袋和尚是 彌勒菩薩化身，平常遊戲人間，時時示現機鋒度人；當代人以為布袋和尚瘋顛，遂不理他。待布袋和尚說出真實身分後，隨即示現入滅，世人方知祂是 彌勒菩薩應世。《五燈會元》卷二記載如下：【梁貞明三年丙子三月，師（布袋和尚）將示滅，於岳林寺東廊下，端坐磐石而說偈曰：「彌勒真彌勒，

分身千百億；時時示時人，時人自不識。」偈畢安然而化。其後復現於他州，亦負布袋，四眾競圖其像。】

此後，到處有人圖繪 布袋和尚的形像，當作 彌勒菩薩供奉；至今仍有許多寺院供奉的 彌勒菩薩，是以 布袋和尚的形像爲其法相[98]。但是 布袋和尚示現的種種機鋒，都是在引導有緣人悟入第八識如來藏，從來不是在離念靈知意識心上作文章；慧廣落入意識離念靈知中，當然讀不懂 布袋和尚的公案。慧廣將來若有機會悟入的話，一讀就懂得 布袋和尚的大慈大悲了！那時慧廣將會後悔不迭，怨怪自己今天的無智、魯莽與過慢了！

又譬如無著文喜禪師知道 文殊菩薩眞實身分後，文殊菩薩即不示現了。原文如下：【無著文喜禪師入五臺山求見文殊，忽見山翁，(無)著揖曰：「願見文殊大士。」翁曰：「大士未可見，汝(吃)飯未？」著曰：「未！」翁引入一寺，引著升堂命坐，童子進玳瑁杯(用海龜殼做成的杯子)，貯物如酥酪，著飲之，覺心神清朗。翁曰：「南方佛法如何住持？」著曰：「末代比丘，少奉戒律。」曰：「多

[98]當來下生成佛的 彌勒菩薩如今住持兜率天內院，弘揚一切種智唯識妙義，卻是示現在家身相——莊嚴的天人相。

少眾？」曰：「**或三百，或五百**」。著問：「**此間佛法如何住持？**」曰：「**龍蛇混雜，凡聖同居。**」曰：「**眾幾何**（有多少人）？」曰：「**前三三，後三三。**」遂談論及暮；翁命童子引著出。行未遠，悽然（悲傷的樣子）悟翁即文殊也，不可再見。稽首童子，乞一言為別，童子有「無垢無染即眞常」之語，言訖，童子與寺俱隱。但見五色雲中，文殊乘金毛獅子往來，白雲忽覆之不見。】（《神僧傳》卷八）

從上面三個例子可知，等覺菩薩身分極為尊貴，所以都不輕易讓眾生知道，待其表示身分後即不再示現。然而大菩薩在人間的示現，會遵守佛的告誡，在捨壽時還是會說明往世的名號。但是在極親近的弟子之中，一樣會有一些人知道而不會明講出來的；若是古時曾有典籍詳細記載的人，弟子們更可以從種種方面來判斷而確定，譬如心性、作為、性障、證量、願力、悲心……等方面，都可以取來作為判斷的依據。因為，很多方面都不是一世、二世就可以模仿得來的，當然弟子們也都同樣會被禁止明說出來。所有地上菩薩的證量，當然都有能力取證阿羅漢果，但是終其一生都不會自稱是阿羅漢，唯除命終前 世尊有特別囑咐。

這些都不是聲聞心性的慧廣所能知道的，雖然慧廣一定不接受他是聲聞僧的定位，但是他種種行為與認知等事實擺在眼前，**崇拜聲聞僧衣身分**的事實更為明顯，慧廣是無法辯解的。經過正光這樣說明之後，想必慧廣心中還是不服，因此正光再舉一些問題，有請慧廣回答；待慧廣回答後，就不得不服氣了（當然他還是可以繼續口中不服）。

一問：我們可以在《大寶積經》、《維摩詰所說經》、《大般涅槃經》……中看見很多人以菩薩自居，是不是慧廣也認爲這些自言已是菩薩的人，都屬於違背佛的開示，就可以說這些人不是菩薩了？有請慧廣回答。（想必慧廣答不得也！因爲，經中明明說這些人是菩薩，而且有許多人以地上菩薩自居，能夠在十方世界來去自如；一旦否認之，即是毀謗這些菩薩，成爲地獄種性人。）

二問：古時有許多證悟的祖師，如克勤圜悟禪師、南泉普願禪師、羅漢桂琛和尚……等，皆自稱是證悟的菩薩，也自稱爲「老師[99]」，是不是這些自言已是菩薩，自言已是「老師」的證悟祖師，慧廣也想要否定這些人的菩薩身分？或剝奪他們的「老師」身分？有請慧廣回答。（想必慧廣答不得也！何以故？因爲，這些人

99正光案：古時證悟的人經歷二、三十年的弘法，智慧辯才無人能加以否定時，才可稱爲「**老師**」。初悟的人及久悟而智慧辯才不夠好的人，都不敢以「**老師**」自居，因此「**老師**」一詞，在古時是非常尊貴的，不是普通人乃至今時凡夫俗子也隨便稱呼「**老師**」的。

都是大家公認的證悟菩薩，不是慧廣所能否認的；如果否認的話，慧廣即成就毀謗這些證悟菩薩未悟的重罪。）

三問：慧廣也公開宣示自己已經明心證眞，也是以菩薩自居的。請問：慧廣自己有沒有違背《楞嚴經》中禁止自稱「我是眞菩薩」的開示？有請慧廣公開回答，大眾欲知。（慧廣更答不得也！如果回答：「是」，即承認自己是菩薩，與自己的說法相背。如果回答：「不是」，則是與自己的說法前後顚倒，又有何資格來責備他人弘揚之正法爲非法呢？所以答是與答非，對慧廣而言，俱是兩難，難以風光下臺了！）

因此，等覺菩薩、阿羅漢終不自言我是眞菩薩、眞阿羅漢而「**洩佛密因，輕言未學**」；唯除命終，佛有特別囑咐外。凡是已受菩薩戒的人，都可以菩薩自居；受戒後又證悟如來藏而明心的人，當然更可以菩薩自居。既然證悟的人可以自稱爲菩薩，平實導師所悟的眞心又能與一切三乘經典印證，當然是菩薩了，有何爭議在？何勞慧廣出書否定 平實導師所悟非眞，誣謗他不是菩薩！凡是已觸證第八阿賴耶識如來藏的人，都能與經典相印證，都會認同 平實導師的說法，都可以稱爲菩薩；唯有錯悟的人、未悟的人，才會不認同他的說法，乃至無根毀謗。慧廣以未證悟如來藏而且未斷我見的凡夫身，否定已證解脫法及證悟如來藏的 平實導師，甚至謗為未悟，謗為非菩薩；反而是由慧廣自己證明了「慧廣所悟非眞，不是證悟的菩薩」；而且慧廣既然落在意識心中，妄執離念靈知為眞如佛性，同於常見外道，更是明白的曝露出自己的凡夫本質。慧廣自己舉出《楞嚴經》的說法，正好用來證明慧廣自己是錯誤的，更證明慧廣對佛法的無知了。

慧廣云：

修學禪宗必看典籍：

略辨大乘入道四行／菩提達摩祖師著（景德傳燈錄三十）

信心銘／三祖僧璨著（大正藏第四十八冊）

心銘／法融禪師著（景德傳燈錄卷三十）

六祖壇經／六祖惠能著（大正藏第四十八冊）

顯宗記／荷澤神會禪師著（景德傳燈錄卷三十）

證道歌／永嘉禪師（大正藏第四十八冊）

頓悟入道要門論／大珠慧海禪師著（景德傳燈錄卷六）

傳心法要／黃檗希運禪師著（大正藏第四十八冊）

眞心直說／高麗知訥禪師著（大正藏第四十八冊）

修心訣／高麗知訥禪師著（大正藏第四十八冊）[100]

正光辨正如下：慧廣所列「修學禪宗必看典籍」，其中有證悟祖師的典籍，也有錯悟祖師的典籍。錯悟祖師是牛頭法融禪師、高麗釋知訥禪師、高麗普照禪師。由於慧廣並未明心，落在意識心中，故無法簡擇證悟祖師所悟眞實心的內容，轉而認離念靈知心爲眞心，難怪他會將未悟祖師典籍列入他所認爲的「修學禪宗必看典籍」內；以此常見外道見，指導禪和子修學禪法，使與他有緣的禪和子們同墮離念靈知心中，乃至同墮大妄語業中。因此，正光藉這個機會來說明這三位錯悟禪師的落處。

在牛頭山法融禪師的文獻當中，根本看不出他有證悟的事實，因此古時多有證悟祖師拈提牛頭山法融禪師未悟，所以《景德傳燈錄》中對於法融禪師錯悟的事情有如此的記載：「**諸方舉唱甚多，不可備錄。**」是說諸方眞悟的禪師對法融禪師錯悟的評判非常多，無法全部記入錄中。直至二十一世紀的今天，法融禪師仍免不了 平實導師的拈提（詳見《宗門正眼》公案拈提第一輯，第九十九則〈牛頭怖

100正光案：修心訣是高麗普照禪師所著，並非高麗釋知訥禪師著作，應是慧廣的疏失。

佛》）。爲了使慧廣及大眾了知法融禪師的墮處，正光舉法融禪師公案及其《心銘》略說如下：

【金陵牛頭山法融禪師：唐貞觀中，四祖（道信禪師）遙觀氣象，知彼山（牛頭山）有奇異之人，乃躬自尋訪，問寺僧：「此間有道人（證悟的人）否？」曰：「出家兒，哪個不是道人？」祖曰：「阿哪個是道人？」僧無對。別僧云：「此去山中十里許，有一懶融，見人不起，亦不合掌，莫是道人？」祖遂入山，見師端坐自若，曾無所顧；祖問曰：「在此作什麼？」師曰：「觀心。」祖曰：「觀是何人？心是何物？」師無對，便起作禮，師曰：「大德高棲何所？」祖曰：「貧道不決所止（居無定所），或東或西。」師曰：「還識道信禪師否？」曰：「何以問他？」師曰：「嚮德滋久，冀一禮謁（進見）。」曰：「道信禪師，貧道是也。」師曰：「因何降此？」祖曰：「特來相訪。莫更有宴息（休息）之處否？」師指後面云：「別有小庵。」遂引祖至庵所。繞庵唯見虎狼之類，祖乃舉兩手作怖勢，師曰：「猶有這箇在？」祖曰：「適來見什麼？」師無對。少選（不久），祖卻於師宴坐石上書一佛字，師睹之悚然（恐懼），祖曰：「猶有這個在？」師未曉，乃稽首（俯首至地的最敬禮）請說眞要。祖曰：「夫百千法門，同歸方寸，河沙妙德總在心源；一切戒門、定門、慧門、神通變化，悉自具足，不離汝心。一切煩惱業障本來空寂，一切因果皆如夢幻。無三界可出，無菩提可求。人與非人，性相平等。大道虛曠，絕思絕慮，如是之法，汝今已得，更無闕少，與佛何殊？更無別法。汝但任心自在，莫作觀行，亦莫澄心；莫起貪瞋，莫懷愁慮；蕩蕩無礙，任意縱橫；不作諸善，不作諸惡；行住坐臥觸目遇緣，總是佛之妙用；快樂無憂，故名爲佛。」師曰：「心既具足，何者是佛？何者是心？」祖曰：「非心不問佛，問佛非不心。」師曰：「既不許作觀行，於境起時，心如何對治？」祖曰：「境緣無好醜，好醜起於心；心若不強名，妄情從何起？妄情既不起，眞心任遍知。汝但隨心自在，無復對治，即名常住法身，無有變異。吾受璨大師頓教法門，今付於汝。汝今諦受吾言，只住此山，向後當有五人達者，紹汝玄化。」】（《景德傳燈錄》卷四）

從上面《景德傳燈錄》記載的公案中，可以發現二個事實：一者，法融禪師未見四祖之前，勤修觀行，以意識心所生的定力來伏住妄心，因此落在定境中，放出定境光芒，故感得鳥獸啣花供養。後來遇到四祖道信禪師爲他說明心要，但在開示心要之前爲他所示現的機鋒，法融禪師懵懂不知，處處錯過，以至錯失開悟的機會。這個道理就像慧廣一樣，分不清定力、定境、悟境之差異，將眼見佛性所需要的定力說成定境、幻境，以此來妄評見性之人眼見佛性的境界是落入定境、幻境中，乃至毀謗見性之人眼見佛性的境界與民間觀落陰一樣，卻不知道眼見佛性需要首楞嚴三昧定力才能眼見，而且眼見佛性乃是如來藏直接出生的見分，外於六塵運作，而在六塵上分明顯現，與世俗人所見的六塵境完全不同。觀落陰則只是鬼神境界，怎能了知大阿羅漢們所不知的明心境界？更如何能了知明心菩薩們所不知的眼見佛性境界？慧廣對此完全無知，竟然敢將大阿羅漢及明心菩薩們所不敢評論的眼見佛性勝妙境界，取來隨意評論一番，並且與鬼神境界的觀落陰相提並論，未免太過於無知與膽大了！

二者，四祖為法融禪師開示心要之後，法融禪師便誤以為空卻一切妄想及定境，便是禪宗所謂的開悟，從此放下定境與妄想，每日住在無心中，不再顯現定境異象，便不再感得鳥獸啣花供養，雖然比親見四祖前落入定境好一些；可是仍然無緣親證第八識如來藏，如同今時的慧廣一樣同墮離念靈知意識心中，以為不執著外境、住於無心中，便是禪宗所謂的開悟，誤會四祖道信禪師開示的眞義。慧廣正如同法融禪師一般，以此謬見來教導學人「息心、無心、當下、放下、不執著、莫思量、莫染污」，卻不知道這個心還是意識心，是「無知」無明的知，是意根、法塵相觸而生的意識境界法，也是輾轉出生的法，更是生滅法，不是佛所說不生不滅的第八識，所以慧廣住於意識境界中而自以爲悟，是大妄語。

又法融禪師在《心銘》如是寫著：「念起念滅，前後無別，後念不生，前念自絕。」（《景德傳燈錄》卷三十）然而「後念不生，前念自絕」，都是空卻一切妄想及定境、一無所有，其實仍是有所得，仍不離能所，不離當下，何以故？有一無心之境及能知無心境的心，所以才能夠知道此是無心境，仍是有定境中的知，並非完全無知。因爲有知的緣故，才會有種種「明寂自現、靈通應物、常在目前、惺惺了知、靈知自照」等靈知不昧的心行出現，是禪定境界中的寂靜了知心；這與慧廣不離六塵的非定境中的了知，同樣是意識境界，難怪法融禪師處處開示無心的道理：「欲得心淨，無心用功，縱橫無照，最爲微妙。」又說：「三世無物，無心無佛，眾生無心，依無心出。」又說：「莫滅凡情，唯教息意，意無心滅，心無行絕，不用證空，自然明徹。」又說：「一切莫顧，安心無處，無處安心，虛明自露。」這些都是意識境界，所以慧廣喜歡引作知音，教人要讀法融禪師的開示，卻與大乘經中所說證悟標的——如來藏——的親證大不相同。

古時有執離念靈知心的法融禪師出現，今時仍不免有這樣的法師、居士出現，譬如慧廣在《禪宗說法與修證》第二頁云：「為什麼要修行？只要不生心起念。……一切境相，雖不能不見聞覺知，但只要不抓，即知即離，當下便無住，不論外境好壞、苦樂，我心自如如、心如境如，外境亦無有好壞苦樂。從此，他『放下』了……。」同書第二十頁又云：「所以，眞心一直都在『放』的狀態。因此，禪法無他，放下便是。」

在《禪宗說生命圓滿》第二三四頁云：「當我們的心執著外境，生起分別，產生了虛妄，我們的心就是妄心；當我們的心完全離開了虛妄，妄心就是眞心。」

如上慧廣的說法，顯示慧廣一直落在意識心中，連意識心的緣起性空、虛妄不實都不知道，我見未斷；故慧廣每以為將覺知心處於一念不生、不動的狀態，以為不著一切法、不黏一切境，處於「無知的知」就是禪宗所謂的開悟，更以此錯誤知見教導學人放下妄想、不執著，住於「無心」之中；慧廣不知此時並非無心，此時自以為無知的知，其實正是意識心的我所，屬於意識心的「別境」心所法，仍未證得如來藏，故不是禪宗所謂證得第八識的開悟。而且，慧廣也不可以說他已經證得如來藏了，因爲他一向都是否定如來藏的；對於經中說的如來藏確實存在、確實可證的聖教，他是從來不信的。親證的人絕對不可能不信受經中的如來藏妙義開示，所以慧廣當然沒有資格自稱是禪宗的證悟者。而且他一向以默照禪的行門自修及教人，但是默照禪的始祖天童宏智禪師所悟的，卻是如來藏，不是慧廣誤認的離念靈知，可見慧廣是不懂禪宗的。

慧廣也提到高麗釋知訥禪師，他與慧廣同墮離念靈知心中。據釋知訥禪師《眞心直說》卷一云：【未審宗門以何法治妄心也？曰：「以無心法，治妄心也。」或曰：「人若無心，便同草木，無心之說，請施方便。」曰：「今云無心，非無心體名，無心也，但心中無物，名曰無心。……」】

然而每日住於無心中，放下一切定境、妄念、妄想，心中無物，仍然是在意識變相中，並未脫離意識境界，仍然未證得本來與見聞覺知心同時同處的第八識心，故釋知衲禪師不是禪宗的證悟者。慧廣引未悟的釋知衲禪師開示來證明自己已悟，反而證明自己是未悟言悟的大妄語人。

《修心訣》其實是高麗普照禪師所著，不是慧廣所說由釋知訥禪師所著。高麗普照禪師所說的眞心也是落入離念靈知心中，同樣是未斷我見。落入被識陰函蓋的意識心中，就是未斷我見的人；我見未斷就是禪宗祖師說的「還不曾死」的人，當然是法身慧命尚未活轉的凡夫，慧廣卻無智地引爲同儕。譬如普照禪師《修心訣》卷一云：

【問：「若言佛性現在此身，既在身中不離凡夫，因何我今不見佛性？更爲消釋悉令開悟。」答：「在汝身中汝自不見，汝於十二時中，知飢、知渴、知寒、知熱、或瞋或喜，竟是何物？且色身是地水火風四緣所集，其質頑而無情，豈能見聞覺知？能見聞覺知者，必是汝佛性。」】

然而能夠知飢、知渴、知寒、知熱、或瞋、或喜之心都是有境界法，都與見聞覺知心有關，不離意識境界，不是本來離見聞覺知的如來藏也。又知飢、知渴、知寒、知熱、或瞋、或喜之心不離二取——能取與所取，亦不離能觀與所觀，與聖教完全違背；因此高麗普照禪師所認爲的眞心仍是意識心，與慧廣同墮離念靈知心中，不是禪宗證悟祖師所證的第八識。

此外，高麗普照禪師還有許多說法落入意識心中，正光舉其要者，其餘大眾有空自行翻閱，就知正光所言不虛也。譬如：「只汝目前歷歷孤明勿形段者，始解說法聽法；所謂勿形段者，是諸佛之法印，亦是汝本來心也……諸法如夢，亦如幻化，故妄念本寂，塵境本空，諸法皆空之處虛知不昧，即此空寂虛知之心，是汝本來面目，亦是三世諸佛、歷代祖師、天下善知識密密相傳底法印也。」

綜合上面所說，牛頭法融禪師《心銘》、高麗釋知訥禪師《眞心直說》、高麗普照禪師《修心訣》所認知的心，都是離念靈知——意識心，不是本來離見聞覺知、本來離能所而能出生五陰的第八識——如來藏。由於慧廣與牛頭法融禪師、高麗釋知訥禪師、高麗普照禪師同墮在離念靈知意識心中，不知離見聞覺知心之上，還有一個本來離見聞覺知、本來離能所的第八識，不但能出生見聞覺知心等五陰，而且與見聞覺知心同時、同處一起配合運作。慧廣列舉這些人的開示，來佐證自己所悟的離念靈知心就是眞心，到頭來卻只是牽累他們三人遭到正光拈提，也正好顯示慧廣眞的「悟」錯了。以錯「悟」之身而妄言已知、已證，更以常見外道的知見，登座說法誤導禪和子們，正是標準的野狐禪師[101]。

慧廣云：

五臺山澄觀大師答皇太子問心要（景德傳燈錄卷三十）

[101] 正光案：慧廣曾在花蓮、台中、台東、宜蘭、台南、嘉義、台北等地爲人主持禪二、禪七。

至道本乎其心，心法本乎無住。無住心體，靈知不昧，性相寂然，包含德用，該攝內外，能深能廣，非有非空，不生不滅，無終無始，求之而不得，棄之而不離。

迷現量則惑苦紛然，悟眞性則空明廓徹，雖即心即佛，唯證者方知。然有證有知，則慧日沈沒於有地，若無照無悟，則昏雲掩蔽於空門。若一念不生，則前後際斷，照體獨立，物我皆如，直造心源，無智無得，不取不捨，無對無修。

然迷悟更依眞妄相待，若求眞去妄，猶棄影勞形；若體妄即眞，似處陰影滅。若無心忘照，則萬慮都息；若任運寂知，則衆行爰起。放曠任其去住，靜鑒覺其源流，語默不失玄微，動靜未離法界。

言止則雙亡知寂，論觀則雙照寂知，語證則不可示人，說理則非證不了，是以悟寂無寂，眞知無知。以知寂不二之一心，契空有雙融之中道，無住無著，莫攝莫收，是非兩亡，能所雙絕。斯絕亦寂則般若現前，般若非心外新生，智性乃本來具足。

然本寂不能自現，實由般若之功，般若之與智性翻覆相成，本智之與始修實無兩體，雙亡正入則妙覺圓明，始末該融則因果交徹。心心作佛，無一心而非佛心；處處成道，無一塵而非佛國。故眞妄物我，舉一全收，心佛衆生，渾然齊致。是知迷則人隨於法，法法萬差而人不同；悟則法隨於人，人人一智而融萬境。言窮慮絕，何果何因？體本寂寥，孰同孰異？唯忘懷虛朗，消息沖融，其猶透水月，華虛而可見，無心鑑象，照而常空矣。

正光辨正如下：五臺山澄觀大師答皇太子所問心要中，他認知的眞心仍然落在離念靈知心中，正光只需列舉一、二個例子說明，就知道澄觀大師所說的「眞心」盡落在意識心上，仍然未斷我見。

澄觀大師說：「至道本乎其心，心法本乎無住。無住心體，靈知不昧，性相寂然。……若一念不生，則前後際斷，照體獨立，物我皆如，直造心源，無智無得，不取不捨，無對無修。」他說的無住心體是一念不生的覺知心，既然能夠靈知不昧，就不離六塵境，只是意識心，同於慧廣所「悟」，故慧廣引爲知音。澄觀其實並無資格被稱爲大師，因爲他悟錯了，同慧廣一樣將覺知心坐到一念不生時，就誤認爲是前後際斷的如來藏心了；而眞心如來藏從來不起念，也不住於一念不生之覺知境界中。並且眞心是能出生名色的心，是第八識，從來不在六塵境上起分別，從來離見聞覺知、從來不作主，又如何能夠對六塵境了了常知、靈知不昧？唯有意識才能在六塵境中了了常知，才能靈知不昧。這個「了了常知、靈知不昧」其實都是想像，誤以爲眠熟後仍有一個自己不知道的「知」存在，也就是慧廣書中所說的「無知的知」。既然無知了，就不該說是知；有知時就能知道六塵，才能說是知。然而，如來藏的知是離六塵的知，都不在六塵中運作。慧廣若說有「無知的知」，他應該指出來，這個無知的知是哪個識？所有的心都在八識心王中，慧廣可不能另外自創一個八識以外的心，來說是不可知也不可證的。請問慧廣：你證得了哪個知？而說是「無知之知」。

慧廣其實不曾證得「無知之知」，因爲他這個知是眠熟就不知道在哪裡了，他當然不可能證得。唯有不在六塵中的知，才能稱爲無知之知，八識心王中只有第八識如來藏才有這個知。意根的知也還是在六塵中，但慧廣對意根的知都已經不知道了，何況能知道如來藏的無知之知！慧廣所說的「無知的知」，仍然是意識心的離念靈知，他妄想攀附這種說法，來攀附以前所謂開悟離念靈知的說法，但他絕對轉不成功。因爲他原來所說的離念靈知，不是無知之知，而是於六塵中了了分明的知，在睡著無夢等五位中就斷滅了，不再現行了，根本沒有無知的知。所以，慧廣所謂的「無知的知」的心，目的是附和如來藏離六塵見聞覺知的知，其實只是離念靈知心的另一種變相說法罷了！離念靈知無法在五位中恆常運作不輟，不是本來恆而不審的第八識。所以澄觀大師認爲的「靈知不昧的無住心體」「一念不生」的覺知心，其實就是慧廣的離念靈知意識心，不是禪宗祖師所證悟的第八識，也不是 佛在二轉法輪所說的「非心心、無心相心、無念心、無住心、不念心」，更不是 佛在三轉法輪所說的「阿賴耶識、阿陀那識、如來藏、異熟識、無垢識、心」。

又「一念不生、前後際斷」仍不離意識心，何以故？不離異生凡夫所知的當下這念心也。過去念曾經現起而過去；當下這一念心雖然能夠現起，但終究仍會過去；未來的念雖未現起，下一剎那仍會現起及過去。因此，過去念、現在念、未來念仍然不離意識覺知心的當下，有出有入，是念念變異的法，與五別境相應，不離意識境界，非是本來不生不滅的第八識。又：能夠一念不生、前後際斷時[102]，

[102] 編案：其實仍然是前後際不斷生滅著。

入於無心[103]中，有入故；於後後時，無法一念不生、無法前後際斷時，則離開了「無心」，有出故；從入「無心」一直到離開「無心」之間，表示有一段時間與空間的生滅過程，是一段心行，為行蘊所攝，是生滅法，非是本來不落行蘊、不生不滅的第八識。所以澄觀大師認為一念不生、前後際斷的心，其實就是意識心，仍是未斷我見的凡夫，所悟的心根本不是 佛所說的第八識眞心，只是極粗淺的欲界定境界。

既然慧廣舉澄觀大師的離念靈知心而認為是眞心，慧廣當然是與澄觀大師同墮在意識境界中，難怪慧廣在《禪宗說生命圓滿》一書中多次提到當下（當然慧廣在其他著作中也談到，此略而不論），在第二十一頁如是寫著：「在每一個事情的當下……在每一個動作的當下……在每一個說話的當下……在每一個念頭的當下……因為，空靈無思……圓滿（慧廣是指生命實相心）……就在那裡。」又譬如第二十五頁寫著：「所以，開悟就沒有過去、未來，一切歸於當下，當下展現一切。

一切只是當下，誰能離開當下呢？吃飯是當下，工作是當下，睡覺是當下，

103 編案：其實仍有覺知心，只是入於欲界定。

行、住、坐、臥無非當下。過去、未來只是妄想，其實是當下；就是現在亦是妄想，現在還是當下；即令妄想亦是當下，還有什麼不是當下呢？」

由上面文字觀察，慧廣所執的無住心體，是在六塵中靈知不昧、一念不生的當下，誤以爲是前後際斷了，誤以爲覺知心無分別之當下就是眞如心，其實是誤會了；當下雖無語言文字的妄想，其實還是一直在分別的，因爲了知之時已是分別完成了。慧廣落在意識心中，不知祂的虛妄，才會墮在離念靈知心中無法出離。

慧廣私底下熏習過平實導師十餘年來一直講解「眞心離見聞覺知」的法義，尋找第一義諦大乘唯識諸經的聖教，也是說眞心離見聞覺知；但經中又說「知是菩提，了眾生心行故」，於是慧廣後來就發明了一個「無知之知」，期盼因此能符合經典聖教量。但經中聖教說的法離見聞覺知的「法」，是在說能生意識覺知心的第八識如來藏，也就是《阿含經》中說的入胎以後能出生五色根及意識的入胎識，不是在講意識自己。可是慧廣不願摒棄以前宣稱爲眞心的離念靈知意識心，所以就自創了「眠熟後無知之知」的新名詞，企圖狡辯來保持自稱的「證悟者」身分。然而，慧廣講的「無知之知」是指哪一個心？慧廣也應該教導他的徒眾們，也同他一般親證這個「無知之知」的心，來顯示確實有這麼一個心可證，也證實慧廣已經親證了！總不能說這個「無知之知」的心，就只有慧廣自己能夠證得，而其餘徒眾卻都沾不上邊吧？話說回來，雖然就目前來看，慧廣絕不可能親證，不過假使有一天慧廣眞的親證了，也教導徒眾們親證了這個眞正不生不滅、本來自在、能生萬法的「無知之知」的心！屆時他就只能回歸到經典中佛所說的第八識如來藏了，不可能再否定如來藏了。那時，慧廣即使不自稱是悟者，正光卻要親自登門道賀而引爲知己了。

但是慧廣自創了「無知之知」的名詞以後，卻是繼續在否定第八識如來藏，就一定會跟著產生一些問題，而這些問題卻是慧廣絕對無法如理回答的，例如：無知之知在眠熟後還在嗎？若是還在，祂是如何運作的？在何處？如何體驗祂？現觀祂？祂若是眞心就一定是萬法的根源，那祂是如何出生名與色的？當人們清醒時，祂又在何處？在作什麼？當眠熟後祂又在何處？在作什麼？因爲眞心是有極多功能差別的。而且，這些都是慧廣所無法迴避的問題，他的徒眾們也一定會私下互相討論，而慧廣在被徒眾請問時一定是無法回答的；若以籠罩言詞而答，不免會被徒眾們看清：「師父是強詞奪理、空言狡辯。」所以慧廣自創的「無知之知」，只是戲論言說而無實義。眞正的無知之知，只有如來藏才有，而且祂這個離六塵的知，是極爲伶俐、極爲靈敏、極爲廣大的，都不是慧廣憑著臆想而強行建立的自創佛法所能解釋與理解的。

最後，針對這一段作個總結：〈五臺山澄觀大師答皇太子心要〉所說的這個心，與慧廣一樣，同墮離念靈知意識心中，根本不是 佛所說本來離見聞覺知、從來不作主、從來不思量的第八識心。慧廣舉〈澄觀大師心要〉來佐證自己所悟的離念靈知意識心就是 佛所說的眞心，不僅招來正光的拈提，也讓世人盡知澄觀大師的落處，使慧廣的錯悟事實更無所遁形，面子更加難看！眞是偷雞不成蝕把米，慧廣虧大了！

第三章　結　論

禪宗證悟祖師所證悟的心體，乃是第八識如來藏，是指阿賴耶識心體，是阿含諸經中佛所說的入胎而住、能出生五色根與意識等六識的識陰以外之另一個識；在阿含中說這個識是能出生名色的心，是出生識陰六識的心；既是能出生意識的心，當然不可能是意識。然而慧廣自稱證悟後所說的眞心，卻是離念靈知心，正是被本識所生的意識心；所以慧廣的離念靈知意識心，當然不是眞心、眞識。這個眞心入胎識名爲如來藏，即是《般若波羅密多心經》、《金剛經》、《菩薩瓔珞本業經》、《解深密經》、《楞伽經》……等經所說的如來藏心體。這個心體的實證，是要由學人透過自己的妄心意識去尋覓的；而祂是本來離見聞覺知、本來不思量、本來不作主，並與妄心離念靈知同時、同處配合運作的第八識如來藏。但是慧廣卻墮入意識心中，唯恐別人說他悟錯了，所以一再的否定第八識如來藏，如何可能證得祂？參禪人要有正知見，才可能找得到祂；當參禪人住於疑情中參尋，忽然一念相應而找到祂時，卻發現祂正在祂所生的蘊處界中運作不斷，並且在蘊處界中分明顯現祂自己的眞實性與如如性，故名證眞如，即是唯識諸經中所說的大乘眞見道菩薩；這個眞如，同時也是透過八識心王等九十四種法所顯示的虛空無爲，是所顯法，所以明心證眞如，是無所得、無境界法。

因此緣故，不論悟前或者正當悟入的一刹那，乃至悟後多時，離念靈知意識心都不離能取與所取，都是能悟的意識心而不是被證悟的眞如心；悟前，用妄心意識，從遠離心意識（三世意識）的方向參究如來藏的所在；能取的是意識，所取是參究的疑情與尋覓的過程法相。正當悟入的一刹那，能取仍是意識離念靈知，所取爲第八識藉蘊處界所顯示的眞實性與如如性。悟後，能取仍是意識離念靈知，所取是意識轉依的第八識清淨眞如法性。因此，證悟的人不僅可以隨時隨地現觀自己第八識如來藏的運作，而且可以隨時隨地現觀別別有情第八識的運作，與己無別無二；而第八識心體從來都無能取的法性，也不了知所取諸法，永離能取與所取二法。

反觀慧廣執取離念靈知心自己爲眞心，落入能取之中；不知離念靈知意識心是由意根與法塵相接觸而由如來藏出生的法，不知離念靈知心是被輾轉出生的法，乃是被生的法，本身非有其自在性，當然不可能是萬法根源的實相心、常住心。此意識心離念靈知，在睡著無夢等五位中必會斷滅，故非常住心；此離念靈知心與五別境、能所、覺觀、三苦、能熏等相應，所以是識陰所攝的意識；意識是藉根塵為緣而生的生滅法，當然不是 佛所說不生不滅的眞實常住心。慧廣由於錯誤認知及無力簡擇，無法體驗參禪人見山不是山的過程，也沒有一念相應慧而觸證如來藏，更無法隨時隨地現觀自他有情第八識如來藏的運作。因為無法斷我見及明心的關係，所以專在「息心、無心、當下、放下、不執著、莫思量、莫染污」等意識我所範圍下功夫，不信第八阿賴耶識如來藏就是 佛所說的眞心，妄謂禪宗祖師所證悟的第八識如來藏是妄心、妄識，所以慧廣才是將禪宗誤解、曲解的人，根本不是禪宗所謂的開悟者，反而指責眞正悟得禪宗所證如來藏的 平實導師是錯悟者。由於慧廣外於 佛所說的第八阿賴耶識而說自己已知、已證禪宗的生命圓滿（禪宗的明心），乃是癡人說夢話，成就未得言得、未證言證的大妄語業。

因此，正光建議佛弟子們，應該以經典為依來簡擇，不論是禪宗或淨土宗的弘法者，不論是有名聲或籍籍無名的法師、居士；乃至古時很有名而墮在意識境界的錯悟祖師，凡是主張離念靈知的意識心是眞心者，都應遠離之，以免努力修行而窮盡三大阿僧祇劫的生死以後，仍是博地凡夫；亦免錯認離念靈知心為眞心而妄言已知、已證，成就未得言得、未證謂證的大妄語業。

又明心之後，再努力培植眼見佛性所需的定力、慧力、福德等，才能眼見佛性。具足三個條件後，於種種因緣具足時，由於看話頭而發起疑情、一念相應慧，即可眼見佛性，親見第八識如來藏的見分；不僅看到自己的佛性分明顯現，也可以看到別別有情的佛性分明顯現；乃至能於一切有情眠熟及悶絕位中，都很清楚地看見他們的佛性，也能在他們身上看見自己的佛性；此與明心者只有智慧而不能在山河大地上、在別別有情身上看見自己的佛性，完全不一樣；從此以後當然不會像慧廣一樣妄說明心即是見性，因為在山河大地上看見自己的佛性，這種智慧境界，並不是眞正明心證得如來藏的菩薩們所能猜測及了知的，何況我見未斷亦未明心的慧廣，如何能知？

由於眼見佛性的關係，眼見山河大地及自己身心都極虛幻，成就如幻觀，圓滿十住滿心位的功德。既然可以眼見佛性分明，不是眞正明心的賢聖所能猜測與想像，當然是與明心大不相同的，所以見性與明心是不同的。反觀慧廣不相信 佛在《大般涅槃經》開示的父母所生肉眼可以眼見佛性，妄謂 佛在《大般涅槃經》所說眼見佛性非眞實有，誣謗眼見佛性之本覺性「不可知之了」的境界即是六識的知覺之性；乃至將眼見佛性的智慧境界比擬為定境、幻境、民間的觀落陰及夢境，顯然慧廣是完全不知、不證眼見佛性境界的；等而下之，慧廣連明心也沒有，連我見都斷不了而落在常見外道意識境界中，哪裡有資格評論眼見佛性的證境？他連聲聞初果的證境都不知道，連聲聞初果的證境他都沒有資格評論，更何況遠深於聲聞四果的明心，乃至更深於明心的眼見佛性，也就都免談了！

又慧廣相信古時部分錯悟禪宗祖師的開示，堅執離念靈知心就是 佛所說的眞心，不信眞善知識 平實導師所說：「外於七轉識妄心，還有一個第八識眞心，與妄心同時、同處配合運作。」他也不信「心是體，性是用」的正確開示，所以堅持要「將妄心修行清淨變成眞心」，又提出「性是體、心是用」的顛倒荒謬說法，想要大眾相信他所說的「蕭平實所悟非眞」，甚至提出錯悟祖師的開示，矇混在眞悟祖師的開示中，說之為「修學禪宗必看典籍」，以此來誤導眾生同犯大妄語業，相將入火坑，已成就誤導眾生之罪業。

又慧廣不知 平實導師證悟後，悲憫眾生被有名法師、居士所誤導，不畏懼自身可能引來生命危險，發起獅子吼，出來檢點各大山頭說法的錯誤所在，努力摧邪顯正，一一舉證事例，並在理證、教證上面一一給予辨正，提出對與錯的理由及聖教根據，使各大山頭及宣稱已悟的大小法師心中不服，慧廣因爲自身正是錯悟小法師中的一分子，無法安忍的緣故，遂在公開場所或私底下抵制如來藏正法，反對阿含諸經中「**意法因緣生意識、意識是生滅法**」等聖教。由此緣故而主張意識是常住心，無根毀謗實證第八識如來藏的 平實導師是外道。但 平實導師所說、所作、所爲，無不是在利益眾生，促使學佛人得以分辨正法與相似佛法的差異，得以遠離邪見，趣向眞正的解脫道及佛菩提道，而心中卻無一絲一毫的慢。這原本一件很單純的法義辨正，卻被心已迂曲、師心自用的慧廣用死纏濫打的手法，意欲混淆法義的大是大非。

慧廣數年以來一直都不思量檢討自己法義已經嚴重違背佛說，爲了模糊自己不如法的焦點，爲了掩飾自己錯悟的事實，爲了避免自己名聞受損、利養流失，遂盡在事相上作無根毀謗，將 平實導師的法義辨正說成人身批評、人身攻擊，說是在人我是非上評論，誣枉爲極度我慢之人，又說之爲高推己境故示神異，又誣謗說是「**對有名望、不符合他所說的佛門法師、居士，大肆批評攻擊，說他們是常見外道、斷見外道**」。然而從 平實導師寫出來的所有書中內容看來，不曾有人身攻擊及人我是非的言語，卻依經據理證明被辨正法義的佛門法師、居士，確實是常見、斷見外道，而他們也如同慧廣一樣，都無法證明自己的證境異於常見與斷見外道。

慧廣又謗說 平實導師：「多年來一直獨豎一格，不能與佛門中人溝通、交流所在。」然而慧廣卻完全沒注意一項事實：自己未斷我見，故落在意識境界中，自己的境界是 平實導師所能全部了知的；而 平實導師斷我見、心解脫、證眞心如來藏、眼見佛性、道種智等境界，都是慧廣自己從來不曾稍知的，怎有能力與平實導師溝通、交流？如同三歲小兒不能與大學教授溝通，慧廣既對 平實導師的證境絲毫不知，怎能與 平實導師溝通？知己知彼，方有資格論法；慧廣既不知己，也不知彼，卻大膽的說對方不能與佛門中人溝通，這其實是無世間智慧的顚倒說法。平實導師隨時都能與佛教界溝通，在知己知彼的情況下，有什麼不能溝通的地方？反倒是各大山頭的大法師們都不敢與 平實導師溝通。而 平實導師覺得法義上的修證與識知相差太遠，而且雙方心中所思也大不相同，一者只思振興佛教正法，另一者只思名聞利養與眷屬，志向大異而無交集，所以也不想攀緣各大山頭。所以事實上不是不能溝通，而是不想在世間情面上來往。這是事實，各大山頭的大法師們心中其實都很明白這個事實，只是嘴上不肯承認罷了。

又慧廣明知自己法義有誤，為了遮掩自己不如法的事實眞相，以免名聞利養漸漸流失，故不思在法義上辨正，反而執著身披僧衣的出家表相，想以聲聞僧的身分來貶抑大乘勝義僧 平實導師，如此作法不僅適得其反，更顯示慧廣的愚癡無智。當慧廣以離念靈知意識心的常見外道法來抵制 佛所說的聲聞解脫道，反對佛說的「**意、法因緣生意識，意識虛妄**」的聖教時，早已成就謗佛、毀法的重罪，其聲聞戒體早已不存在，本質已經不是出家人，已成為身披僧衣的在家人，僅剩出家的表相而已；又以外道法的識陰知覺之性來取代大乘法的佛性，以意識心否定第八識如來藏正法，菩薩戒的戒體也因此早已蕩然無存了，所以也沒有資格再自稱是菩薩了；如此繼續披著僧衣，成為全然無戒的世俗人而住在佛寺（佛門精舍）中，卻欲以聲聞僧的色身表相來否定完全符合佛說的大乘勝義僧 平實導師，只能說慧廣眞是無智之人。

又慧廣的謬說，在佛門而言，不僅是謗佛、毀法、謗大乘勝義僧、誤導眾生，而且是未得言得、未證言證的大妄語。如大乘經典《佛藏經》卷二所說：「**身未證法**（未證第八識）**而在高座，身自不知而教人者，必墮地獄。**」所說的「法」是指如來藏。經中已經很清楚的告訴我們：如果沒有明心見道而高座說法，或者自身沒有親證第八識而教導學人走入常見外道或斷見外道中，或者為人作錯誤的開悟印證而陷人於大妄語業中，死後必墮地獄，未來世將受長劫尤重純苦果報。未證眞識如來藏而錯將常見外道法引入佛門中，高座說法誤導眾生的果報已經很嚴峻了，更不要說成就謗佛、毀法、謗大乘勝義僧、未證言證的大妄語罪行了；不但如此，慧廣還常常在其他寺院中主持禪七或禪三，印證未悟而落入離念靈知的佛門凡夫為證悟的賢聖，害人同犯大妄語業，戕害佛門學人的法身慧命，也將大乘佛法引向常見外道法中，成為破法者，其罪深重而仍不知懺悔。因此正光建議慧廣：在夜深人靜時，應該好好思惟捨壽時應如何面對。

古時禪宗有一老者，因為在前佛之世為大法師時錯說證悟者「不落因果」，雖有神通，仍然因此而得五百世長壽野狐身，不得出離畜生道；後來值遇百丈禪師為他改為「不昧因果」，才得以脫離長壽野狐身。一個有神通的人，而且所說僅有一字之差，其果報就已經如此嚴重了，更何況慧廣既無神通，又是以常見法抵制聲聞法，以常見法取代大乘法的第八識正理！這是佛門中最嚴重的毀法重業，慧廣應當以此為鑑，努力去改變及滅除毀法大惡業才是，千萬別再顧慮名聞利養而繼續錯到底。在此勸請慧廣效法　世親菩薩，以謗法之舌，盡其一生努力弘揚釋迦世尊正法，才可以免除大惡業；若能如此爲己爲人而作出消除大惡業的事，不僅是正光隨喜讚歎的人，而且也正是正覺同修會所要度的有緣人。阿彌陀佛！

第四章　明心正說

以下〈明心正說〉的文章，乃是慧廣的弟子觀淨法師所著；慧廣在二〇〇三年七月於《僧伽雜誌》第十二卷第四期刊登〈眼見佛性的含義〉一文後，將其文章及本文一起收錄在《禪宗說生命圓滿》第一四九—一八一頁內。觀淨法師文章，仍然跟隨慧廣一樣，妄謂第八阿賴耶識心體是妄心、妄識，並於書末評論平實導師以在家人身分爲人歸依不如法；卻不知自己與其師慧廣一樣，已經成就毀佛、謗法、謗大乘勝義僧之重業，與慧廣同是佛所說的可憐愍人。爲了使觀淨法師了知佛的正法內涵，不再妄謂第八識—阿賴耶識—是妄心、妄識，所以正光針對觀淨法師此文中錯誤較大者加以辨正，救他脫離邪見；其餘錯誤的地方，前面都已經辨正過，不再重複，以免讀者閱讀生煩。

〈「明心」正說〉（觀淨法師　著）

近十年左右，台灣佛教界有個居士團體，以唯識學來講解、修習禪宗，除了授課講解教理，並有禪修及爲參加者印證明心與見性。據說，被印證「明心」者已有二百位（民國九十二年間[104]）；他也授人皈依，皈依他者聽說有千位[105]。以大乘佛教「衆生皆具有佛性」的觀點來看，居士教導禪修並無不可。問題在於：所教是否正確？如果正確倒要讚嘆他，如果有所曲解佛教法義，身爲出家比丘，就有責任提出辯正。

近日有因緣到一位蕭居士共修會的學員，且被蕭平實印證爲「明心」的居士[106]家中，互相交談了一下，我發現他們所修學的與佛教確實存在著一些差異。

例如，該居士說：「我明心了，但未見性。」

這種說法是不正確的。「明心見性」一詞乃禪宗所建立，明心與見性是同一回事，並非可以分爲二。它的含義就如《佛學辭典》所說：「明心是發現自己的眞心；見性是見到自己本來的眞性。」（陳孝義編）。「眞心」、「眞性」是異名同義，並非兩個東西，如果說眞心與眞性不同，那所悟就大有問題了。

104 編案：公元二〇〇三年。

105 編案：此數目與實際相差極大。

106 編案：詳見書首的〈花絮〉信函所說。

我進一步又問該居士：「你明心是明什麼心？」他說：「明心就是明白第八識，瞭解它的運作，與它相應。」

這種說法也不對。第八識又叫**阿賴耶識**，**是妄非真**，這跟禪宗的開悟、明心見性並不同。換句話說，如果把明白第八識叫做明心，那只是明白妄心。明白妄心怎麼會是禪宗所說的「明心」呢？禪宗所說的明心是開悟眞心。

該居士繼續解釋說：「阿賴耶識有眞有妄，是眞妄和合識。」

沒有錯！唯識學是這樣說，但畢竟「眞心」不生不滅，不因凡夫迷就失去。如果明心明白的不是此眞心，而是眞妄混合的阿賴耶識，那就會犯了《楞嚴經》所說的錯誤：

「阿難，汝等當知一切眾生，從無始來生死相續，皆由不知常住眞心，性淨明體，用諸妄想，此想不眞，故有輪轉。」（卷一）

「諸修行人，不能得成無上菩提，乃至別成聲聞緣覺、及成外道，諸天魔王，及魔眷屬，皆由不知二種根本，錯亂修習。猶如煮沙，欲成嘉饌，縱經塵劫，終不能得。云何二種？阿難，一者：無始生死根本，則汝今者，與諸眾生，用攀緣心爲自性者。二者：無始菩提涅槃，元清淨體，則汝今者識精元明，能生諸緣，緣所遺者。由諸眾生，遺此本明，雖終日行而不自覺，枉入諸趣。」（卷一）《楞嚴經》已經說的很清楚，蕭平實怎麼會把悟得第八識當作禪宗的明心？第八識就是能令眾生生死相續的妄心根本。

《楞嚴經》卷五，也談到第八識：「陀那微細識，習氣成瀑流，眞非眞恐迷，我常不開演。」

「阿陀那識」就是阿賴耶識，也就是第八識。它不像第六識的妄想分別那麼容易讓人感受到，所以說它是「微細識」。這個識裡面是什麼呢？就是習氣種子不停的相續流現，好像瀑布那樣，水流不息，就形成了瀑布的美觀現象，看來像是眞實的，其實不然，它並非眞實，它只有現象而無體性。所以，**第八識並不是眞心**，一般人很容易迷惑於第八識生生不息的現象，把它當作眞心，佛陀才不講說第八識的道理。

解釋了**第八識不是真心**，再來談談**真心**。黃檗禪師《傳心法要》載：「諸佛與一切眾生唯是一心，更無別法。此心無始已來，不曾生不曾滅，不青不黃、無形無相，不屬有無、不計新舊、非長非短、非大非小，超過一切限量名言、縱跡對待。」這說明了**真心**是無對待的，**不是真妄和合的第八識**。

由以上引述可知，蕭居士印證的明心並不是禪宗所説的明心。他以唯識學來説禪，把唯識學的漸修帶入圓頓的禪宗中，把明白妄心根本：第八識，當作禪宗的開悟眞心，根本是個大錯誤！

我再翻閱蕭平實著作的《護法集》，其中他有談到「眞如是本體，佛性是作用」，這也是一種曲解。《楞嚴經》卷四：「如果位中，菩提、涅槃、眞如、佛性、菴摩羅識、空**如來藏**、大圓鏡智。是七種名，稱謂雖別，清淨圓滿，體性堅凝，**如金剛王，常住不壞。**」

所以，眞如與佛性，只是名稱不同，其含義都是一樣，是指眾生心體，絕不是如蕭居士所說「眞如是體，佛性是用」。

蕭居士著作中常見他曲解佛法。從曲解佛法中，引申了對出家大德言說的曲解與批評，如印順、惟覺、聖嚴、星雲、宣化、達賴等長老，乃至於歷史上受公認的蓮花生、宗喀巴、密勒日巴、龍樹……等菩薩祖師，都被説成邪師或學説有問題，不是被評爲常見外道，就是斷見外道。

從這種種言行中，就可以判斷他開悟的正確否。一個眞正明悟眞心的人，心態無我，離於有無而處中道，不會有這些偏激行爲。從蕭居士的言論當中，我看到堅固的我見我執，以見執爲依，才產生如此偏邪的言論。這不是一句爲了護持正法，就能夠掩蓋過去的。

再說，蕭居士以居士身，在尚有僧寶住世的世間，就爲人皈依，更有違佛制。如此破壞佛制，眞俗不分，也不是一句「我們皈依的是勝義僧，是自性三寶」，就能沒有過失。畢竟，「自性三寶」是指親證無生者而言，不是凡夫就有自性三寶；在家居士而自稱「勝義僧」，授人皈依，也是執理廢事，不符合佛陀或佛教所說僧義。（二〇〇三年十月）

正光辨正如下：爲了方便行文，觀淨法師文章我們採取集中在一起辨正的方式，而不作章節的分段辨正。然辨正之前，先節錄本會吳師兄與慧廣等人對談的內容，以對照觀淨法師對同一件事情的說法：

記得在二〇〇三年八、九月左右，慧廣打一通電話說要到我家一敘，當天的下午一、兩點鐘，慧廣帶領著他的徒弟觀淨比丘及觀瑞比丘尼師等共七位出家法師到我家裡（其他法師的名字已記不起來）。進門後，我頂禮法師們，慧廣起頭介紹說：「吳居士現在已明心見性。」當時我說：「對不起！師父！我只是明心，還沒有見性。」慧廣接著說：「明心等於見性，你在學什麼法？」當時我發言：

「明心和見性是兩個不同層次的證量，明心有明心的證量，見性有見性的證量；明心不等於見性，見性不等於明心。我明心了，但是還沒有見性，無法說出見性的內涵、證量以及祂有何功能。」觀淨法師說：「你明心是明什麼心？」我說：「我明白第八識，又名阿賴耶識、如來藏、眞心、如、所依識、無垢識等，親證祂的內涵，了解祂和七轉識和合運作。」

觀淨法師又問說：「**阿賴耶識是生滅法**，你說和祂相應，不就是明白妄心嗎？」我說：「師父！您不能說阿賴耶識是妄心，阿賴耶識有眞有妄，心體是眞，祂所生的七轉識是妄；一心有兩門，心眞如門和心生滅門，眞妄和合運作。」

慧廣又發言：「你們蕭平實說眞如是本體，佛性是作用，這樣是不對的，眞如和佛性是不分的，哪有像你們這樣的分法？」我請問慧廣對眞如佛性的看法，剛好桌上有一盒衛生紙，慧廣伸手移動一下，說：「這就是！」[107]我說：「師父！你錯了！你眞妄不分！」

在這次以前，我破參回來後某一天，我和王師兄到六龜去找慧廣。慧廣問說：「王居士！你現在自在嗎？」王師兄說：「我還不自在。」（當時王師兄還沒有

107 編案：慧廣仿效野狐作略的目的，是想要套取吳師兄明心的密意。

破参[108]）慧廣又問：「吳居士！你自在嗎？」我說：「我現在很自在，因爲我已經找到第八識、阿賴耶識，煩惱也漸漸減少。」慧廣說：「你還有一個第八識，一切都是緣起性空，你就是常見外道。」我言：「世尊說，一切有情都有八個識——眼識、耳識、鼻識、舌識、身識、意識、末那、阿賴耶識，師父你怎麼可以外於阿賴耶識而單說一切緣起性空呢？緣起性空也要有所依，如果不是這樣，那你不是落在斷見裡嗎？」[109]

當時慧廣跟我耍機鋒，手左右搖擺，向我說：「吳居士！你會嗎？」我說：「那是你的手在左右搖擺。」[110]慧廣說：「吳居士！你不懂。」當時桌上一杯茶水，我舉杯問慧廣：「師父！這是什麼，你懂嗎？」

慧廣說：「我不跟你講了！」[111]我說：「師父！您根本不懂什麼是禪。如果您懂得，您就知道這裡面眞正的意涵。」（因爲當時剛破参回來，沒有什麼經驗，

108編案：王師兄後來已於二〇〇四年破參。

109正光案：緣起性空的蘊處界，是由阿賴耶識心體出生一切緣生法無常性的一個現象，所以蘊處界的緣起性空實證，不可離開能出生蘊處界的第八阿賴耶識心體，離第八識如來藏這個前提而說緣起性空者，就成爲無因論的斷見法。

110正光案：慧廣落在識陰、色陰、行陰中，未斷我見，他卻不知道反省。

111正光案：慧廣有一個習慣，凡是無法提出有利的辨正，就老大不高興，不與人交談、辨正。

忘記導師您在禪三所教導的話，忘了告訴他：那是七轉識、色蘊和行蘊的運作。）在那時候大家說得很不愉快（我現在只是寫重點）。

時空轉回來，觀淨法師又問：「在楞嚴經裡，世尊說：不在內，不在外，不在中間，如同阿難尊者七處徵心一樣，你說你證到眞心，何處證得？」當時我說：「師父！你能瞭解阿難尊者七處徵心是徵何心嗎？是妄心？還是眞心？阿賴耶識在何處，你瞭解嗎？」觀淨法師無法回答，身旁的一位比丘尼接著說：「阿賴耶識就在我們的身上！」我說：「師父！您比觀淨法師厲害，阿賴耶識不離五蘊、不即五蘊，不即不離，是名中道義。阿難尊者當時還沒有明心，他所徵的心是妄心，所以世尊才說不在內外中間。」後來觀瑞比丘尼師發問：「吳居士！你現在用什麼方法修行？阿賴耶識又是怎麼一回事？」[112]我說：「未破參前憶佛、拜佛，現在破參了，還是憶佛、拜佛，同時也轉依阿賴耶識的無生體性修行；至於阿賴耶識不在內、不在外、不在中間，祂無覺無觀，也離言說，爲了維護世尊密意，我不能明講。」觀瑞比丘尼師說：「你在學什麼法？離言說又不能明講。」當時

[112] 編案：觀瑞比丘尼想要套取阿賴耶識的密意。

我的同修[113]說：「師父！正覺同修會最近在台南新開了一個禪淨班，由張正圜老師教學授課；如果你要瞭解阿賴耶識祂的體性及如何運作，你就來我們班上報名上課，兩年半後才有資格報名禪三；觸證了，並接受平實導師印證，才能瞭解阿賴耶識的體性和運作。」……（以下略）

從上面的摘錄說明可知，觀淨法師的文章所說，有**明顯說謊**的嫌疑。從雙方文章或信函中的說法差異處，以及正覺同修會說法與觀淨法師的說法中，發覺有三個差異處：一者，明心是找到第八識，此識又名阿賴耶識、阿陀那識，祂是有情的生命實相心，也是眞妄和合識；二者，心是體，性是用；三者，明心與見性是兩種不同的證量。但是慧廣的徒弟觀淨法師不懂這個正理，正光分別略說如下：

首先談明心是找到第八識、阿賴耶識、阿陀那識，祂是有情的生命實相心，也是眞妄和合識。聖 玄奘大師《成唯識論》卷三云：

「然**第八識**雖諸有情皆悉成就，而隨義別立種種名，謂或名心，由種種法熏習種子所積集故。或名阿陀那（識），執持種子及諸色根令不壞故。或名所知依，能與染淨所知諸法爲依止故。或名種子識，能遍任持世出世間諸種子故，此等諸名

[113]正光案：張師姊當時未明心，不過已於二〇〇五年破參。

通一切位。或名**阿賴耶**（識），攝藏一切雜染品法令不失故，我見愛等執藏以為自內我故；**此名唯在異生有學**，非無學位不退菩薩有雜染法執藏義故。或名異熟識，能引生死善不善業異熟果故，此名唯在異生、二乘、諸菩薩位，非如來地猶有異熟無記法故。或名**無垢識**，最極清淨諸無漏法所依止故，此名唯在如來地有；菩薩二乘及異生位持有漏種可受熏習，未得善淨第八識故。」

聖玄奘大師在《成唯識論》已明說這個第八識就是佛所說的眞心，名為阿陀那識、所知依、種子識、阿賴耶識、異熟識，更是未來佛地的無垢識；因此斷除了我見、我執的煩惱現行，阿賴耶識名滅除了，保留異熟識名，只改其名，不改其體；接著斷除煩惱障習氣種子隨眠、所知障隨眠，滅除異熟識名，改名為無垢識，也是只改其名，不改其體。因此，因地的第八識、阿賴耶識，也是未來果地的無垢識，所以第八阿賴耶識、阿陀那識就是 佛所說的不生不滅的眞心，也是眾生的因地心，精進斷除煩惱障及所知障後，成為未來成佛時如來地的無垢識、常住法身，所以在因地時是非淨也非垢的中道心：自性清淨而含藏七轉識的染污種子，故是不垢亦不淨的；觀淨法師豈可不依經與論所說眞實義理，而認為第八阿賴耶識含藏著七轉識相應的染污種子，就跟隨慧廣睜眼說瞎話，妄謂第八阿賴耶識是妄心、妄識。

既然慧廣與觀淨都只承認中國禪宗祖師所悟才是眞心，不承認諸地菩薩所證無生法忍增上慧學的唯識諸經所說第八識阿賴耶識，那麼筆者就舉中國禪宗三位極具代表性的祖師所說，來證明禪宗的所悟仍然是第八識阿賴耶識。永嘉玄覺禪師說：「摩尼珠、人不識，**如來藏**裡親收得；六般神用空不空，一顆圓光色非色。淨五眼、得五力，唯證乃知難可測；鏡裡看形見不難，水中捉月爭拈得。」

大慧宗杲禪師說：【僧云：「既不將境示人，卻如何是祖師西來意？」州只云：「庭前柏樹子。」其僧於言下忽然大悟。伯壽但日用行住坐臥處，奉侍至尊處，念念不間斷，時時提撕，時時舉覺；驀然向柏樹子上，心意識絕氣息，便是徹頭處也。前所云：「普賢菩薩於世尊前入毘盧遮那**如來藏**身三昧，從三昧起，在會諸菩薩皆獲是益。」願伯壽於至尊前亦時時入是三昧，忽然從三昧起，其益與普賢菩薩無二無別，勉之，不可忽。[114]】

天童宏智正覺禪師亦曾如是說：【魯祖問南泉：「摩尼珠，人不識，**如來藏**裡親收得。如何是藏？」泉云：「王老師與爾往來者是。」祖云：「不往來者？」

114《大慧普覺禪師語錄》卷二十三（CBETA, T47, no. 1998A, p. 910, a13-22）

泉云：「亦是藏。」祖云：「如何是珠？」泉召云：「師祖！」祖應諾，泉云：「去！汝不會我語。」】舉完這個典故以後，天童宏智禪師隨即頌曰：「別是非，明得喪；應之心，指諸掌。往來不往來，只者俱是藏；輪王賞之有功，黃帝得之罔象。轉樞機，能伎倆，明眼衲僧無鹵莽。」[115]

天童宏智禪師也曾有如此典故：【持鉢歸，上堂：「生滅去來，本如來藏；清淨妙明，虛融通暢。六門我，絕攀緣；三界渠，無身相。無生路上底人，識取萬迴和尚，參！」】

這三位禪宗最具代表性的祖師都說開悟是悟得如來藏，如來藏究竟是哪一個心呢？在《入楞伽經》中說：「阿梨耶識者，名如來藏，而與無明七識共俱。」不但如此，慧廣與觀淨所舉的《楞嚴經》，整部經中都說眞心就是如來藏，也說明了眞心如來藏的覺精——佛性。然而慧廣與徒弟觀淨卻都不懂禪宗的所悟，更不懂《楞嚴經》中的法義，還想要以常見外道法的意識離念靈知來取代禪宗所悟的如來藏阿賴耶識，取代《楞嚴經》中所說的如來藏阿賴耶識。自己正在破壞禪宗正法，竟反過來妄責護法、弘法的菩薩僧是外道破法者，豈有天理？筆者且勸

115《宏智禪師廣錄》卷四（CBETA, T48, no. 2001, p. 44, a7-9）

慧廣與觀淨師徒二人，都應該記取永嘉玄覺的開示：「損法財、滅功德，莫不由斯心意識。」[116]三世意識即是古時禪宗祖師所責備的「心意識」，慧廣師徒二人正好落在心意識中，應該好好懺悔，將來捨壽時方能免除極不可愛的未來無量世長劫苦報。

從這裡就可以了知，觀淨法師認同慧廣所墮的離念靈知意識心爲眞心，但這是導致有情輪迴生死的根本，也是永嘉玄覺所斥「損法財、滅功德」的意識心，正是《楞嚴經》卷一所說的不知常住眞心如來藏的人，難怪不能了知《楞嚴經》卷四所說正理：「如果位中菩提、涅槃、眞如、佛性、菴摩羅識、空如來藏、大圓鏡智，是七種名，稱謂雖別，清淨圓滿，體性堅凝，如金剛王常住不壞。」正是本來就存在的自體清淨的眞心阿賴耶識，而含藏著七轉識的染污種子，七轉識也攝歸如來藏心阿賴耶識。如來藏心阿賴耶識心體有祂的性用，即是佛性，而佛性也一樣要攝歸如來藏心體；以此緣故，七轉識與佛性都歸如來藏心體所有，故說爲一心或同名。慧廣與觀淨都不懂得此理，難怪會外於第八阿賴耶識如來藏，堅持意識變相的離念靈知心就是 佛所說的眞心，落在常見外道法中，無法斷我見。

116《永嘉證道歌》卷一（CBETA, T48, no. 2014, p.396, b1-2）

慧廣把第八識如來藏認作是常見外道法，應是中了印順法師的藏傳佛教黃教應成派中觀六識論的邪毒，被誤導了還不知道。但常見外道法的常住心是意識——有念靈知與離念靈知，正好與慧廣完全相同，這已證明慧廣自己正是常見外道；第八識卻是出生意識心的如來藏，是阿含中 佛所說的本際、入胎識，是阿含中 佛說的「名色因、名色本、名色習」的入胎識如來藏，根本就與常見外道法的意識心完全不同，因爲離念靈知心意識攝在名色之中。但是慧廣對自己住在常見外道法中的事實竟然完全不知，無力反省，反而誣衊已證實相而遠離常見外道境界的平實導師是外道；這是以外道見來毀謗眞實證悟佛法的賢聖，是顚倒想的凡夫在毀謗遠離顚倒想的證悟者，如同賊人指證屋主是賊；而慧廣的徒弟觀淨法師也是一樣，東施效顰的未來世後果，不是觀淨法師能輕易承受得了的。前述舉證的聖玄奘菩薩論中已經明說：「然第八識雖諸有情皆悉成就，而隨義別立種種名。」已經很清楚的告訴慧廣及觀淨，是「諸有情皆悉成就」，諸有情身中都本有阿賴耶識心體存在著，不是經由修行而轉變意識成就的；而且也是禪宗眞悟祖師明心時所悟之標的，除非慧廣師徒二人想要全面推翻禪宗的宗旨。所以，眞心是本來就與意識共同處在蘊處界中，是眞心妄心並存的，是眞妄和合的，而眞心是本來就已存在的阿賴耶識如來藏，是本來就眞的第八識心，不是修行以後才出現或轉變成功的；但慧廣與觀淨卻想要把妄心第六識意識，修行轉變成眞心第八識如來藏，想要以意識離念靈知取代禪宗所悟的如來藏心阿賴耶識；就如同欲煮沙成飯永無成功之日一般，正是顚倒想。顚倒想的凡夫卻毀謗遠離顚倒想的人是錯悟者，在別人為他們提出說明以後，仍然不知道要反省，還繼續毀謗正法及賢聖，天下還有人比他們師徒二人更可悲的嗎？

《楞嚴經》中「眞、非眞恐迷」一句，慧廣與觀淨師徒都不懂，而且是比斷章取義、斷句取義更惡劣的斷字取義：他們只取「非眞」二字，捨了「眞」一字，才會說「阿賴耶識是妄非眞」，於是就成為誤會佛法、曲解佛法的破法者了。他們又謊稱自己錯誤的說法是 佛所說的聖教，又成為謗 佛——因為 佛確實不是像他們那樣說的，卻被他們無根毀謗為說法錯誤。這種為了謗賢聖而成為破法及謗佛的愚人，眞可憐憫。他們也誤會經中所說阿賴耶識是生死根本的意思，才會說「第八識就是能令眾生生死相續的妄心根本」。雖然這個第八識阿賴耶識心確實體恆常住，但是心體內所含藏的七轉識種子仍有染污變異生滅，因此第八阿賴耶識當然是一切有情的生命實相心，才能出生有情的蘊處界，才能使慧廣及觀淨有了此世的色身及覺知心；假使沒有阿賴耶識心體常住不壞，今天就不會有慧廣及觀淨二人的五蘊存在，還能由著他們繼續毀謗阿賴耶識如來藏嗎？還會有他們師徒二人未來無量世中的不可愛異熟果報嗎？因此才說阿賴耶識是眾生生死相續的妄心根本；因爲他們師徒二人能夠毀謗阿賴耶識的妄心離念靈知，正是從阿賴耶識心中出生的，這難道不是他們二人生死相續的根本嗎？可惜的是他們錯會經中的眞義了。然而，當他們捨壽前若能公開懺悔滅罪，並且證得心解脫而超越欲界，再斷五上分結成爲阿羅漢以後，捨壽而入無餘涅槃時，那裡面卻仍然是阿賴耶識心體獨住，那時改名爲異熟識而不再稱爲阿賴耶識了，那時的無餘涅槃卻是常住不變的，仍然是阿賴耶識心體，那麼阿賴耶識心體究竟是「眞」或是慧廣與觀淨所說的「妄」呢？由於阿賴耶識心體有能生萬法的眞實體性，所生萬法緣起性空而阿賴耶識心體常住不壞，絕無一法可滅壞祂，何況能夠自壞？是故名「眞」；可是如來藏心自體清淨無染之中，卻含藏著七轉識相應的染污的種子，並非究竟清淨，故又名「非眞」，要修到佛地時才是究竟清淨，才能稱爲常、樂、我、淨。故悟後尚待吾人歷緣對境轉換七轉識的染污種子使其清淨，得以斷盡二障成究竟佛，這都是慧廣與觀淨二人所不知的深妙法義。

如果因為祂體內含藏七轉識的染污種子，而說祂不是眞心，然而遍尋三界法以後，卻又沒有另一個法可以像祂那樣常住，也沒有任何一法可以像祂那麼清淨，也沒有另一個法可以出生蘊處界，也沒有任何一法可以成爲阿羅漢滅盡十八界以後的無餘涅槃本際；而未來成佛時的眞心無垢識，又正是現在這個第八阿賴耶識心體。將來成佛時的佛地眞如，也是依止這個阿賴耶識心體所改名的無垢識，才能有佛地眞如顯示出來。所以這個「眞、非眞」的道理——第八阿賴耶識體恆常住，體內含藏的種子有刹那刹那變異的事實——實在太勝妙又極甚深；如果不是實證及透過詳盡的說明，恐怕凡夫及阿羅漢愚人聽了都會產生迷惑，往往會誤以爲意識心就是阿賴耶識心體；因爲很難三言兩語就說清楚，所以 釋迦世尊常常不開示演說這個法，此即《楞嚴經》卷五所說正理：「陀那微細識，習氣成暴流；眞、非眞恐迷，我常不開演。」但慧廣與觀淨二人卻是斷字取義，比斷章取義、斷句取義更惡劣，成爲最不老實的引用經文者。

又這個第八識阿賴耶識是眞妄和合識，如《楞伽阿跋多羅寶經》卷四所說：「甚深如來藏，而與七識俱。」亦如《大乘起信論別記》卷一所說：「阿梨耶識名如來藏，而與無明、七識共俱。」在這些經論中既然都說阿賴耶識是眞妄和合識，表示阿賴耶識是函蓋八識心王的，八識心王中有眞心也有妄心，眞心是第八識如來藏，妄心則是如來藏所生的七轉識，第八識如來藏與所生有染污的七轉識和合運作，因此八個識合名爲阿賴耶識。由於眞妄（染）和合運作才能成就阿賴耶識，故說阿賴耶識是眞妄和合識；由此緣故，祖師說：「**一心說，唯通八識。**」《入楞伽經》也說：「**寂滅者名爲一心，一心者名爲如來藏，入自內身智慧境界，得無生法忍三昧。**」[117]意思是說，得無生法忍的諸地菩薩所證的是阿賴耶識如來藏。

《入楞伽經》中又說：「**大慧！此如來心阿梨耶識如來藏諸境界，一切聲聞、辟支佛、諸外道等不能分別。**」[118]意謂阿賴耶識是將來成佛時的如來心，慧廣、觀淨二人竟然全無所知而號稱爲開悟者，豈非當代佛門笑話？然而想要實證阿賴耶識並不容易，一定要先清淨覺知心以後，對大乘勝法具足信心——十信滿足了，再進修布施、持戒、忍辱、精進、禪定、般若六度以後，才能證得，所以經中說：「**是故大慧！諸菩薩摩訶薩欲證勝法如來藏阿梨耶識者，應當修行令清淨故。**」[119]

117《入楞伽經》卷一〈請佛品〉。
118《入楞伽經》卷二〈佛性品〉。
119《入楞伽經》卷二〈佛性品〉。

因此，參禪人若要尋找眞心阿賴耶識心體，應當先清淨自心，並且已對大乘勝法如來藏阿賴耶識常住不壞的金剛性，已經心得決定而能永遠制心於此一見之中，生起定性了，然後再熏習般若智慧，才有可能眞正參禪而得證悟阿賴耶識如來藏；正當參禪之時，必須透過妄心（主要是指意識）去尋覓本來就在而與妄心意識同時、同處配合運作的第八識；證得之後，可得二種結果：

第一、現觀這個眞心如來藏本身無形無相，沒有處所，正如黃檗禪師《傳心法要》卷一所說：「諸佛與一切眾生唯是一心，更無別法。此心無始已來，不曾生、不曾滅，不青不黃、無形無相，不屬有無、不計新舊，非長非短、非大非小，超過一切限量名言，縱跡對待。」所以這個眞心本體絕對待，非常清淨，即是《楞嚴經》卷一所說的「無始涅槃菩提眞心」——第八識。

第二、這個第八識從來離見聞覺知、從來不作主、從來不思量，能夠對現五塵外境而變現內相分六塵境，並生起見分七轉識的見聞覺知性，由七識心見分在六塵境上廣分別，以此內相分與五色根接觸的外相分來連接外境，讓眾生在三界中生活而誤以爲是眞實接觸外境，因而對自我產生錯誤認知，誤以爲自己（特別是對意識覺知心自己）眞實常住，誤以覺知心自己是眞實不壞而非虛妄法，因此妄造後有輪迴種子而無法出離，卻不知見分七轉識都是虛妄心，不知意識心從來不曾接觸外境，所以慧廣與觀淨二人才會錯將離念靈知心認作常住的眞心。

由於阿賴耶識心體所出生的七轉識，對內六塵相分生起見聞覺知性及處處作主而執著，導致眾生輪迴生死；因此說七轉識，尤其是六、七二識，才是眾生輪迴生死的根本，也是《楞嚴經》卷一所說：「無始生死根本。」亦如經中所說：「復次大慧！依如來藏，故有世間涅槃苦樂之因，而諸凡夫不覺不知，而墮於空，虛妄顚倒。」[120]慧廣與觀淨二人，正因爲不覺不知阿賴耶識心體所在，故墮於空，於是心中生起虛妄顚倒見，反而毀謗能使他們實證般若的阿賴耶識如來藏心。反過來說，若是追究會使慧廣、觀淨二人淪墮生死的七轉識的根源，卻發覺仍是從阿賴耶識心中出生的，所以才由這個現象來說「第八識就是能令眾生生死相續的妄心根本」，這正是慧廣與觀淨二人所不能知的眞實義。

由於眾生不知生死的二種根本——無始涅槃菩提眞心含藏了無始生死根本七轉識染污種子，不知阿賴耶識是眞妄和合識——阿賴耶識含攝八識心王，所以妄造生死業而無法出離。由於慧廣的徒弟觀淨法師爲無明籠罩，無法了知《楞嚴經》

120《入楞伽經》卷八〈化品〉第十五。

所說二種根本之差異，也無法證得無始涅槃菩提眞心第八識，卻跟隨妄執離念靈知意識心爲眞實心的慧廣，錯亂修習，欲將此生滅性的意識妄心修成不生不滅的眞實常住心，盡未來際永不可得：「**猶如煮沙欲成嘉饌，縱經塵劫終不能得。**」慧廣與觀淨師徒二人，都不知無始生死根本妄心七轉識之上，還有一個與之同時、同處配合運作的無始涅槃菩提眞心第八識，妄謂第八阿賴耶識是妄心、妄識，成爲心外求法者，與常見外道合流。

接下來談「**心是體，性是用**」的眞實義。一切法的性用，都要由本體出生；譬如意識的別境心所法，使意識具有知覺之性，所以知覺「性」是意識心「體」之作用，若無意識心「體」存在，就無法有知覺「性」的作用存在，故說「心是體，性是用」。又能見之性乃是以眼識爲體的自性，非是離眼識心體而有能見之性；能見之性既如此，能聞之性、能嗅之性、能嚐之性、能覺之性、能知之性亦復如是，正是耳識、鼻識、舌識、身識、意識等心體的自性，非是離耳識、鼻識、舌識、身識、意識心體而有其自性；一定是先有六識心體以後才會有六識的六種自性，有這六種自性出現以後才會有能見乃至能知的作用出現，才會有慧廣的離念靈知存在。這個道理就好像海水與波浪的關係，波浪是海水的自性，非是離開海水本體而有其波浪，也不是離開海水本體而有海浪的自性，因此海水與波浪的關係非一非異；所以平實導師說「心是體，性是用」，意思是說心是萬法之本體，心的自性即是心的作用，乃是正確的說法；但觀淨法師及其師慧廣「性是體、心是用」的說法則是體用顛倒，完全不如法，不僅違背唯識正理，也違背世間邏輯與常識。如是雙違世間法與出世間法，是常識不夠的人，怎能有智慧呢？觀淨法師在此邪見下，又有何資格評論他人所說正法為非法呢？

接下來談明心與見性是兩種不同的證量。凡是能夠明心與眼見佛性分明的人，都可以證實明心與見性兩者是完全不同的法、不同的證量。前者是無境界、無所得法，只有出生法界實相的智慧；而後者是有境界、無所得法，是對第八識的性用與種子能生起更微細深廣的了知。明心的人可以純依慧力及體驗照見其理，觸證祂眞實存在，發現祂與蘊處界同時同處運作，而在蘊處界中分明顯現，完全配合七轉識的心行而運作，無有絲毫染污，非常清淨，是時時都可以現觀阿賴耶識的存在。眼見佛性的人在看話頭功夫純熟下，以父母所生肉眼眼見佛性，因此緣故，眼見自己身心及山河大地虛妄，自然成就如幻觀。因此，能夠明心與眼見佛性的人，都可以證實明心證眞與眼見佛性是二種不同的境界、不同的智慧與證量。但觀淨追隨慧廣而提出明心就是見性的說法，又是未斷我見的人，同樣落在離念靈知意識心中，實已證明觀淨法師如同其師慧廣，既沒有明心，更沒有眼見佛性，故說不出其中的差異。

如果觀淨法師不信受的話，正光提出幾個問題，有請觀淨法師一一回答；待你回應時，就知正光所言不虛。

一問：如果明心就是見性的話，禪門三關（本參、重關、牢關）是不是只剩下二關了？觀淨法師有沒有那麼大的能耐能夠改寫禪宗證悟祖師的說法？觀淨法師可以回答正光的提問嗎？（想必觀淨法師無此能耐！何以故？凡是墮入「意識境界分段計著生」的凡夫，凡是落入意識而未斷我見的人，如何能了知禪門一、二關明心與見性的眞實義理呢？難怪觀淨法師會盲從其師慧廣，提出明心就是見性的謬論，難怪他會錯認意識心爲眞心，墮入常見外道見解中；又因未證得如來藏阿賴耶識心體，難怪會妄謂阿賴耶識是妄心、妄識了。）

二問：證悟的人，可以隨時現觀自他有情之眞心運作，乃至可以在他人睡著時，現觀他人眞心運作無有障礙，不知觀淨法師是否有此能耐作此現觀？大眾欲知。（想必觀淨法師也無此能耐，既然無法現觀自己第八識運作，又如何能現觀他人第八識運作呢？當然是講不出所以然的。）

三問：眼見佛性的人，都可以眼見自、他有情佛性，乃至在無情及有情身上，也可以見到自己的佛性；不知觀淨法師可否現觀自他有情佛性？能在山河大地上看見自己的佛性？並由所見佛性的眞實而眼見山河大地的虛幻，成就身心及山河大地虛幻的如幻觀？（想必觀淨法師更無此能耐，何以故？明心尚且不可得，又如何能夠眼見更上於明心者所不能眼見的佛性呢？）

所以，從正光的提問當中，觀淨法師必定無法一一回答，也作不得任何手腳也。既然不知、不證明心及眼見佛性境界，對明心與見性二者全都不知，卻跟隨慧廣妄論自己所不知的明心與見性，妄謂明心就是見性，未免太不自量力，也太無知了！

又觀淨法師也談到星雲法師，正光藉此機會略微說明，未來同修會中或有可能會有菩薩撰寫文章來破斥星雲法師如何將佛法世俗化、常見化、斷見化之種種事實。譬如星雲法師曾說：「**有的人想要學禪，萬里迢迢的到處尋師訪道；其實，眞正有慧根的人，當下即是。**」[121] 從星雲法師的開示可以得知，星雲法師所認知

121《星雲模式的人間佛教》，滿義法師著，天下遠見出版股份有限公司（台北市），二○○五

的眞心，其實就是意識心，與觀淨法師一樣，同墮離念靈知心中，也與 佛開示的眞心完全顚倒，同於常見外道，故名常見外道。

又星雲法師不是用禪宗親證第八識所生的般若智慧來說禪，而是用自己意識思惟境界所得之世俗法來解釋禪宗公案；不僅將公案解釋得不倫不類，讓人啼笑皆非，更是將自己未悟的事實公布天下，讓天下人盡知星雲法師所說都是野狐禪也。此外，星雲還化名爲佛光禪師，以未悟之身暗示自己已悟，寫在書中公開流通，已成就未悟言悟的大妄語業；在在處處都顯示出他的心行不正，全都與證悟者心性漸轉清淨的事實不符。

他又因爲 平實導師對其他錯悟內容不指陳姓名的拈提，間接地顯示他的錯悟，又無法提出自己證悟的事實，無法爲自己作有利的辨正，心中不能安忍，遂私下毀謗：「**蕭平實是邪魔外道，其法有毒，跟隨蕭平實修學者將同墮地獄。**」此亦被 平實導師寫入公案拈提第七輯《宗門正義》中，多年來仍然無法回應、無法爲自己提出法義上的辨正。但他並不改正未悟言悟的大妄語行爲，仍繼續私底下誹謗，以破戒之身成就及增長了毀謗大乘勝義僧的罪業，未來世將受長劫尤重

年八月二十五，第三五六頁。

純苦果報。因此緣故，平實導師評論他未悟，正光說他是將佛法世俗化的常見、斷見外道，都是如實語，一點都沒有冤枉他。所以，觀淨法師援引星雲來爲自己證明，是無智的作法；有智之人一定會援引眞悟的人來作證明，觀淨法師卻盲目地援引錯悟者來爲自己證明，顯示他是沒有智慧的人。

觀淨法師也提到宣化上人，正光爲了回應辨正，只好也跟著談談宣化「上人」。以下宣化上人的開示都可以在網站搜尋到，其相關網頁已由正光複製保存，避免未來有人狡辯。譬如宣化上人在一九六九年四月二十日至七月二十七日在美國加州三藩市佛教講堂講《六祖法寶壇經淺釋〈般若品〉第二》如是開示：「我們修道，是眞空裡有妙有，不是什麼都不知道。要什麼都知道，還要什麼都不知道，明明瞭瞭，清清楚楚，就像『心清水現月，意定天無雲』的道理。」從上面的開示，知道宣化上人認爲明明瞭瞭，清清楚楚的心就是眞心，與惟覺法師、聖嚴法師同墮入意識心中。

又譬如宣化上人開示語錄（六）有關「妙道」的開示如下：「什麼是妙道？淺而言之，就是日常所行之道，我們天天所用的道、所行的道、所經過的道，都是很妙的。若不注意去研究它，便不知它的妙處。……我們一天所遇到的境界，這就是妙道。好像不吃飯肚子餓，爲什麼要餓？這就是妙。吃東西就飽了，這也是妙。乃至穿衣服，或是喝茶，都是一樣的妙。如果不妙的話，爲什麼要去用它？就算用它之後，也不會長久，只是暫時而已。你說這不是妙嗎？

有人說：『啊！這個道理，誰都懂。』可是你所懂的是皮毛而不究竟，妙處就不知道了。爲什麼想吃好東西？這是個妙。爲什麼想穿好衣服？這是個妙。爲什麼想住好房子？這是個妙。」

宣化法師認爲想吃、想穿、想住的一念心就是眞心，墮入意識心及緣起性空中，不是禪宗祖師所謂「平常心就是道」；何以故？禪宗證悟的人，能夠在日常生活作務當中，親眼看見祂分明顯現祂的眞如性；乃至眼見他人睡著時，他人的眞如性也是一樣分明顯現，無有絲毫障礙；乃至不能一時一刻沒有祂，沒有了祂，吾人頓成死人，無法活在世間。然而從宣化法師種種開示可知，宣化法師所認知的眞實心其實就是離念靈知意識心，不是 佛所說不生不滅的眞心。由於宣化法師一生持戒精嚴，但因爲錯說第一義諦，今時於了義正法上也免不了正光之拈提。

至於觀淨法師所提到的達賴、蓮花生、宗喀巴、密勒日巴等藏傳佛教外道諸師，皆非佛道中人，同樣是未斷我見的附佛法外道，故正光於此不另作評破；有興趣瞭解藏傳佛教外道眞相的讀者，請閱讀 平實導師所著之《狂密與眞密》第一－四輯，即可明瞭。觀淨若是想要藉此文章爲正覺同修會招來更多的敵人，實無必要，因爲這些凡夫法師與藏傳佛教中人都未斷我見，也都是正覺印行的書中曾經舉例辨正過的，與 龍樹的入地證量不可同日而語。

接著來談觀淨法師所說「**『自性三寶』是指親證無生者而言，不是凡夫就有自性三寶**」之過失。所謂自性三寶，乃是指自性佛寶、自性法寶、自性僧寶。所謂**自性佛寶**是指眞如心，是每一有情的根本心第八識，也是一切有情的生命實相心，心體自性清淨無雜染，與佛無二無別，這才是自性佛寶；這個道理，也正是世尊誕生人間時所說「**天上天下，唯我獨尊**」的正理，以及在菩提樹下成佛時所說正理：「**奇哉！一切眾生具有如來智慧德相，但以妄想執著，不能證得。**」[122]指的正是第八識如來藏——自性佛，是本來就在的第八識實相心。凡是證悟的人，都能認同 世尊這樣的開示，所以自性佛寶是一切眾生本自有之，只因妄想及執著，所以無法證得。

所謂**自性法寶**，是指這個自性佛寶能夠藉著種種緣而出生世出世間一切法及

122 《指月錄》卷一。

六種無爲，乃是透過八識心王等和合運作之所生得及所顯得，不僅在世間可以顯現種種運爲，也可以爲吾人現前所領受及親證；舉凡這些法義，都從八識心王和合中出生，由諸佛傳授給有緣人，名爲自性法寶。而這些道理若被寫在經中，就成爲表相法寶。

所謂**自性僧寶**，是指這個自性佛寶從來離見聞覺知，不在六塵境起分別，從來不思量、也不作主，非常清淨。而這個自性三寶，每一有情都本自具足，沒有不具足的；證得無生之人可以發現這個自性三寶是本有的，不是本無今有，正如《佛果圜悟禪師碧巖錄》卷五所舉龍牙禪師所說：「**學道先須有悟由，還如曾鬥快龍舟，雖然舊閣閑田地，一度贏來方始休。**」如此舊閣閑田地，無始本有而非修得；所以這個自性三寶的道理，是從無始劫以來就已存在，是本有的，不是一定要親證無生後才有；同時是每一個有情都本已具足，沒有不具足的，只需證悟而找到祂，不是將生滅性的意識變成的，而是本來就眞實無生的。如是正理凡是修學禪宗一、二年的佛弟子都知道；身爲出家多年、追隨號稱已悟的慧廣修學「禪法」的觀淨法師卻不知道，顯然觀淨法師的佛法知見有待建立。既然佛法知見尚待建立，當然無法依經典及證悟祖師開示作簡擇，卻跟隨未斷我見的慧廣，妄謂第八識、阿賴耶識是妄心、妄識，公然與諸經中 世尊的說法唱反調，實在是膽大妄爲，眞是拿自身的法身慧命開玩笑！

最後，針對觀淨法師所說作個總結：這個第八阿賴耶識就是 佛所說的眞心，正是諸佛成佛後的無垢識，是由因地的阿賴耶識心體修淨種子以後改名爲無垢識，正是因地的阿賴耶識同一心體，因此禪宗的開悟明心就是找到第八阿賴耶識。祂自己的體性從本以來就是絕對清淨，卻含藏七轉識相應的染污種子，因此悟後尚待歷緣對境汰換染污的七識相應種子；能夠找到這個第八識如來藏，才能說是開悟明心；除此以外，不論何人自稱明心開悟，都是錯悟。眼見佛性就是用父母所生肉眼眼見阿賴耶識直接出生的見分，外於六塵運作，而在六塵中分明顯現的總相作用，也是第八阿賴耶識心體的本覺性，函蓋了不可知之「了」，因此眼見佛性所見的佛性，不能外於第八識心體而有，依第八識如來藏而運行，與第八阿賴耶識非一亦非異，因此 平實導師所說「心是體、性是用」，說如來藏是體，佛性是如來藏的性用，完全符合佛說，也完全符合法界中的事實，也是法界中邏輯上的必然。觀淨既然與其師慧廣一樣落在第六意識心中，從來不知不證第八識，當然不知第八識的見分了；不知不見的人卻來評論已知已見的人，豈只是顚倒而已？根本就是狂妄自大。像這種世俗有智之人都不會犯的過失，自稱有出世間智的慧廣與觀淨二人，卻落在其中，而且還繼續在違犯，不肯改正，當然是沒有世俗智慧的人，更沒有出世間智慧。

又明心找到第八阿賴耶識時，發現祂的運作對象不是在六塵境界上，卻在蘊處界上分明顯現，祂是眞實可證的。慧廣與觀淨師徒二人都無法證得，所以公開否定祂；連心體的所在都不知道，又怎能眼見心體的性用而看見佛性呢？所以觀淨與其師慧廣，才會妄謂阿賴耶識是妄心、妄識，提出「**性是體、心是用**」以及「**明心與見性是同一證量**」的顚倒見，完全違背 佛的開示，也與法界實相全然不符，所說完全不如法。因此，正光建議觀淨法師趕快捨棄如此大邪見，否則就會像慧廣一樣，不僅窮盡三大無量數劫生死以後，仍是生死凡夫一個，而且還成就毀謗勝妙法及大乘善知識重罪，實在是可怖可畏啊！

第五章 後記

二〇〇四年八月八日，本會曾師兄[123]一家四口人，第一次到慧廣的空生精舍與慧廣等五人在客堂作法義辨正，期間大約花了三小時又三十分鐘。辨正當中，慧廣不否認有眼見佛性之事，但仍不相信《大般涅槃經》所說眼見佛性，也認爲大、小乘不能混在一起，名相不共通；並且在辨正當中，旁敲側擊想從曾師兄一家人言語中探聽明心的密意；慧廣後來又親自率徒拜訪本會吳師兄，想要探取明心之密意，不肯如法修學、親自參究；不誠、不實的行爲與心態，前後如出一轍，如同本書開始處所舉之吳師兄函中所說。鑒於此，正光略述如下：

明心一事，自古以來就不容易，所以古時有許多祖師大德，於講經數十年以後因爲心虛而罷講，進入禪宗叢林參禪到死尚且無法破參，更何況是執離念靈知爲實相心而未斷我見的慧廣！我見之意涵尚且不知，我見尚且具足不斷，而奢談能夠明心，乃至誇談明心者尚未能臆測的眼見佛性境界，猶如幼稚園生暢談微積

123 編案：現今已爲本會高雄講堂的親教師。

分一般，無異癡人說夢。然而慧廣一類師徒，古今所在多有，從來不乏其人；所以自古以來，明心的人永遠只是少數人，永遠不是多數人；古往今來都是僅靠少數人來弘揚宗門正法，有如披荊斬棘一樣，非常辛苦；乃至冒著生命的危險來弘法，不是普通人或聲聞、緣覺種性人所能承擔的。唯有菩薩種性之人，不畏生死，才能挑起弘揚如來藏妙法的重任[124]，只爲引導眾生能夠離開邪知邪見而趣向正道，一切辛苦皆甘之如飴。

證悟祖師入滅後，若無證悟的弟子克紹箕裘，佛弟子往往被多數的錯悟、未悟祖師之邪知邪見所籠罩及誤導，信受邪知邪見還自以爲是正知正見；一旦有證悟的菩薩出世說法與自己不一樣時，便謗說他人不如法，誑言自己是在護法；其

124 阿含部《央掘魔羅經》卷四：【佛告央掘魔羅：「正法住世餘八十年，菩薩摩訶薩爲一切眾生演說如來常恒不變如來之藏，當荷四擔。何等爲四？謂兇惡像類常欲加害，而不顧存亡棄捨身命要說如來常恒不變如來之藏；是名初擔，重於一切眾山積聚。兇惡像類非優婆塞，以一闡提而毀罵之，聞悉能忍；是第二擔，重於一切大水積聚。無緣得爲國王大臣大力勇將及其眷屬說如來藏，唯爲下劣形殘貧乞堪忍演說；是第三擔，重於一切眾生大聚。窮守邊地多惱之處，衣食湯藥眾具麁弊，一切苦觸無一可樂，男悉邪謗女人少信，城郭丘聚豐樂之處不得止住；是第四擔，重於一切草木積聚。若能荷此四重擔者，是名能荷大擔菩薩摩訶薩。若菩薩摩訶薩於正法欲滅餘八十年，棄捨身命演說如來常恒不變如來之藏，是爲甚難；若能維持彼諸眾生，是亦甚難；彼諸眾生聞說如來常恒不變如來之藏，能起信樂，是亦甚難。」】

實心中想的都只是自己的名聞與利養，護法之說只是表面作態。如同今時的印順一樣，印順主動繼承藏傳佛教應成中觀派思想，僅承認有六識，不承認有七、八二識，因此否定第八識而說「一切法空就是佛所說的全部佛法」；並施設「滅相不滅」之戲論，以掩飾自身落入斷見的事實。由於當時沒有證悟的菩薩出來摧邪顯正，導致許多大法師、佛弟子信受印順學說而否定 佛說的正法；乃至許多佛學院更以印順所寫的《妙雲集、華雨集……》等邪見著作爲教材，誤導了許多出家、在家四眾跟隨印順公然的破壞正法。

印順的本質是從根本來破佛教正法的，有許多佛弟子不知其底細，以爲印順是聖 玄奘菩薩以來的第一人；卻不知印順正是 玄奘菩薩入滅以來，破壞 玄奘正法的第一人[125]。平實導師不忍眾生被誤導，主動出來摧邪顯正，經過多年來不斷的著書摧邪顯正後，不僅漸漸導正佛弟子的邪知邪見爲正知正見，而且也漸漸提昇佛弟子的佛法正知見水準；乃至有許多佛學院，已不再用印順的《妙雲集、華

125 印順門人近年倡說「印順是玄奘以來第一人」，寓有「印順繼承玄奘正法」之意。但印順是破壞 玄奘所弘如來藏正法而抵制 玄奘者，不應說爲繼承 玄奘者，故印順門人對印順此一封號與事實相反。

雨集……》等邪說著作爲教材，以免誤導佛門四眾，成就破佛正法共業。然印順派殘餘分子如昭慧……等人因情勢所逼，便公開宣稱：希望大家拋棄**教徒觀點**，要求本會在國內有名的雜誌上，以**學術界的觀點**來作法義辨正。然而卻以其在學術界多年佈建的勢力，封殺本會同修們在其所辦學術討論中發表論文，完全不論文中所說是否全符聖教與理證，一味謊稱佛教界無人承認本會正法。因此，本會有已證悟的同修，從**學術觀點**來撰寫論文，也成立了「正覺教育基金會」並負責佛學學術論文發表之工作（論文發表乃基金會業務之一），每年發表佛學學術論文，廣寄國內外各佛學院及學術界單位[126]；期望能將印順的藏傳佛教應成中觀派邪論勢力掃出佛教界，並導正學術界長久以來的錯謬，使佛教界及學術界回歸 佛的正法，讓佛的正法能夠再延續數千年，直到 月光菩薩出世弘法。

又譬如慧廣其人，不依經典聖教來簡擇，卻堅執錯悟祖師的開示，堅持夜夜斷滅的離念靈知意識心是眞心；一旦看見有人說法與他不一樣，不思自己所說違背佛語，反而在網站上大放厥詞，堅持離念靈知意識心是常住法；被人辨正爲非

126 本書出版時，正覺教育基金會已經印行《正覺學報》第一期~第三期，以後每年都會繼續印行，令昭慧等人無法辯駁。

法以後，心中老大不高興，即不再與人辨正法義，遂撰文毀謗本會及 平實導師所弘揚的 世尊正法，開始作人身攻擊。從這裡就可以看出，其實慧廣早已知道自己不如法，也無法提出有利的辨正理論來證明自己是對的；但爲了名聞利養，師心自用而撰文毀謗，落入人身攻擊之惡行中，已如世俗人無二。像這樣的心行已是迂曲不直了，又如何能與道相應？又如何能明心？乃至能夠眼見佛性？

正因爲明心不容易，所以七住菩薩明心後演說勝妙了義法時，一般眾生聞之不信；以此推知，上於明心境界之十住菩薩眼見佛性勝妙之法，更不容易使未斷我見的人相信，難怪崇拜僧衣表相的慧廣等人聞之不信，更加以否認；此乃正常事，不足爲奇。只有菩薩種性之人，聽到聞所未聞法時，才會依據經典之開示加以簡擇；經簡擇已，相信此是正法而深信不疑。

又眼見佛性一事，佛在《大般涅槃經》卷八已分明舉說；身爲佛弟子，就應該相信 佛金口所說，不能因爲自己無法親證就否認 佛的說法，認爲一切人都無法眼見佛性。又 佛在《大般涅槃經》卷二十七也說，十住菩薩能夠眼見佛性少分，只是未如佛眼了了見而已；慧廣豈可昧於經教事實，而在〈眼見佛性的含義〉一文，妄謂唯有佛眼才能眼見，不是十住菩薩所能眼見，盲目地推翻 佛的聖教。又 佛在《大般涅槃經》卷二十七說，十住菩薩有首楞嚴三昧定力而眼見佛性，因此只要勤練首楞嚴三昧定力就可以眼見佛性；經文如是清楚記載，慧廣豈可因爲自己沒有首楞嚴三昧定力，無法眼見佛性，就否定 佛在《大般涅槃經》所說可用父母所生肉眼眼見佛性的說法？乃至有善知識具有首楞嚴三昧定力，已親證並如實演說完全符合《大般涅槃經》不可思議的眼見佛性境界時，慧廣卻公開否定大善知識的說法；像這樣的行爲，若非自己極度愚癡無明，或是極度貪著自己的名聞與利養，何以致此？

又眼見佛性並非只有《大般涅槃經》才有開示，還有很多經典中也有提到，只是慧廣自己無明遮障，所以不知、不證佛性，無法了知 佛在其他經典所說眼見佛性的眞實例子。譬如正光在《眼見佛性》一書二六三—二六五頁提起《佛說維摩詰所說經》卷一〈佛國品第一〉眼見佛性的現成例子。凡是眼見佛性的人，都會贊同正光說法；只有不知、不證佛性如慧廣一類人，才會聞之不解、不信。因無法親證的關係，乾脆就全然否定，否定 佛在《大般涅槃經》等經典所說可以眼見佛性的聖教，也否定善知識眼見佛性的事實；乃至撰文毀謗大乘賢聖，都不顧慮將來捨壽後的未來世果報，眞是愚癡人。

又慧廣認爲「大小乘不能混在一起，名相不共通」，此說眞乃大邪見，難怪會在其著作《禪宗說生命圓滿》七十三頁提出這樣荒謬的說法：「**釋尊在世所說的佛法，並無大小乘之分**」。基於此，正光提出下列三項說明加以辨正：

一者，從 世尊三轉法輪演說三乘菩提的差異來說明。佛弟子都知道 世尊說法四十九年，函蓋了三轉法輪的事實。所謂初轉阿含法輪，從 世尊鹿野苑度五比丘開始，以十二年時間演說《四阿含》，此乃爲畏懼生死苦的小根小器聲聞人隱覆第八識如來藏密意而說解脫道；所以阿含時以二乘菩提的解脫道爲主，從觀察蘊處界虛妄而斷盡我見、進而斷盡我執成阿羅漢，於捨壽後入無餘涅槃，不再出生於三界中。

所謂第二轉般若法輪，即 世尊以《般若經》六百卷及小品般若爲主，宣說般若中道實相心、菩薩心、不念心、非心心、無心相心、無住心，乃是人人本具的生命實相心，也是一切法界的根源；親證實相心如來藏的人，即能了知法界的實相，出生般若智慧——總相智及別相智，也能了知有餘涅槃、無餘涅槃，以及不共二乘的本來自性清淨涅槃，是宣演菩薩所證不共二乘的人無我智；乃至於未來能證知佛地的無住處涅槃，於未來最後身菩薩位時求證之。

所謂第三轉方廣唯識法輪，即 世尊宣說唯識五位之十地行果，敘說菩薩法無我智，啓發菩薩一切種智而住無生法忍地；以此地地增上，乃至圓成四智而具足一切種智，成就佛地無住處涅槃。

從上述可知，佛在初轉法輪所宣說的阿含時期法義，偏重於蘊處界虛妄的解脫道，能出離三界生死，不涉及實相法界，無關般若智慧；待阿羅漢們已經證得有餘涅槃、無餘涅槃後，進而宣說二轉法輪的生命實相心，使阿羅漢能夠迴小向大轉入菩薩行，起修菩薩道而證得生命實相心，啓發般若總相智及別相智，發起般若智慧現量而成爲實義菩薩；待諸菩薩明心證眞，生起般若智慧後，心量漸漸廣大，欲求佛地正遍知覺佛菩提果時，佛觀察因緣成熟，乃爲其宣說一切種智的唯識經典，啓發菩薩道種智，乃至具足一切種智而成究竟佛。第二及第三轉法輪所說都是佛菩提道，不共二乘人所證的解脫道，但卻函蓋了解脫道；因此 佛說法四十九年，函蓋解脫道及佛菩提道，一切菩薩都是二者並行進修，不相違背。而且解脫道還是以第八識爲所依的，而第八識正是大乘菩薩所修證、所弘揚的般若實際；所以小乘要以大乘爲依止，而非大乘以小乘爲所依；這個事實顯示了大乘的法大、小乘的法小，而大小乘之間的法義與實證，並無絲毫相違，其中有異有同；慧廣不知其中之異同，竟說不共通—有異無同—顯然完全不懂三乘菩提之異同所在。至於解脫道及佛菩提道之內容，請詳閱 平實導師所製〈佛菩提二主要道次第概要表〉，在此不予贅敘。

二者，從斷無明的差異來說明。無明有兩大類，分為一念無明及無始無明，所謂一念無明，即未斷除對自我的貪愛及因我所而生的瞋恚，未斷除微細自我執著愚癡等煩惱前，一念甫滅已，次念又生；如是念念相續不斷，自住其中而不知其妄，執之不捨，使得陰界入我不能斷除，導致流轉生死，因此障礙解脫道的實證。所謂無始無明，即無始以來一直對法界實相不能了知，即不能了知一切法都是從第八識直接、間接或輾轉出生，因此障礙佛菩提道之修證，不得佛菩提果。

又一念無明可再分為二種，一種是見惑（我見）及思惑（我執，為深層的我見），一種是習氣種子隨眠。見惑即是對蘊處界不如理作意，不了知其虛幻，因此執色身為我、執意識心為我而產生迷惑；此中最常見的例子就是執離念靈知心為眞實我，不知此離念靈知即是意識心——不知意識心是藉意根與法塵為因緣才能出生。若要斷除我見，最好的方法就是觀察離念靈知意識心虛妄，進而觀察蘊處界全部虛妄；也要現觀離念靈知意識心在五位中必定斷滅，能作此現觀，就能了知離念靈知心是藉意根、法塵相觸爲緣才能出生，是被生、有生的法，即是生滅法，非有自在性；瞭解其虛幻心得決定後，就能斷除我見，成爲大乘通教初果或聲聞初果；此見惑，是解脫道中見道時所斷惑。思惑則是對貪、瞋、癡、慢、疑等煩惱不如實了知，須於見道後歷緣對境加以斷除的煩惱，是修所斷煩惱，因此思惑是見道後所應斷除的煩惱。

又見惑、思惑在大乘法中亦名爲煩惱障、事障，是共大乘菩薩的修證內容，並非慧廣所說的「不共通」。見惑與思惑在大乘法中名爲四種住地煩惱，亦即見一處住地煩惱、欲界愛住地煩惱、色界愛住地煩惱、無色界愛住地煩惱（有愛住地煩惱）；前一爲見惑，後三爲思惑；因此大、小乘的修行，斷除見惑及思惑爲共道；慧廣全然不知，妄說大小乘「不共通」。見、思惑斷盡後，成爲菩薩阿羅漢或聲聞阿羅漢，仍有無始無明未破、未斷，無始無明方是不共道，是大乘菩薩所破、所斷，不共二乘聖者。雖然小乘阿羅漢能夠斷除一念無明的見惑、思惑現行，卻仍有一念無明的習氣種子隨眠、及無始無明隨眠尚未斷除；捨報可以入無餘涅槃，卻無法證得佛菩提果，所以解脫道的修行與實證，不能使人成佛；因此 佛陀入滅後，究竟解脫道的三明六通大阿羅漢，沒有一人敢紹繼佛位。

大乘菩薩與二乘之間的不共道，就是菩薩能斷除一念無明習氣種子隨眠及無始無明隨眠，成究竟佛，二乘聲聞緣覺則無法斷，故不能成佛。因此，大乘菩薩與二乘聲聞緣覺有共道與不共道，共道是同樣斷除一念無明，亦即斷除見惑及思惑，同證解脫道；不共道是阿羅漢不斷除習氣種子隨眠、無始無明隨眠，也不能稍證佛菩提果。菩薩則有能力斷除一念無明習氣種子隨眠、無始無明隨眠，最後成就佛菩提的極果而成佛。

無始無明亦名理障、所知障，此唯大乘，不共定性二乘人，何以故？一切眾生與二乘定性無學自無始以來，覺知心從來不與無始無明相應，要待眾生想要了知法界實相而起心探究時，覺知心方與無始無明相應。待菩薩破參了，才斷除了一念無明的見道所斷惑，同時打破了無始無明。雖然菩薩有能力打破無始無明，可是尚未起心探究「悟了為何仍不是佛」時，尚未能與無始無明上煩惱（過恆河沙數上煩惱，簡稱塵沙惑）相應，待開始探究的時候，方始與之相應。其中上煩惱包括心上煩惱、果上煩惱、止上煩惱、觀上煩惱、慧上煩惱……等，皆因對佛地功德有惑而有。此惑須經歷三大無量數劫修行，於最後身菩薩位明心、見性時，方能頓斷無遺，不是小乘聲聞緣覺人所能斷除，也不是初明心或者眼見佛性的菩薩所能斷除的。

三者，從智慧及證果的差異來說明。聲聞在佛出世的時代，聽信佛語，以四聖諦、八正道、因緣觀等法門觀察蘊處界的空相，斷盡我見、我執，成爲無學阿羅漢；緣覺在無佛時代，以因緣觀而現觀蘊處界空相，斷盡我見、我執成爲辟支佛，因此解脫道的極果是阿羅漢、辟支佛。菩薩則不然，直接從生命實相心下手，以一念相應慧，找到生命實相心，同時反觀蘊處界虛妄，因此斷了我見及發起般若智慧，並且於明心後，在歷緣對境中，持續斷除一念無明煩惱的我執及習氣種子隨眠，也努力斷除無始無明上煩惱，令實相智慧增上。因此，大乘菩薩不僅可以與聲聞緣覺一樣的斷盡我見、我執，也斷除了聲聞緣覺所不能斷除的一念無明習氣種子隨眠及無始無明隨眠；這都是由於找到了有情生命實相心，得以轉依第八識無生的體性，在無生忍別相智及無生法忍的道種智上用心，次第進修而圓滿成佛所需的一切智慧，方能成佛；是由於在菩薩位中親證法界實相心及其含藏的種子所致；但二乘聖人卻不能證此，所以菩薩的般若智慧絕非二乘聖人所知；而菩薩的解脫道證量，遠遠超過阿羅漢、辟支佛，非是二乘聖人所能比擬。

又阿羅漢所證的涅槃有二：有餘涅槃及無餘涅槃，即斷盡我見、我執煩惱。

阿羅漢雖然有能力入無餘涅槃，已斷分段生死，卻不知、不斷變易生死，也不知道無餘涅槃中的本際，視成佛之道爲大苦之行，因此阿羅漢入無餘涅槃，不再出生於三界中利樂有情。菩薩則不然，不僅不需斷盡思惑煩惱就可以證得無餘涅槃的本際——一切有情的生命實相心；而且也知道十八界滅盡後，無餘涅槃就是第八識自住的寂靜境界。因此緣故，菩薩證得生命實相心後，了知一切法都由第八識所生，故認定一切法亦是第八識，此即論中所說「一即一切，一切即一」的正理，由此實證了華嚴所說「三界唯心、萬法唯識」的聖教，非二乘聖人所知。菩薩了知這個道理後，不入無餘涅槃，卻反其道，不斷的在無生忍、無生法忍上用心，不斷宣說無上了義法來利樂有情；斷除了我執煩惱，卻故意留下一分思惑，潤未來生，乘願常住人間利樂眾生。又菩薩能於初地取證慧解脫而不取證，專心在無生法忍上用心；到了三地即將滿心時，才開始修學四禪八定、四無量心、五神通，於三地滿心時能取證滅盡定及無餘涅槃而不取證，而在增上慧學上繼續用心；到了六地快滿心時，不得不取證滅盡定，已經可以和阿羅漢一樣成爲俱解脫的無學，卻仍故意再起一分思惑而不入無餘涅槃；轉入七地後再修方便波羅蜜，直到七地滿心證得念念入滅盡定，方才不得不斷盡思惑。這種留惑潤生的大願與智慧，絕非阿羅漢所能想像，故是爲不共道。

七地滿心念念入滅盡定，寂靜極寂靜，煩惱障習氣種子已斷盡，全無執著，此時必取無餘涅槃；但於入涅槃前，佛來傳授「引發如來無量妙智三昧」而不入涅槃，轉入八地，以願波羅蜜的緣故，不斷的到十方世界利樂有情，只需生起作意而不須加行，即能於相、於土自在；直至最後身菩薩位，觀察人間因緣而誕生人間，示現爲凡夫相而出家學道，乃至於菩提座上以手按地時明心，夜後分目睹明星而見性成佛；在成佛過程中，不僅斷盡習氣種子隨眠及無始無明隨眠而斷盡變易生死，成就四智圓明、無住處涅槃而成究竟佛。

這些妙法，始從三賢位第七住的般若總相智，就已經是二乘聖人所無法想像的，何況初地心以上的無生法忍實證？所以解脫道極果只是阿羅漢，僅斷除我見、我執，證得有餘涅槃及無餘涅槃，卻不知無餘涅槃中的本際，也無法斷除一念無明習氣種子隨眠及無始無明所知障隨眠；菩薩所修的佛菩提道極果則是成佛，不僅斷除我見、我執，斷除分段生死，成就二乘極果，親證有餘及無餘涅槃，而且還斷除一念無明的習氣種子隨眠、無始無明所知障隨眠及變易生死，證得本來自性清淨涅槃以及佛的無住處涅槃，因此菩薩的智慧及證量遠遠超過阿羅漢，非是阿羅漢所能比擬。所以，解脫道與佛菩提道是有異有同的，不是相等、相同的，也不是慧廣所說完全不共通的；慧廣對此全無所知，舔食印順邪見唾沫[127]，才會想要以錯誤的解脫道修法來取代佛菩提道，不承認第八識心可以實證，也不承認佛性可以眼見，單憑對解脫道的錯誤認知卻想成就佛果，是連二乘解脫道都無法入門的。

綜合上面三點可知，解脫道的極果是阿羅漢，菩薩所修的佛菩提道極果是成佛，此即法小、法大的差異；由實證內容的差異，成就不同的三乘果證；所以第八識如來藏的證與不證，即是小乘及大乘修證的分野。但二乘人若否定了第八識，違背 佛在四阿含中所說八識論的解脫道，所修解脫道就會落入斷滅空，我見與我執就無法斷除；所以小乘法含攝在大乘法內，小乘要以大乘如來藏妙理為基礎；所以佛入滅後，無有一阿羅漢能以佛自居。又二乘定性人決定入無餘涅槃，灰身泯智，無法發起菩提心，不能上求佛道、下化眾生，其佛菩提芽已焦，佛菩提種已壞，此即 佛說二乘定性人為焦芽敗種之緣由。若能了知這個道理，就能通曉整個佛菩提道的架構，不會因無明的關係而毀謗成佛之道及聲聞解脫道所依的根本

127 印順法師以六識論邪見為基礎的解脫道，取代佛說八識論為基礎的聲聞解脫道及大乘成佛之道。

心第八識；若無第八識常住，聲聞解脫道必成斷滅空，大乘般若必成戲論，即與印順、慧廣所說無異。

在世間法中，永遠有人不想付出心血，卻冀望能有一番成就；在佛法中，也有人想要不勞而獲，不肯實證而想要獲得名聞利養。譬如慧廣，自知法義偏斜不正，卻放不下面子及凡夫僧的身分，處處打聽明心與眼見佛性答案，包括不斷在正覺同修會的般若信箱化名投稿探詢，或向已悟的同修探聽密意，卻不知這都是在障礙自己佛菩提道的修持，因為這個離念靈知心已經又不斷起念了；又懷抱曲心而非直心，顯然不是 佛說的直心。慧廣若有世俗智慧而能如此反觀時，應該已能斷我見才是，可惜慧廣至今仍執迷而不能斷。

直心並不是世間人所認知的覺知心、靈知心，也不是世間人用意識心思議所能企及；然一切有情不能一時一刻離開祂，卻都日用而不知。因為第八識非常地直心、現成及親切，因此若不是經過一番辛勤參究以及鼎力護持正法，智慧不可能生起，又如何能親證？縱使能知密意，又如何能勇於承擔呢？正如《黃檗斷際禪師宛陵錄》卷一所說：「塵勞迴脫事非常，緊把繩頭做一場；不是一番寒徹骨，爭得梅花撲鼻香。」若不想經過一番辛苦參究及護法的付出，欲得此心，永不可得。就算費盡心思探聽到密意，智慧也無法生起，更容易因爲懷疑不信而毀謗，成就大惡業，下墮三塗。

又《菩薩瓔珞本業經》卷一所說：「是人爾時從初一住至第六住中，若修第六般若波羅蜜，正觀現在前，復值諸佛菩薩知識所護故，出到第七住常住不退，自此七住以前名爲退分。佛子！若不退者，入第六般若修行，於空無我人主者，畢竟無生必入定位。佛子！**若不值善知識者，若一劫二劫乃至十劫退菩提心**；如我初會衆中有八萬人退，如淨目天子法才、王子舍利弗等，欲入第七住，其中值惡因緣故，退入凡夫不善惡中，不名習種性人。」

從上面經文可知，即使明心了，還是需要佛菩薩及善知識攝受，才能入七住位不退；若不如此，很容易退失佛菩提。猶如淨目天子法才及王子舍利弗等人，明心後欲入七住位，由於值遇惡因緣而退失佛菩提，反而因爲不信第八識而造惡業。這個道理，正如正覺同修會創立以來前後三次退轉的同修們一樣，碰到惡因緣及不肯接受善知識攝受而退轉，乃至毀謗第八識正法而造下謗佛、毀法重罪，眞是得不償失。藉此奉勸想要藉著刺探明心與眼見佛性答案而不勞而獲的慧廣，應以此爲鑑，自己依照正知正見親自參究，並且改以護持同修會正法等正行來助益，以免障礙自己未來的佛菩提道。否則，縱使探知密意了，般若智慧也不可能生起；假饒萬分之一的機會生起了小小般若智慧，仍然會因不肯接受同修會中善知識攝受的緣故，將來如同淨目天子法才一般「退入凡夫不善惡中」，求升反墮。

最後，建議佛弟子們（包括慧廣、觀淨法師等人），應拋棄「離念靈知心爲常住眞心」的邪知邪見，才能遠離常見外道行列；並且還應公開揚棄印順的六識論邪見，聲明接受八識論正見，爲文讚歎三乘諸經中的八識論正法，將以前曾被慧廣自己誤導的眾生救護回來，滅除以前誤導眾生的大惡業，發起護持正法的大功德；然後努力於無相念佛法門中增上動中定力，徹底信受並研讀 平實導師種種著作，快速提升自己悟道所需的知見，再加上正確的護法而得的大福德，今世才有機會斷我見以及明心；至於眼見佛性，尚無其分，福德仍欠缺太多故。若不如此，仍然一心追求靈知心的離念，那就永遠不斷我見，於聲聞解脫道永無實證的緣分；若論禪宗開悟，則只是永遠在鬼窟裡作活計，都是冷水泡石頭的常見外道境界，窮盡三大阿僧祇劫的生死以後，依舊無法明心與眼見佛性。

正光在此也奉勸那些不想經過一番努力付出，只想不勞而獲探知明心與見性答案的人，千萬別刺探密意；因爲探聽來的仍然是別人的東西，無法增長自己的智慧；古時香嚴智閑與其師溈山靈祐的不明說公案，大眾應該引以為鑑。也應該努力護持正法累積功德，具足功德以後再親身參究，才會有體驗，智慧才能生起，才不會障礙自己大乘法的修證，才不會障礙自己成就佛菩提道的證悟。（全書至此圓滿。）

佛教正覺同修會〈修學佛道次第表〉

第一階段
* 以憶佛及拜佛方式修習動中定力。
* 學第一義佛法及禪法知見。
* 無相拜佛功夫成就。
* 具備一念相續功夫—動靜中皆能看話頭。
* 努力培植福德資糧，勤修三福淨業。

第二階段
* 參話頭，參公案。
* 開悟明心，一片悟境。
* 鍛鍊功夫求見佛性。
* 眼見佛性〈餘五根亦如是〉親見世界如幻，成就如幻觀。
* 學習禪門差別智。
* 深入第一義經典。
* 修除性障及隨分修學禪定。
* 修證十行位陽焰觀。

第三階段
* 學一切種智真實正理—楞伽經、解深密經、成唯識論…。
* 參究末後句。
* 解悟末後句。
* 透牢關—親自體驗所悟末後句境界，親見實相，無得無失。
* 救護一切衆生迴向正道。護持了義正法，修證十迴向位如夢觀。
* 發十無盡願，修習百法明門，親證猶如鏡像現觀。
* 修除五蓋，發起禪定。持一切善法戒。親證猶如光影現觀。
* 進修四禪八定、四無量心、五神通。進修大乘種智，求證猶如谷響現觀。

佛菩提二主要道次第概要表——二道並修，以外無別佛法

佛菩提道——大菩提道

遠波羅蜜多

資糧位

十信位修集信心——一劫乃至一萬劫

初住位修集布施功德（以財施爲主）。

二住位修集持戒功德。

三住位修集忍辱功德。

四住位修集精進功德。

五住位修集禪定功德。

六住位修集般若功德（熏習般若中觀及斷我見，加行位也）。

見道位

七住位明心般若正觀現前，親證本來自性清淨涅槃。

八住位起於一切法現觀般若中道。漸除性障。

十住位眼見佛性，世界如幻觀成就。

（以上：外門廣修六度萬行）

一至十行位，於廣行六度萬行中，依般若中道慧，現觀陰處界猶如陽焰，至第十行滿心位，陽焰觀成就。

一至十迴向位熏習一切種智；修除性障，唯留最後一分思惑不斷。第十迴向滿心位成就菩薩道如夢觀。

（以上：內門廣修六度萬行）

初地：第十迴向位滿心時，成就道種智一分（八識心王一一親證後，領受五法、三自性、七種第一義、七種性自性、二種無我法）復由勇發十無盡願，成通達位菩薩。復又永伏性障而不具斷，能證慧解脫而不取證，由大願故留惑潤生。此地主修法施波羅蜜多及百法明門。證「猶如鏡像」現觀，故滿初地心。

二地：初地功德滿足以後，再成就道種智一分而入二地；主修戒波羅蜜多及一切種智。滿心位成就「猶如光影」現觀，戒行自然清淨。

解脫道：二乘菩提

斷三縛結，成初果解脫 → 薄貪瞋癡，成二果解脫 → 斷五下分結，成三果解脫

入地前的四加行令煩惱障現行悉斷，成四果解脫，留惑潤生。分段生死已斷，煩惱障習氣種子開始斷除，兼斷無始無明上煩惱。

圓滿成就究竟佛果

近波羅蜜多 — 大波羅蜜多 — 圓滿波羅蜜多

修道位 — 究竟位

三地：二地滿心再證道種智一分，故入三地。此地主修忍波羅蜜多及四禪八定、四無量心、五神通。能成就俱解脫果而不取證，留惑潤生。滿心位成就「猶如谷響」現觀及無漏妙定意生身。

四地：由三地再證道種智一分故入四地。主修精進波羅蜜多，於此土及他方世界廣度有緣，無有疲倦。進修一切種智，滿心位成就「如水中月」現觀。

五地：由四地再證道種智一分故入五地。主修禪定波羅蜜多及一切種智，斷除下乘涅槃貪。滿心位成就「變化所成」現觀。

六地：由五地再證道種智一分故入六地。此地主修般若波羅蜜多——依道種智現觀十二因緣一一有支及意生身化身，皆自心眞如變化所現，「非有似有」，成就細相觀，不由加行而自然證得滅盡定，成俱解脫大乘無學。

七地：由六地「非有似有」現觀，再證道種智一分故入七地。此地主修一切種智及方便波羅蜜多，由重觀十二有支一一支中之流轉門及還滅門一切細相，成就方便善巧，念念隨入滅盡定。滿心位證得「如犍闥婆城」現觀。

八地：由七地極細相觀成就故再證道種智一分而入八地。此地主修一切種智及願波羅蜜多。至滿心位純無相觀任運恆起，故於相土自在，滿心位復證「如實覺知諸法相意生身」故。

九地：由八地再證道種智一分故入九地。主修力波羅蜜多及一切種智，成就四無礙，滿心位證得「種類俱生無行作意生身」。

十地：由九地再證道種智一分故入此地。此地主修一切種智——智波羅蜜多。滿心位起大法智雲，及現起大法智雲所含藏種種功德，成受職菩薩。

等覺：由十地道種智成就故入此地。此地應修一切種智，圓滿等覺地無生法忍；於百劫中修集極廣大福德，以之圓滿三十二大人相及無量隨形好。

妙覺：示現受生人間已斷盡煩惱障一切習氣種子，並斷盡所知障一切隨眠，永斷變易生死無明，成就大般涅槃，四智圓明。人間捨壽後，報身常住色究竟天利樂十方地上菩薩；以諸化身利樂有情，永無盡期，成就究竟佛道。

七地滿心斷除故意保留之最後一分思惑時，煩惱障所攝色、受、想三陰有漏習氣種子同時斷盡。←

煩惱障所攝行、識二陰無漏習氣種子任運漸斷，所知障所攝上煩惱任運漸斷。←

斷盡變易生死成就大般涅槃

佛子蕭平實 謹製
（二〇〇九、〇二 修訂）
（二〇一二、〇二 增補）

佛教正覺同修會 共修現況 及 招生公告 2015/09/06

一、共修現況：（請在共修時間來電，以免無人接聽。）

台北正覺講堂 103 台北市承德路三段 277 號九樓 捷運淡水線圓山站旁
Tel..**總機** 02-25957295（晚上）（**分機：九樓**辦公室 10、11；知客櫃檯 12、13。 **十樓**知客櫃檯 15、16；書局櫃檯 14。 **五樓**辦公室 18；知客櫃檯 19。**二樓**辦公室 20；知客櫃檯 21。）
Fax..25954493

第一講堂 台北市承德路三段 277 號九樓

禪淨班：週一晚上班、週三晚上班、週四晚上班、週五晚上班、週六下午班、週六上午班（皆須報名建立學籍後始可參加共修，欲報名者詳見本公告末頁）

增上班：瑜伽師地論詳解：每月第一、三、五週之週末 17.50～20.50 平實導師講解（僅限已明心之會員參加）

禪門差別智：每月第一週日全天 平實導師主講（事冗暫停）。

佛藏經詳解 平實導師主講。已於 2013/12/17 開講，歡迎已發成佛大願的菩薩種性學人，攜眷共同參與此殊勝法會聽講。詳解 釋迦世尊於《佛藏經》中所開示的眞實義理，更爲今時後世佛子四眾，闡述佛陀演說此經的本懷。眞實尋求佛菩提道的有緣佛子，親承聽聞如是勝妙開示，當能如實理解經中義理，亦能了知於大乘法中：如何是諸法實相？善知識、惡知識要如何簡擇？如何才是清淨持戒？如何才能清淨說法？於此末法之世，眾生五濁益重，不知佛、不解法、不識僧，唯見表相，不信眞實，貪著五欲，諸方大師不淨說法，各各將導大量徒眾趣入三塗，如是師徒俱堪憐憫。是故，平實導師以大慈悲心，用淺白易懂之語句，佐以實例、譬喻而爲演說，普令聞者易解佛意，皆得契入佛法正道，如實了知佛法大藏。

此經中，對於實相念佛多所著墨，亦指出念佛要點：以實相爲依，念佛者應依止淨戒、依止清淨僧寶，捨離違犯重戒之師僧，應受學清淨之法，遠離邪見。本經是現代佛門大法師所厭惡之經典：一者由於大法師們已全都落入意識境界而無法親證實相，故於此經中所說實相全無所知，都不樂有人聞此經名，以免讀後提出問疑時無法回答；二者現代大乘佛法地區，已經普被藏密喇嘛教滲透，許多有名之大法師們大多已曾或繼續在修練雙身法，都已失去聲聞戒體及菩薩戒體，成爲地獄種姓人，已非眞正出家之人，本質只是身著僧衣而住在寺院中的世俗人。這些人對於此經都是讀不懂的，也是極爲厭惡的；他們尙不樂見此經之印行，何況流通與講解？今爲救護廣大學佛人，兼欲護持佛教血脈永續常傳，特選此經宣講之。每逢週二 18.50~20.50 開示，不限制聽講資格。會外人士需憑身分證件換證入內聽講（此是大樓管理處之安全規定，敬請見諒）。桃園、台中、台南、高雄等地講堂，亦於每週二晚上播放平實導師所講本經之 DVD，不必出示身分證件即可入內聽講，歡迎各地善信同霑法益。

第二講堂　台北市承德路三段 267 號十樓。

禪淨班：週一晚上班、週四晚上班、週六下午班。

進階班：週三晚上班、週五晚上班（禪淨班結業後轉入共修）。

佛藏經詳解：平實導師講解。每週二 18.50~20.50（影像音聲即時傳輸）。本會學員憑上課證進入聽講，會外學人請以身分證件換證進入聽講（此爲大樓管理處安全管理規定之要求，敬請諒解）。

第三講堂　台北市承德路三段 277 號五樓。

進階班：週一晚上班、週三晚上班、週四晚上班、週五晚上班、週六下午班。

佛藏經詳解：平實導師講解。每週二 18.50~20.50（影像音聲即時傳輸）。本會學員憑上課證進入聽講，會外學人請以身分證件換證進入聽講（此爲大樓管理處安全管理規定之要求，敬請諒解）。

第四講堂　台北市承德路三段 267 號二樓。

進階班：週三晚上班、週四晚上班（禪淨班結業後轉入共修）。

佛藏經詳解：平實導師講解。每週二 18.50~20.50（影像音聲即時傳輸）。本會學員憑上課證進入聽講，會外學人請以身分證件換證進入聽講（此爲大樓管理處安全管理規定之要求，敬請諒解）。

第五、第六講堂　爲**開放式講堂**，不需以身分證件換證即可進入聽講，台北市承德路三段 267 號地下一樓、地下二樓。已規劃整修完成，每逢週二晚上講經時段開放給會外人士自由聽經，請由大樓側面梯階逕行進入聽講。**聽講者請尊重講者的著作權及肖像權，請勿錄音錄影，以免違法；若有錄音錄影被查獲者，將依法處理**。

正覺祖師堂　大溪鎮美華里信義路 650 巷坑底 5 之 6 號（台 3 號省道 34 公里處　妙法寺對面斜坡道進入）電話 03-3886110　傳眞 03-3881692 本堂供奉　克勤圓悟大師，專供會員每年四月、十月各二次精進禪三共修，兼作本會出家菩薩掛單常住之用。除禪三時間以外，每逢單月第一週之週日 9:00~17:00 開放會內、外人士參訪，當天並提供午齋結緣。教內共修團體或道場，得另申請其餘時間作團體參訪，務請事先與常住確定日期，以便安排常住菩薩接引導覽，亦免妨礙常住菩薩之日常作息及修行。

桃園正覺講堂（第一、第二講堂）：桃園市介壽路 286、288 號 10 樓（陽明運動公園對面）電話：03-3749363（請於共修時聯繫，或與台北聯繫）

禪淨班：週一晚上班、週三晚上班、週四晚上班、週五晚上班。

進階班：週六上午班、週五晚上班。

佛藏經詳解：平實導師講解　每逢週二晚上，以台北正覺講堂所錄 DVD 放映；歡迎會外學人共同聽講，不需出示身分證件。

新竹正覺講堂 新竹市東光路 55 號二樓之一　電話 03-5724297（晚上）

第一講堂：

禪淨班：週一晚上班、週三晚上班、週五晚上班、週六上午班。

進階班：週三晚上班、週四晚上班（由禪淨班結業後轉入共修）。

佛藏經詳解：平實導師講解，每週二晚上。以台北正覺講堂所錄 DVD 放映。歡迎會外學人共同聽講，不需出示身分證件。

第二講堂：

禪淨班：週三晚上班、週四晚上班。

佛藏經詳解：每週二晚上與第一講堂同時播放佛藏經詳解 DVD。

台中正覺講堂 04-23816090（晚上）

第一講堂 台中市南屯區五權西路二段 666 號 13 樓之四（國泰世華銀行樓上。鄰近縣市經第一高速公路前來者，由五權西路交流道可以快速到達，大樓旁有停車場，對面有素食館）。

禪淨班：週三晚上班、週四晚上班、週五晚上班、週六早上班。

進階班：週一晚上班（由禪淨班結業後轉入共修）。

增上班：單週週末以台北增上班課程錄成 DVD 放映之，限已明心之會員參加。

佛藏經詳解：平實導師講解。以台北正覺講堂所錄 DVD 放映。每週二晚上放映，歡迎會外學人共同聽講，不需出示身分證件。

第二講堂 台中市南屯區五權西路二段 666 號 4 樓

禪淨班：週一晚上班。

進階班：週五晚上班、週六早上班（由禪淨班結業後轉入共修）。

佛藏經詳解：每週二晚上與第一講堂同時播放佛藏經詳解 DVD。

第三講堂、第四講堂：台中市南屯區五權西路二段 666 號 4 樓。

嘉義正覺講堂 嘉義市友愛路 288 號八樓之一　電話：05-2318228

第一講堂：

禪淨班：預定 2014 /10/23 週四開課，歡迎報名參加共修。

佛藏經詳解：自 2014/10/28 起每週二晚上 18:50～20:50 播放台北講堂錄製的講經 DVD。

第二講堂 嘉義市友愛路 288 號八樓之二。

台南正覺講堂

第一講堂 台南市西門路四段 15 號 4 樓。06-2820541（晚上）

佛藏經詳解：平實導師講解。以台北正覺講堂所錄 DVD 放映。每週二晚上放映，歡迎會外學人共同聽講，不需出示身分證件。

禪淨班：週一晚上班、週三晚上班、週六下午班。

進階班：雙週週末下午班（由禪淨班結業後轉入共修）。

增上班：單週週末下午，以台北增上班課程錄成 DVD 放映之，限已明心之會員參加。

第二講堂　台南市西門路四段 15 號 3 樓。

佛藏經詳解：每週二晚上與第一講堂同時播放佛藏經詳解 DVD。

第三講堂　台南市西門路四段 15 號 3 樓。

佛藏經詳解：每週二晚上與第一講堂同時播放佛藏經詳解 DVD。

禪淨班：週四晚上班、週六晚上班。

進階班：週五晚上班、週六早上班（由禪淨班結業後轉入共修）。

高雄正覺講堂　高雄市新興區中正三路 45 號五樓 07-2234248（晚上）

第一講堂（五樓）：

佛藏經詳解：平實導師講解。以台北正覺講堂所錄 DVD 放映。每週二晚上放映，歡迎會外學人共同聽講，不需出示身分證件

禪淨班：週三晚上班、週四晚上班、週末上午班。

進階班：週一晚上班（由禪淨班結業後轉入共修）。

增上班：單週週末下午，以台北增上班課程錄成 DVD 放映之，限已明心之會員參加。

第二講堂（四樓）：

佛藏經詳解：每週二晚上與第一講堂同時播放佛藏經詳解 DVD。

禪淨班：週三晚上班、週四晚上班。

進階班：週四晚上班（由禪淨班結業後轉入共修）。

第三講堂（三樓）：（尚未開放使用）。

美國洛杉磯正覺講堂　☆**已遷移新址**☆

825 S. Lemon Ave Diamond Bar, CA 91798 U.S.A.

Tel. (909) 595-5222（請於週六 9:00~18:00 之間聯繫）

Cell. (626) 454-0607

禪淨班：每逢週末 15：30~17：30 上課。

進階班：每逢週末上午 10：00 上課。

佛藏經詳解：平實導師講解 以台北正覺講堂所錄 DVD，每週六下午放映(13：00~15：00)，歡迎各界人士共享第一義諦無上法益，不需報名。

香港正覺講堂　☆**另覓新址正在遷移中，暫停招收新學員**☆

二、招生公告　**本會台北講堂及全省各講堂，每逢四月、十月中旬開新班，每週共修一次**（每次二小時。開課日起三個月內仍可插班）；**但美國洛杉磯共修處得隨時插班共修。各班共修期間皆為二年半，欲參加者請向本會函索報名表**（各共修處皆於共修時間方有人執事，非共修時間請勿電詢或前來洽詢、請書），**或直接從成佛之道網站下載報名表**。共修期滿時，若經報名禪三審核通過者，可參加四天三夜之禪

三精進共修，有機會明心、取證如來藏，發起般若實相智慧，成爲實義菩薩，脫離凡夫菩薩位。

三、新春禮佛祈福 農曆年假期間停止共修：自農曆新年前七天起停止共修與弘法，正月 8 日起回復共修、弘法事務。新春期間正月初一～初七 9.00～17.00 開放台北講堂、大溪禪三道場（正覺祖師堂），方便會員供佛、祈福及會外人士請書。美國洛杉磯共修處之休假時間，請逕詢該共修處。

密宗四大派修雙身法，是外道性力派的邪法；又以生滅的識陰作為常住法，是常見外道，是假的藏傳佛教。

西藏覺囊巴以他空見弘揚第八識如來藏勝法，才是真藏傳佛教

佛教正覺同修會　弘法行事表

2014/08/19

1、**禪淨班**　以無相念佛及拜佛方式修習動中定力，實證一心不亂功夫。傳授解脫道正理及第一義諦佛法，以及參禪知見。共修期間：二年六個月。每逢四月、十月開新班，詳見招生公告表。

2、**《佛藏經》詳解**　平實導師主講。已於 2013/12/17 開講，歡迎已發成佛大願的菩薩種性學人，攜眷共同參與此殊勝法會聽講。詳解釋迦世尊於《佛藏經》中所開示的眞實義理，更爲今時後世佛子四眾，闡述 佛陀演說此經的本懷。眞實尋求佛菩提道的有緣佛子，親承聽聞如是勝妙開示，當能如實理解經中義理，亦能了知於大乘法中：如何是諸法實相？善知識、惡知識要如何簡擇？如何才是清淨持戒？如何才能清淨說法？於此末法之世，眾生五濁益重，不知佛、不解法、不識僧，唯見表相，不信眞實，貪著五欲，諸方大師不淨說法，各各將導大量徒眾趣入三塗，如是師徒俱堪憐憫。是故，平實導師以大慈悲心，用淺白易懂之語句，佐以實例、譬喻而爲演說，普令聞者易解佛意，皆得契入佛法正道，如實了知佛法大藏。每逢週二 18.50~20.50 開示，不限制聽講資格。會外人士需憑身分證件換證入內聽講（此是大樓管理處之安全規定，敬請見諒）。桃園、新竹、台中、台南、高雄等地講堂，亦於每週二晚上播放平實導師講經之 DVD，不必出示身分證件即可入內聽講，歡迎各地善信同霑法益。

有某道場專弘淨土法門數十年，於教導信徒研讀《佛藏經》時，往往告誡信徒曰：「後半部不許閱讀。」由此緣故坐令信徒失去提升念佛層次之機緣，師徒只能低品位往生淨土，令人深覺愚癡無智。由有多人建議故，平實導師開始宣講《佛藏經》，藉以轉易如是邪見，並提升念佛人之知見與往生品位。此經中，對於實相念佛多所著墨，亦指出念佛要點：以實相爲依，念佛者應依止淨戒、依止清淨僧寶，捨離違犯重戒之師僧，應受學清淨之法，遠離邪見。本經是現代佛門大法師所厭惡之經典：一者由於大法師們已全都落入意識境界而無法親證實相，故於此經中所說實相全無所知，都不樂有人聞此經名，以免讀後提出問疑時無法回答；二者現代大乘佛法地區，已經普被藏密喇嘛教滲透，許多有名之大法師們大多已曾或繼續在修練雙身法，都已失去聲聞戒體及菩薩戒體，成爲地獄種姓人，已非眞正出家之人，本質上只是身著僧衣而住在寺院中的世俗人。這些人對於此經都是讀不懂的，也是極爲厭惡的；他們尚不樂見此經之印行，何況流通與講解？今爲救護廣大學佛人，兼欲護持佛教血脈永續常傳，特選此經宣講之，主講者平實導師。

3、**瑜伽師地論**詳解　詳解論中所言凡夫地至佛地等 17 師之修證境界與理論，從凡夫地、聲聞地……宣演到諸地所證一切種智之眞實正理。由平實導師開講，每逢一、三、五週之週末晚上開示，僅限已明心之會員參加。

4、**精進禪三**　主三和尚：平實導師。於四天三夜中，以克勤圓悟大師及大慧宗杲之禪風，施設機鋒與小參、公案密意之開示，幫助會員剋期取證，親證不生不滅之眞實心——人人本有之如來藏。每年四月、十月各舉辦二個梯次；平實導師主持。僅限本會會員參加禪淨班共修期滿，報名審核通過者，方可參加。並選擇會中定力、慧力、福德三條件皆已具足之已明心會員，給以指引，令得眼見自己無形無相之佛性遍佈山河大地，眞實而無障礙，得以肉眼現觀世界身心悉皆如幻，具足成就如幻觀，圓滿十住菩薩之證境。

5、**阿含經**詳解　選擇重要之阿含部經典，依無餘涅槃之實際而加以詳解，令大眾得以現觀諸法緣起性空，亦復不墮斷滅見中，顯示經中所隱說之涅槃實際—如來藏—確實已於四阿含中隱說；令大眾得以聞後觀行，確實斷除我見乃至我執，證得**見到**眞現觀，乃至**身證**……等眞現觀；已得大乘或二乘見道者，亦可由此聞熏及聞後之觀行，除斷我所之貪著，成就慧解脫果。由平實導師詳解。不限制聽講資格。

6、**大法鼓經**詳解　詳解末法時代大乘佛法修行之道。佛教正法消毒妙藥塗於大鼓而以擊之，凡有眾生聞之者，一切邪見鉅毒悉皆消殞；此經即是大法鼓之正義，凡聞之者，所有邪見之毒悉皆滅除，見道不難；亦能發起菩薩無量功德，是故諸大菩薩遠從諸方佛土來此娑婆聞修此經。由平實導師詳解。不限制聽講資格。

7、**解深密經**詳解　重講本經之目的，在於令諸已悟之人明解大乘法道之成佛次第，以及悟後進修一切種智之內涵，確實證知三種自性性，並得據此證解七眞如、十眞如等正理。每逢週二 18.50~20.50 開示，由平實導師詳解。將於《大法鼓經》講畢後開講。不限制聽講資格。

8、**成唯識論**詳解　詳解一切種智眞實正理，詳細剖析一切種智之微細深妙廣大正理；並加以舉例說明，使已悟之會員深入體驗所證如來藏之微密行相；及證驗見分相分與所生一切法，皆由如來藏—阿賴耶識—直接或展轉而生，因此證知一切法無我，證知無餘涅槃之本際。將於增上班《瑜伽師地論》講畢後，由平實導師重講。僅限已明心之會員參加。

9、**精選如來藏系經典**詳解　精選如來藏系經典一部，詳細解說，以此完全印證會員所悟如來藏之眞實，得入不退轉住。另行擇期詳細解說之，由平實導師講解。僅限已明心之會員參加。

10、**禪門差別智**　藉禪宗公案之微細淆訛難知難解之處，加以宣說及剖析，以增進明心、見性之功德，啓發差別智，建立擇法眼。每月第一週日全天，由平實導師開示，僅限破參明心後，復又眼見佛性者參加（事冗暫停）。

11、**枯木禪**　先講智者大師的《小止觀》，後說《釋禪波羅蜜》，詳解四禪八定之修證理論與實修方法，細述一般學人修定之邪見與岔路，及對禪定證境之誤會，消除枉用功夫、浪費生命之現象。已悟般若者，可以藉此而實修初禪，進入大乘通教及聲聞教的三果心解脫境界，配合應有的大福德及後得無分別智、十無盡願，即可進入初地心中。親教師：平實導師。未來緣熟時將於大溪正覺寺開講。不限制聽講資格。

註：本會例行年假，自 2004 年起，改爲每年農曆新年前七天開始停息弘法事務及共修課程，農曆正月 8 日回復所有共修及弘法事務。新春期間（每日 9.00~17.00）開放台北講堂，方便會員禮佛祈福及會外人士請書。大溪鎮的正覺祖師堂，開放參訪時間，詳見〈正覺電子報〉或成佛之道網站。本表得因時節因緣需要而隨時修改之，不另作通知。

佛教正覺同修會　贈閱書籍 目錄　2015/09/29

1.**無相念佛**　平實導師著　回郵 10 元
2.**念佛三昧修學次第**　平實導師述著　回郵 25 元
3.**正法眼藏—護法集**　平實導師述著　回郵 35 元
4.**真假開悟簡易辨正法&佛子之省思**　平實導師著　回郵 3.5 元
5.**生命實相之辨正**　平實導師著　回郵 10 元
6.**如何契入念佛法門**（附：印順法師否定極樂世界）平實導師著　回郵 3.5 元
7.**平實書箋**—答元覽居士書　平實導師著　回郵 35 元
8.**三乘唯識**—如來藏系經律彙編　平實導師編　回郵 80 元
（精裝本　長 27 ㎝　寬 21 ㎝　高 7.5 ㎝　重 2.8 公斤）
9.**三時繫念全集**—修正本　回郵掛號 40 元（長 26.5 ㎝×寬 19 ㎝）
10.**明心與初地**　平實導師述　回郵 3.5 元
11.**邪見與佛法**　平實導師述著　回郵 20 元
12.**菩薩正道**—回應義雲高、釋性圓…等外道之邪見　正燦居士著 回郵 20 元
13.**甘露法雨**　平實導師述　回郵 20 元
14.**我與無我**　平實導師述　回郵 20 元
15.**學佛之心態**—修正錯誤之學佛心態始能與正法相應 孫正德老師著 回郵35元
附錄：平實導師著**《略說八、九識並存…等之過失》**
16.**大乘無我觀**—《悟前與悟後》別說　平實導師述著　回郵 20 元
17.**佛教之危機**—中國台灣地區現代佛教之真相（附錄：公案拈提六則）
平實導師著　回郵 25 元
18.**燈　影**—燈下黑（覆「求教後學」來函等）　平實導師著　回郵 35 元
19.**護法與毀法**—覆上平居士與徐恒志居士網站毀法二文
張正圜老師著　回郵 35 元
20.**淨土聖道**—兼評**選擇本願念佛**　正德老師著　由正覺同修會購贈 回郵 25 元
21.**辨唯識性相**—對「紫蓮心海《辯唯識性相》書中否定阿賴耶識」之回應
正覺同修會 台南共修處法義組 著　回郵 25 元
22.**假如來藏**—對法蓮法師《如來藏與阿賴耶識》書中否定阿賴耶識之回應
正覺同修會 台南共修處法義組 著　回郵 35 元
23.**入不二門**—公案拈提集錦 第一輯（於平實導師公案拈提諸書中選錄約二十則，
合輯爲一冊流通之）平實導師著　回郵 20 元
24.**真假邪說**—西藏密宗索達吉喇嘛《破除邪說論》真是邪說
釋正安法師著　回郵 35 元
25.**真假開悟**—真如、如來藏、阿賴耶識間之關係　平實導師述著　回郵 35 元
26.**真假禪和**—辨正釋傳聖之謗法謬說　孫正德老師著　回郵 30 元

27.**眼見佛性**—駁慧廣法師眼見佛性的含義文中謬說
游正光老師著　回郵25元
28.**普門自在**—公案拈提集錦 第二輯（於平實導師公案拈提諸書中選錄約二十則，合輯爲一冊流通之）平實導師著　回郵25元
29.**印順法師的悲哀**—以現代禪的質疑為線索　恒毓博士著　回郵25元
30.**識蘊真義**—現觀識蘊內涵、取證初果、親斷三縛結之具體行門。
—依《成唯識論》及《惟識述記》正義，略顯安慧《大乘廣五蘊論》之邪謬
平實導師著　回郵35元
31.**正覺電子報** 各期紙版本　免附回郵　每次最多函索三期或三本。
（已無存書之較早各期，不另增印贈閱）
32.**現代人應有的宗教觀**　蔡正禮老師 著　回郵3.5元
33.**遠惑趣道**—正覺電子報般若信箱問答錄　第一輯　回郵20元
34.**遠惑趣道**—正覺電子報般若信箱問答錄　第二輯　回郵20元
35.**確保您的權益**—器官捐贈應注意自我保護　游正光老師 著　回郵10元
36.**正覺教團電視弘法三乘菩提 DVD 光碟（一）**
由正覺教團多位親教師共同講述錄製 DVD 8 片，MP3 一片，共 9 片。有二大講題：一爲「三乘菩提之意涵」，二爲「學佛的正知見」。內容精闢，深入淺出，精彩絕倫，幫助大眾快速建立三乘法道的正知見，免被外道邪見所誤導。有志修學三乘佛法之學人不可不看。（製作工本費 100 元，回郵 25 元）
37.**正覺教團電視弘法 DVD 專輯（二）**
總有二大講題：一爲「三乘菩提之念佛法門」，一爲「學佛正知見（第二篇）」，由正覺教團多位親教師輪番講述，內容詳細闡述如何修學念佛法門、實證念佛三昧，以及學佛應具有的正確知見，可以幫助發願往生西方極樂淨土之學人，得以把握往生，更可令學人快速建立三乘法道的正知見，免於被外道邪見所誤導。有志修學三乘佛法之學人不可不看。（一套 17 片，工本費 160 元。回郵 35 元）
38.**佛藏經** 燙金精裝本 每冊回郵 20 元。正修佛法之道場欲大量索取者，請正式發函並蓋用大印寄來索取（2008.04.30 起開始敬贈）
39.**喇嘛性世界**—揭開假藏傳佛教譚崔瑜伽的面紗　張善思 等人合著
由正覺同修會購贈　回郵20元
40.**假藏傳佛教的神話**—性、謊言、喇嘛教　張正玄教授編著　回郵20元
由正覺同修會購贈　回郵20元
41.**隨 緣**—理隨緣與事隨緣　平實導師述　回郵20元。
42.**學佛的覺醒**　正枝居士 著　回郵25元
43.**導師之真實義**　蔡正禮老師 著　回郵10元
44.**淺談達賴喇嘛之雙身法**—兼論解讀「密續」之達文西密碼
吳明芷居士 著　回郵10元
45.**魔界轉世**　張正玄居士 著　回郵10元
46.**一貫道與開悟**　蔡正禮老師 著　回郵10元

47.**博愛**—愛盡天下女人　正覺教育基金會 編印　回郵 10 元

48.**意識虛妄經教彙編**—實證解脫道的關鍵經文　正覺同修會編印　回郵 25 元

49.**邪箭囈語**—破斥藏密外道多識仁波切《破魔金剛箭雨論》之邪說

陸正元老師著　上、下冊回郵各 30 元

50.**真假沙門**—依 佛聖教闡釋佛教僧寶之定義

蔡正禮老師著　俟正覺電子報連載後結集出版

51.**真假禪宗**—藉評論釋性廣《印順導師對變質禪法之批判

及對禪宗之肯定》以顯示真假禪宗

附論一：凡夫知見 無助於佛法之信解行證

附論二：世間與出世間一切法皆從如來藏實際而生而顯

余正偉老師著　俟正覺電子報連載後結集出版　回郵未定

52.**假鋒虛焰金剛乘**—揭示顯密正理，兼破索達吉師徒《般若鋒兮金剛焰》。

釋正安 法師著　俟正覺電子報連載後結集出版

★ 上列贈書之郵資，係台灣本島地區郵資，大陸、港、澳地區及外國地區，請另計酌增（大陸、港、澳、國外地區之郵票不許通用）。尚未出版之書，請勿先寄來郵資，以免增加作業煩擾。

★ 本目錄若有變動，唯於後印之書籍及「成佛之道」網站上修正公佈之，不另行個別通知。

函索書籍請寄：佛教正覺同修會　103 台北市承德路 3 段 277 號 9 樓

台灣地區函索書籍者請附寄郵票，無時間購買郵票者可以等值現金抵用，但不接受郵政劃撥、支票、匯票。大陸地區得以人民幣計算，國外地區請以美元計算（請勿寄來當地郵票，在台灣地區不能使用）。欲以掛號寄遞者，請另附掛號郵資。

親自索閱：正覺同修會各共修處。　★請於共修時間前往取書，餘時無人在道場，請勿前往索取；共修時間與地點，詳見書末正覺同修會共修現況表（以近期之共修現況表為準）。

註：正智出版社發售之局版書，請向各大書局購閱。若書局之書架上已經售出而無陳列者，請向書局櫃台指定洽購；若書局不便代購者，請於正覺同修會共修時間前往各共修處請購，正智出版社已派人於共修時間送書前往各共修處流通。 郵政劃撥購書及 大陸地區 購書，請詳別頁正智出版社發售書籍目錄最後頁之說明。

成佛之道 網站：http://www.a202.idv.tw　正覺同修會已出版之結緣書籍，多已登載於 成佛之道 網站，若住外國、或住處遙遠，不便取得正覺同修會贈閱書籍者，可以從本網站閱讀及下載。　書局版之《宗通與說通》亦已上網，台灣讀者可向書局洽購，售價 300 元。《狂密與眞密》第一輯~第四輯，亦於 2003.5.1.全部於本網站登載完畢；台灣地區讀者請向書局洽購，每輯約 400 頁，售價 300 元（網站下載紙張費用較貴，容易散失，難以保存，亦較不精美）。

＊＊假藏傳佛教修雙身法，非佛教＊＊

正智出版社 籌募弘法基金發售書籍目錄 2015/9/29

1.**宗門正眼**—公案拈提 第一輯 重拈 平實導師著 500 元
因重寫內容大幅度增加故，字體必須改小，並增爲 576 頁 主文 546 頁。比初版更精彩、更有內容。初版《禪門摩尼寶聚》之讀者，可寄回本公司免費調換新版書。免附回郵，亦無截止期限。（2007 年起，每冊附贈本公司精製公案拈提〈超意境〉CD 一片。市售價格 280 元，多購多贈。）
2.**禪淨圓融** 平實導師著 200 元（第一版舊書可換新版書。）
3.**真實如來藏** 平實導師著 400 元
4.**禪—悟前與悟後** 平實導師著 上、下冊，每冊 250 元
5.**宗門法眼**—公案拈提 第二輯 平實導師著 500 元
（2007 年起，每冊附贈本公司精製公案拈提〈超意境〉CD 一片）
6.**楞伽經詳解** 平實導師著 全套共 10 輯 每輯 250 元
7.**宗門道眼**—公案拈提 第三輯 平實導師著 500 元
（2007 年起，每冊附贈本公司精製公案拈提〈超意境〉CD 一片）
8.**宗門血脈**—公案拈提 第四輯 平實導師著 500 元
（2007 年起，每冊附贈本公司精製公案拈提〈超意境〉CD 一片）
9.**宗通與說通**—成佛之道 平實導師著 主文 381 頁 全書 400 頁售價 300 元
10.**宗門正道**—公案拈提 第五輯 平實導師著 500 元
（2007 年起，每冊附贈本公司精製公案拈提〈超意境〉CD 一片）
11.**狂密與真密 一～四輯** 平實導師著 西藏密宗是人間最邪淫的宗教，本質不是佛教，只是披著佛教外衣的印度教性力派流毒的喇嘛教。此書中將西藏密宗密傳之男女雙身合修樂空雙運所有祕密與修法，毫無保留完全公開，並將全部喇嘛們所不知道的部分也一併公開。內容比大辣出版社喧騰一時的《西藏慾經》更詳細。並且函蓋藏密的所有祕密及其錯誤的中觀見、如來藏見……等，藏密的所有法義都在書中詳述、分析、辨正。每輯主文三百餘頁 每輯全書約 400 頁 售價每輯 300 元
12.**宗門正義**—公案拈提 第六輯 平實導師著 500 元
（2007 年起，每冊附贈本公司精製公案拈提〈超意境〉CD 一片）
13.**心經密意**—心經與解脫道、佛菩提道、祖師公案之關係與密意 平實導師述 300 元
14.**宗門密意**—公案拈提 第七輯 平實導師著 500 元
（2007 年起，每冊附贈本公司精製公案拈提〈超意境〉CD 一片）
15.**淨土聖道**—兼評「選擇本願念佛」 正德老師著 200 元
16.**起信論講記** 平實導師述著 共六輯 每輯三百餘頁 售價各 250 元
17.**優婆塞戒經講記** 平實導師述著 共八輯 每輯三百餘頁 售價各 250 元
18.**真假活佛**—略論附佛外道盧勝彥之邪說（對前岳靈犀網站主張「盧勝彥是證悟者」之修正） 正犀居士（岳靈犀）著 流通價 140 元
19.**阿含正義**—唯識學探源 平實導師著 共七輯 每輯 300 元

20.**超意境** CD 以平實導師公案拈提書中超越意境之頌詞，加上曲風優美的旋律，錄成令人嚮往的超意境歌曲，其中包括正覺發願文及平實導師親自譜成的黃梅調歌曲一首。詞曲雋永，殊堪翫味，可供學禪者吟詠，有助於見道。內附設計精美的彩色小冊，解說每一首詞的背景本事。每片 280 元。【每購買公案拈提書籍一冊，即贈送一片。】

21.**菩薩底憂鬱** CD 將菩薩情懷及禪宗公案寫成新詞，並製作成超越意境的優美歌曲。 1.主題曲〈菩薩底憂鬱〉，描述地後菩薩能離三界生死而迴向繼續生在人間，但因尚未斷盡習氣種子而有極深沈之憂鬱，非三賢位菩薩及二乘聖者所知，此憂鬱在七地滿心位方才斷盡；本曲之詞中所說義理極深，昔來所未曾見；此曲係以優美的情歌風格寫詞及作曲，聞者得以激發嚮往諸地菩薩境界之大心，詞、曲都非常優美，難得一見；其中勝妙義理之解說，已印在附贈之彩色小冊中。 2.以各輯公案拈提中直示禪門入處之頌文，作成各種不同曲風之超意境歌曲，值得玩味、參究；聆聽公案拈提之優美歌曲時，請同時閱讀內附之印刷精美說明小冊，可以領會超越三界的證悟境界；未悟者可以因此引發求悟之意向及疑情，眞發菩提心而邁向求悟之途，乃至因此眞實悟入般若，成眞菩薩。 3.正覺總持咒新曲，總持佛法大意；總持咒之義理，已加以解說並印在隨附之小冊中。本 CD 共有十首歌曲，長達 63 分鐘。每盒各附贈二張購書優惠券。每片 280 元。

22.**禪意無限** CD 平實導師以公案拈提書中偈頌寫成不同風格曲子，與他人所寫不同風格曲子共同錄製出版，幫助參禪人進入禪門超越意識之境界。盒中附贈彩色印製的精美解說小冊，以供聆聽時閱讀，令參禪人得以發起參禪之疑情，即有機會證悟本來面目而發起實相智慧，實證大乘菩提般若，能如實證知般若經中的眞實意。本 CD 共有十首歌曲，長達 69 分鐘，每盒各附贈二張購書優惠券。每片 280 元。

23.**我的菩提路**第一輯　釋悟圓、釋善藏等人合著　售價 300 元

24.**我的菩提路**第二輯　郭正益、張志成等人合著　售價 300 元

25.**鈍鳥與靈龜**—考證後代凡夫對大慧宗杲禪師的無根誹謗。

平實導師著 共 458 頁 售價 350 元

26.**維摩詰經講記** 平實導師述 共六輯 每輯三百餘頁 售價各 250 元

27.**真假外道**—破劉東亮、杜大威、釋證嚴常見外道見 正光老師著 200 元

28.**勝鬘經講記**—兼論印順《勝鬘經講記》對於《勝鬘經》之誤解。

平實導師述　共六輯　每輯三百餘頁　售價250 元

29.**楞嚴經講記** 平實導師述 共 **15** 輯，每輯三百餘頁 售價 300 元

30.**明心與眼見佛性**—駁慧廣〈蕭氏「眼見佛性」與「明心」之非〉文中謬說

正光老師著　共 448 頁　售價 300 元

31.**見性與看話頭** 黃正倖老師 著，本書是禪宗參禪的方法論。

內文 375 頁，全書 416 頁，售價 300 元。

32.**達賴真面目**—玩盡天下女人 白正偉老師 等著 中英對照彩色精裝大本 800 元

33.**喇嘛性世界**—揭開假藏傳佛教譚崔瑜伽的面紗　張善思 等人著　200元
34.**假藏傳佛教的神話**—性、謊言、喇嘛教　正玄教授編著　200元
35.**金剛經宗通**　平實導師述　共九輯　每輯售價250元。
36.**空行母**—性別、身分定位，以及藏傳佛教。
珍妮·坎貝爾著 呂艾倫 中譯 售價250元
37.**末代達賴**—性交教主的悲歌　張善思、呂艾倫、辛燕編著 售價250元
38.**霧峰無霧**—給哥哥的信　辨正釋印順對佛法的無量誤解
游宗明 老師著　售價250元
39.**第七意識與第八意識？**—穿越時空「超意識」
平實導師述　每冊300元
40.**黯淡的達賴**—失去光彩的諾貝爾和平獎
正覺教育基金會編著　每冊250元
41.**童女迦葉考**—論呂凱文〈佛教輪迴思想的論述分析〉之謬。
平實導師 著 定價180元
42.**人間佛教**—實證者必定不悖三乘菩提
平實導師 述，定價400元
43.**實相經宗通**　平實導師述　共八輯　每輯250元
44.**真心告訴您(一)**—達賴喇嘛在幹什麼？
正覺教育基金會編著　售價250元
45.**中觀金鑑**—詳述應成派中觀的起源與其破法本質
孫正德老師著　分爲上、中、下三冊，每冊250元
46.**佛法入門**—迅速進入三乘佛法大門，消除久學佛法漫無方向之窘境。
○○居士著　將於正覺電子報連載後出版。售價250元
47.**藏傳佛教要義**—《狂密與真密》之簡體字版　平實導師 著 上、下冊
僅在大陸流通　每冊300元
48.**法華經講義**　平實導師述　共二十五輯　每輯300元
已於2015/05/31起開始出版，每二個月出版一輯
49.**西藏「活佛轉世」制度**—附佛、造神、世俗法
許正豐、張正玄老師合著　定價150元
50.**廣論三部曲**　郭正益老師著　定價150元
51.**真心告訴您(二)**—達賴喇嘛是佛教僧侶嗎？
—補祝達賴喇嘛八十大壽
正覺教育基金會編著　售價300元
52.**廣論之平議**—宗喀巴《菩提道次第廣論》之平議　正雄居士著
約二或三輯　俟正覺電子報連載後結集出版　書價未定
53.**末法導護**—對印順法師中心思想之綜合判攝　正慶老師著　書價未定
54.**菩薩學處**—菩薩四攝六度之要義　陸正元老師著　出版日期未定。
55.**八識規矩頌**詳解　○○居士 註解　出版日期另訂　書價未定。

56.**印度佛教史**—法義與考證。依法義史實評論印順《印度佛教思想史、佛教史地考論》之謬說　正偉老師著　出版日期未定　書價未定

57.**中國佛教史**—依中國佛教正法史實而論。 ○○老師 著　書價未定。

58.**中論正義**—釋龍樹菩薩《中論》頌正理。

孫正德老師著　出版日期未定　書價未定

59.**中觀正義**—註解平實導師《中論正義頌》。

○○法師（居士）著　出版日期未定　書價未定

60.**佛藏經講記**　平實導師述　出版日期未定　書價未定

61.**阿含經講記**—將選錄四阿含中數部重要經典全經講解之，講後整理出版。

平實導師述　約二輯　每輯 300 元　出版日期未定

62.**寶積經講記**　平實導師述　每輯三百餘頁 優惠價 300 元 出版日期未定

63.**解深密經講記**　平實導師述 約四輯　將於重講後整理出版

64.**成唯識論略解**　平實導師著　五～六輯　每輯300 元　出版日期未定

65.**修習止觀坐禪法要講記**　平實導師述　每輯三百餘頁

將於正覺寺建成後重講、以講記逐輯出版　出版日期未定

66.**無門關**—《無門關》公案拈提　平實導師著　出版日期未定

67.**中觀再論**—兼述印順《中觀今論》謬誤之平議。 正光老師著 出版日期未定

68.**輪迴與超度**—佛教超度法會之真義。

○○法師（居士）著　出版日期未定　書價未定

69.**《釋摩訶衍論》平議**—對偽稱龍樹所造《釋摩訶衍論》之平議

○○法師（居士）著　出版日期未定　書價未定

70.**正覺發願文**註解—以真實大願為因 得證菩提

正德老師著　出版日期未定　書價未定

71.**正覺總持咒**—佛法之總持　正圜老師著　出版日期未定　書價未定

72.**涅槃**—論四種涅槃　平實導師著　出版日期未定　書價未定

73.**三自性**—依四食、五蘊、十二因緣、十八界法，說三性三無性。

作者未定　出版日期未定

74.**道品**—從三自性說大小乘三十七道品　作者未定　出版日期未定

75.**大乘緣起觀**—依四聖諦七真如現觀十二緣起 作者未定　出版日期未定

76.**三德**—論解脫德、法身德、般若德。　作者未定　出版日期未定

77.**真假如來藏**—對印順《如來藏之研究》謬說之平議　作者未定 出版日期未定

78.**大乘道次第**　作者未定　出版日期未定　書價未定

79.**四緣**—依如來藏故有四緣。　作者未定　出版日期未定

80.**空之探究**—印順《空之探究》謬誤之平議　作者未定 出版日期未定

81.**十法義**—論阿含經中十法之正義　作者未定　出版日期未定

82.**外道見**—論述外道六十二見　作者未定　出版日期未定

正智出版社有限公司書籍介紹

禪淨圓融：言淨土諸祖所未曾言，示諸宗祖師所未曾示；禪淨圓融，另闢成佛捷徑，兼顧自力他力，闡釋淨土門之速行易行道，亦同時揭櫫聖教門之速行易行道；令廣大淨土行者得免緩行難證之苦，亦令聖道門行者得以藉著淨土速行道而加快成佛之時劫。乃前無古人之超勝見地，非一般弘揚禪淨法門典籍也，先讀爲快。平實導師著200元。

宗門正眼—公案拈提第一輯：繼承克勤圜悟大師碧巖錄宗旨之禪門鉅作。先則舉示當代大法師之邪說，消弭當代禪門大師鄉愿之心態，摧破當今禪門「世俗禪」之妄談；次則旁通教法，表顯宗門正理；繼以道之次第，消弭古今狂禪；後藉言語及文字機鋒，直示宗門入處。悲智雙運，禪味十足，數百年來難得一睹之禪門鉅著也。平實導師著 500元（原初版書《禪門摩尼寶聚》，改版後補充爲五百餘頁新書，總計多達二十四萬字，內容更精彩，並改名爲《宗門正眼》，讀者原購初版《禪門摩尼寶聚》皆可寄回本公司免費換新，免附回郵，亦無截止期限）（2007年起，凡購買公案拈提第一輯至第七輯，每購一輯皆贈送本公司精製公案拈提〈超意境〉CD一片，市售價格280元，多購多贈）。

禪—悟前與悟後：本書能建立學人悟道之信心與正確知見，圓滿具足而有次第地詳述禪悟之功夫與禪悟之內容，指陳參禪中細微淆訛之處，能使學人明自眞心、見自本性。若未能悟入，亦能以正確知見辨別古今中外一切大師究係眞悟？或屬錯悟？便有能力揀擇，捨名師而選明師，後時必有悟道之緣。一旦悟道，遲者七次人天往返，便出三界，速者一生取辦。學人欲求開悟者，不可不讀。平實導師著。上、下冊共500元，單冊250元。

眞實如來藏：如來藏眞實存在，乃宇宙萬有之本體，並非印順法師、達賴喇嘛等人所說之「唯有名相、無此心體」。如來藏是涅槃之本際，是一切有智之人竭盡心智、不斷探索而不能得之生命實相；是古今中外許多大師自以爲悟而當面錯過之生命實相。如來藏即是阿賴耶識，乃是一切有情本自具足、不生不滅之眞實心。當代中外大師於此書出版之前所未能言者，作者於本書中盡情流露、詳細闡釋。眞悟者讀之，必能增益悟境、智慧增上；錯悟者讀之，必能檢討自己之錯誤，免犯大妄語業；未悟者讀之，能知參禪之理路，亦能以之檢查一切名師是否眞悟。此書是一切哲學家、宗教家、學佛者及欲昇華心智之人必讀之鉅著。　平實導師著　售價400元。

宗門法眼—**公案拈提**第二輯：列舉實例，闡釋土城廣欽老和尚之悟處；並直示這位不識字的老和尚妙智橫生之根由，繼而剖析禪宗歷代大德之開悟公案，解析當代密宗高僧卡盧仁波切之錯悟證據，並例舉當代顯宗高僧、大居士之錯悟證據（凡健在者，爲免影響其名聞利養，皆隱其名）。藉辨正當代名師之邪見，向廣大佛子指陳禪悟之正道，彰顯宗門法眼。悲勇兼出，強捋虎鬚；慈智雙運，巧探驪龍；摩尼寶珠在手，直示宗門入處，禪味十足；若非大悟徹底，不能爲之。禪門精奇人物，允宜人手一冊，供作參究及悟後印證之圭臬。本書於2008年4月改版，增寫為大約500頁篇幅，以利學人研讀參究時更易悟入宗門正法，以前所購初版首刷及初版二刷舊書，皆可免費換取新書。平實導師著 500元（2007年起，凡購買公案拈提第一輯至第七輯，每購一輯皆贈送本公司精製公案拈提〈超意境〉CD一片，市售價格280元，多購多贈）。

宗門道眼—**公案拈提**第三輯：繼宗門法眼之後，再以金剛之作略、慈悲之胸懷、犀利之筆觸，舉示寒山、拾得、布袋三大士之悟處，消弭當代錯悟者對於寒山大士……等之誤會及誹謗。 亦舉出民初以來與虛雲和尚齊名之蜀郡鹽亭袁煥仙夫子——南懷瑾老師之師，其「悟處」何在？並蒐羅許多眞悟祖師之證悟公案，顯示禪宗歷代祖師之睿智，指陳部分祖師、奧修及當代顯密大師之謬悟，作爲殷鑑，幫助禪子建立及修正參禪之方向及知見。假使讀者閱此書已，一時尚未能悟，亦可一面加功用行，一面以此宗門道眼辨別眞假善知識，避開錯誤之印證及歧路，可免大妄語業之長劫慘痛果報。欲修禪宗之禪者，務請細讀。平實導師著 售價500元（2007年起，凡購買公案拈提第一輯至第七輯，每購一輯皆贈送本公司精製公案拈提〈超意境〉CD一片，市售價格280元，多購多贈）。

楞伽經詳解：本經是禪宗見道者印證所悟眞僞之根本經典，亦是禪宗見道者悟後起修之依據經典；故達摩祖師於印證二祖慧可大師之後，將此經典連同佛鉢祖衣一併交付二祖，令其依此經典佛示金言、進入修道位，修學一切種智。由此可知此經對於眞悟之人修學佛道，是非常重要之一部經典。此經能破外道邪說，亦破佛門中錯悟名師之謬說，亦破禪宗部分祖師之狂禪：不讀經典、一向主張「一悟即成究竟佛」之謬執。並開示愚夫所行禪、觀察義禪、攀緣如禪、如來禪等差別，令行者對於三乘禪法差異有所分辨；亦糾正禪宗祖師古來對於如來禪之誤解，嗣後可免以訛傳訛之弊。此經亦是法相唯識宗之根本經典，禪者悟後欲修一切種智而入初地者，必須詳讀。　平實導師著，全套共十輯，已全部出版完畢，每輯主文約320頁，每冊約352頁，定價250元。

宗門血脈—**公案拈提**第**四**輯：末法怪象—許多修行人自以爲悟，每將無念靈知認作眞實；崇尚二乘法諸師及其徒眾，則將**外於如來藏之緣起性空**—無因論之無常空、斷滅空、一切法空—錯認爲 佛所說之般若空性。這兩種現象已於當今海峽兩岸及美加地區顯密大師之中普遍存在；人人自以爲悟，心高氣壯，便敢寫書解釋祖師證悟之公案，大多出於意識思惟所得，言不及義，錯誤百出，因此誤導廣大佛子同陷大妄語之地獄業中而不能自知。彼等書中所說之悟處，其實處處違背第一義經典之聖言量。彼等諸人不論是否身披袈裟，都非佛法宗門血脈，或雖有禪宗法脈之傳承，亦只徒具形式；猶如螟蛉，非眞血脈，未悟得根本眞實故。禪子欲知佛、祖之眞血脈者，請讀此書，便知分曉。平實導師著，主文452頁，全書464頁，定價500元（2007年起，凡購買公案拈提第一輯至第七輯，每購一輯皆贈送本公司精製公案拈提〈超意境〉CD一片，市售價格280元，多購多贈）。

宗通與說通：古今中外，錯誤之人如麻似粟，每以常見外道所說之靈知心，認作眞心；或妄想虛空之勝性能量爲眞如，或錯認物質四大元素藉冥性（靈知心本體）能成就吾人色身及知覺，或認初禪至四禪中之了知心爲不生不滅之涅槃心。此等皆非通宗者之見地。復有錯悟之人一向主張「宗門與教門不相干」，此即尚未通達宗門之人也。其實宗門與教門互通不二，宗門所證者乃是眞如與佛性，教門所說者乃說宗門證悟之眞如佛性，故教門與宗門不二。本書作者以宗教二門互通之見地，細說「宗通與說通」，從初見道至悟後起修之道、細說分明；並將諸宗諸派在整體佛教中之地位與次第，加以明確之教判，學人讀之即可了知佛法之梗概也。欲擇明師學法之前，允宜先讀。平實導師著，主文共381頁，全書392頁，只售成本價300元。

宗門正道—公案拈提第五輯：修學大乘佛法有二果須證解脫果及大菩提果。二乘人不證大菩提果，唯證解脫果；此果之智慧，名爲聲聞菩提、緣覺菩提。大乘佛子所證二果之菩提果爲佛菩提，故名大菩提果，其慧名爲一切種智函蓋二乘解脫果。然此大乘二果修證，須經由禪宗之宗門證悟方能相應。而宗門證悟極難，自古已然；其所以難者，咎在古今佛教界普遍存在三種邪見：1.以修定認作佛法，2.以無因論之緣起性空—否定涅槃本際如來藏以後之一切法空作爲佛法，3.以常見外道邪見（離語言妄念之靈知性）作爲佛法。如是邪見，或因自身正見未立所致，或因邪師之邪教導所致，或因無始劫來虛妄熏習所致。若不破除此三種邪見，永劫不悟宗門眞義、不入大乘正道，唯能外門廣修菩薩行。平實導師於此書中，有極爲詳細之說明，有志佛子欲摧邪見、入於內門修菩薩行者，當閱此書。主文共496頁，全書512頁。售價500元（2007年起，凡購買公案拈提第一輯至第七輯，每購一輯皆贈送本公司精製公案拈提〈超意境〉CD一片，市售價格280元，多購多贈）。

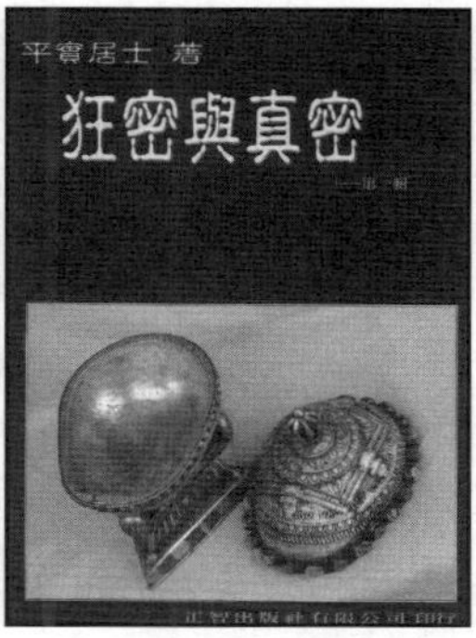

狂密與真密：密教之修學，皆由有相之觀行法門而入，其最終目標仍不離顯教經典所說第一義諦之修證；若離顯教第一義經典、或違背顯教第一義經典，即非佛教。西藏密教之觀行法，如灌頂、觀想、遷識法、寶瓶氣、大聖歡喜雙身修法、喜金剛、無上瑜伽、大樂光明、樂空雙運等，皆是印度教**兩性生生不息思想**之轉化，**自始至終皆以如何能運用交合淫樂之法達到全身受樂**爲其中心思想，純屬欲界五欲的貪愛，不能令人超出欲界輪迴，更不能令人斷除我見；何況大乘之明心與見性，更無論矣！故密宗之法絕非佛法也。而其明光大手印、大圓滿法教，又皆同以常見外道所說**離語言妄念之無念靈知心**錯認爲佛地之眞如，不能直指不生不滅之眞如。西藏密宗所有法王與徒眾，都尚未開頂門眼，不能辨別眞僞，以**依人不依法、依密續不依經典**故，不肯將其上師喇嘛所說對照第一義經典，純依密續之藏密祖師所說爲準，因此而誇大其證德與證量，動輒謂彼祖師上師爲究竟佛、爲地上菩薩；如今台海兩岸亦有自謂其師證量高於 釋迦文佛者，然觀其師所述，猶未見道，仍在觀行即佛階段，尚未到禪宗相似即佛、分證即佛階位，竟敢標榜爲究竟佛及地上法王，誑惑初機學人。凡此怪象皆是狂密，不同於眞密之修行者。近年狂密盛行，密宗行者被誤導者極眾，動輒自謂已證佛地眞如，自視爲究竟佛，陷於大妄語業中而不知自省，反謗顯宗眞修實證者之證量粗淺；或如義雲高與釋性圓…等人，於報紙上公然誹謗眞實證道者爲「騙子、無道人、人妖、癩蛤蟆…」等，造下誹謗大乘勝義僧之大惡業；或以外道法中有爲有作之甘露、魔術……等法，誑騙初機學人，狂言彼外道法爲眞佛法。如是怪象，在西藏密宗及附藏密之外道中，不一而足，舉之不盡，學人宜應愼思明辨，以免上當後又犯毀破菩薩戒之重罪。密宗學人若欲遠離邪知邪見者，請閱此書，即能了知密宗之邪謬，從此遠離邪見與邪修，轉入眞正之佛道。

平實導師著 共四輯 每輯約400頁（主文約340頁）每輯售價300元。

宗門正義—公案拈提第六輯：佛教有六大危機，乃是藏密化、世俗化、膚淺化、學術化、宗門密意失傳、悟後進修諸地之次第混淆；其中尤以宗門密意之失傳，爲當代佛教最大之危機。由宗門密意失傳故，易令世尊本懷普被錯解，易令世尊正法被轉易爲外道法，以及加以淺化、世俗化，是故宗門密意之廣泛弘傳與具緣佛弟子，極爲重要。然而欲令宗門密意之廣泛弘傳予具緣之佛弟子者，必須同時配合錯誤知見之解析、普令佛弟子知之，然後輔以公案解析之直示入處，方能令具緣之佛弟子悟入。而此二者，皆須以公案拈提之方式爲之，方易成其功、竟其業，是故平實導師續作宗門正義一書，以利學人。 全書500餘頁，售價500元（2007年起，凡購買公案拈提第一輯至第七輯，每購一輯皆贈送本公司精製公案拈提〈超意境〉CD一片，市售價格280元，多購多贈）。

心經密意—心經與解脫道、佛菩提道、祖師公案之關係與密意。二乘菩提所證之解脫道，實依第八識心之斷除煩惱障現行而立解脫之名；大乘菩提所證之佛菩提道，實依親證第八識如來藏之涅槃性、清淨自性、及其中道性而立般若之名；禪宗祖師公案所證之眞心，即是此第八識如來藏；是故三乘佛法所修所證之三乘菩提，皆依此如來藏心而立名也。此第八識心，即是《心經》所說之心也。證得此如來藏已，即能漸入大乘佛菩提道，亦可因證知此心而了知二乘無學所不能知之無餘涅槃本際，是故《心經》之密意，與三乘佛菩提之關係極爲密切、不可分割，三乘佛法皆依此心而立名故。今者平實導師以其所證解脫道之無生智及佛菩提之般若種智，將《心經》與解脫道、佛菩提道、祖師公案之關係與密意，以演講之方式，用淺顯之語句和盤托出，發前人所未言，呈三乘菩提之眞義，令人藉此《心經密意》一舉而窺三乘菩提之堂奧，迥異諸方言不及義之說；欲求眞實佛智者、不可不讀！主文317頁，連同跋文及序文…等共384頁，售價300元。

宗門密意——公案拈提第七輯：佛教之世俗化，將導致學人以信仰作爲學佛，則將以感應及世間法之庇祐，作爲學佛之主要目標，不能了知學佛之主要目標爲親證三乘菩提。大乘菩提則以般若實相智慧爲主要修習目標，以二乘菩提解脫道爲附帶修習之標的；是故學習大乘法者，應以禪宗之證悟爲要務，能親入大乘菩提之實相般若智慧中故，般若實相智慧非二乘聖人所能知故。此書則以台灣世俗化佛教之三大法師，說法似是而非之實例，配合眞悟祖師之公案解析，提示證悟般若之關節，令學人易得悟入。平實導師著，全書五百餘頁，售價500元（2007年起，凡購買公案拈提第一輯至第七輯，每購一輯皆贈送本公司精製公案拈提〈超意境〉CD一片，市售價格280元，多購多贈）。

淨土聖道——兼評日本本願念佛：佛法甚深極廣，般若玄微，非諸二乘聖僧所能知之，一切凡夫更無論矣！所謂一切證量皆歸淨土是也！是故大乘法中「聖道之淨土、淨土之聖道」，其義甚深，難可了知；乃至眞悟之人，初心亦難知也。今有正德老師眞實證悟後，復能深探淨土與聖道之緊密關係，憐憫眾生之誤會淨土實義，亦欲利益廣大淨土行人同入聖道，同獲淨土中之聖道門要義，乃振奮心神、書以成文，今得刊行天下。主文279頁，連同序文等共301頁，總有十一萬六千餘字，正德老師著，成本價200元。

起信論講記：詳解大乘起信論**心生滅門**與**心眞如門**之眞實意旨，消除以往大師與學人對起信論所說**心生滅門**之誤解，由是而得了知眞心如來藏之非常非斷中道正理；亦因此一講解，令此論以往隱晦而被誤解之眞實義，得以如實顯示，令大乘佛菩提道之正理得以顯揚光大；初機學者亦可藉此正論所顯示之法義，對大乘法理生起正信，從此得以眞發菩提心，眞入大乘法中修學，世世常修菩薩正行。平實導師演述，共六輯，都已出版，每輯三百餘頁，售價各250元。

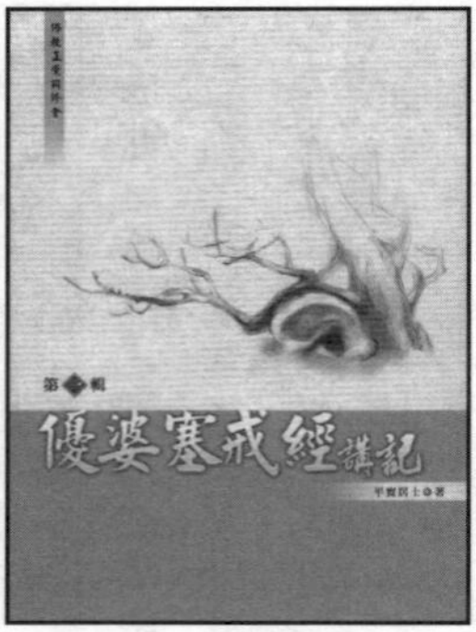

優婆塞戒經講記：本經詳述在家菩薩修學大乘佛法，應如何受持菩薩戒？對人間善行應如何看待？對三寶應如何護持？應如何正確地修集此世後世證法之福德？應如何修集後世「行菩薩道之資糧」？並詳述第一義諦之正義：五蘊非我非異我、自作自受、異作異受、不作不受……等深妙法義，乃是修學大乘佛法、行菩薩行之在家菩薩所應當了知者。出家菩薩今世或未來世登地已，捨報之後多數將如華嚴經中諸大菩薩，以在家菩薩身而修行菩薩行，故亦應以此經所述正理而修之，配合《楞伽經、解深密經、楞嚴經、華嚴經》等道次第正理，方得漸次成就佛道；故此經是一切大乘行者皆應證知之正法。平實導師講述，每輯三百餘頁，售價各250元；共八輯，已全部出版。

真假活佛—略論附佛外道盧勝彥之邪說：人人身中都有眞活佛，永生不滅而有大神用，但眾生都不了知，所以常被身外的西藏密宗假活佛籠罩欺瞞。本來就眞實存在的眞活佛，才是眞正的密宗無上密！諾那活佛因此而說禪宗是大密宗，但藏密的所有活佛都不知道、也不曾實證自身中的眞活佛。本書詳實宣示眞活佛的道理，舉證盧勝彥的「佛法」不是眞佛法，也顯示盧勝彥是假活佛，直接的闡釋第一義佛法見道的眞實正理。眞佛宗的所有上師與學人們，都應該詳細閱讀，包括盧勝彥個人在內。正犀居士著，優惠價140元。

阿含正義—唯識學探源：廣說四大部《阿含經》諸經中隱說之眞正義理，一一舉示佛陀本懷，令阿含時期初轉法輪根本經典之眞義，如實顯現於佛子眼前。並提示末法大師對於阿含眞義誤解之實例，一一比對之，證實唯識增上慧學確於原始佛法之阿含諸經中已隱覆密意而略說之，證實 世尊確於原始佛法中已曾密意而說第八識如來藏之總相；亦證實 世尊在四阿含中已說此藏識是名色十八界之因、之本—證明如來藏是能生萬法之根本心。佛子可據此修正以往受諸大師（譬如西藏密宗應成派中觀師：印順、昭慧、性廣、大願、達賴、宗喀巴、寂天、月稱、……等人）誤導之邪見，建立正見，轉入正道乃至親證初果而無困難；書中並詳說三果所證的**心解脫**，以及四果**慧解脫**的親證，都是如實可行的具體知見與行門。全書共七輯，已出版完畢。平實導師著，每輯三百餘頁，售價300元。

超意境CD：以平實導師公案拈提書中超越意境之頌詞，加上曲風優美的旋律，錄成令人嚮往的超意境歌曲，其中包括正覺發願文及平實導師親自譜成的黃梅調歌曲一首。詞曲雋永，殊堪翫味，可供學禪者吟詠，有助於見道。內附設計精美的彩色小冊，解說每一首詞的背景本事。每片280元。【每購買公案拈提書籍一冊，即贈送一片。】

鈍鳥與靈龜：鈍鳥及靈龜二物，被宗門證悟者說爲二種人：前者是精修禪定而無智慧者，也是以定爲禪的愚癡禪人；後者是或有禪定、或無禪定的宗門證悟者，凡已證悟者皆是靈龜。但後來被人虛造事實，用以嘲笑大慧宗杲禪師，說他雖是靈龜，卻不免被天童禪師預記「患背」痛苦而亡：「**鈍鳥離巢易，靈龜脫殼難。**」藉以貶低大慧宗杲的證量。同時將天童禪師實證如來藏的證量，曲解爲意識境界的離念靈知。自從大慧禪師入滅以後，錯悟凡夫對他的不實毀謗就一直存在著，不曾止息，並且捏造的假事實也隨著年月的增加而越來越多，終至編成「鈍鳥與靈龜」的假公案、假故事。本書是考證大慧與天童之間的不朽情誼，顯現這件假公案的虛妄不實；更見大慧宗杲面對惡勢力時的正直不阿，亦顯示大慧對天童禪師的至情深義，將使後人對大慧宗杲的誣謗至此而止，不再有人誤犯毀謗賢聖的惡業。書中亦舉證宗門的所悟確以第八識如來藏爲標的，詳讀之後必可改正以前被錯悟大師誤導的參禪知見，日後必定有助於實證禪宗的開悟境界，得階大乘眞見道位中，即是實證般若之賢聖。全書459頁，售價350元。

我的菩提路第一輯：凡夫及二乘聖人不能實證的佛菩提證悟，末法時代的今天仍然有人能得實證，由正覺同修會釋悟圓、釋善藏法師等二十餘位實證如來藏者所寫的見道報告，已爲當代學人見證宗門正法之絲縷不絕，證明大乘義學的法脈仍然存在，爲末法時代求悟般若之學人照耀出光明的坦途。由二十餘位大乘見道者所繕，敘述各種不同的學法、見道因緣與過程，參禪求悟者必讀。全書三百餘頁，售價300元。

我的菩提路第二輯：由郭正益老師等人合著，書中詳述彼等諸人歷經各處道場學法，一一修學而加以檢擇之不同過程以後，因閱讀正覺同修會、正智出版社書籍而發起抉擇分，轉入正覺同修會中修學；乃至學法及見道之過程，都一一詳述之。其中張志成等人係由前現代禪轉進正覺同修會，張志成原爲現代禪副宗長，以前未閱本會書籍時，曾被人藉其名義著文評論 平實導師（詳見《宗通與說通》辨正及《眼見佛性》書末附錄…等）；後因偶然接觸正覺同修會書籍，深覺以前聽人評論平實導師之語不實，於是投入極多時間閱讀本會書籍、深入思辨，詳細探索中觀與唯識之關聯與異同，認爲正覺之法義方是正法，深覺相應；亦解開多年來對佛法的迷雲，確定應依八識論正理修學方是正法。乃不顧面子，毅然前往正覺同修會面見平實導師懺悔，並正式學法求悟。今已與其同修王美伶（亦爲前現代禪傳法老師），同樣證悟如來藏而證得法界實相，生起實相般若眞智。此書中尙有七年來本會第一位眼見佛性者之見性報告一篇，一同供養大乘佛弟子。全書四百頁，售價300元。

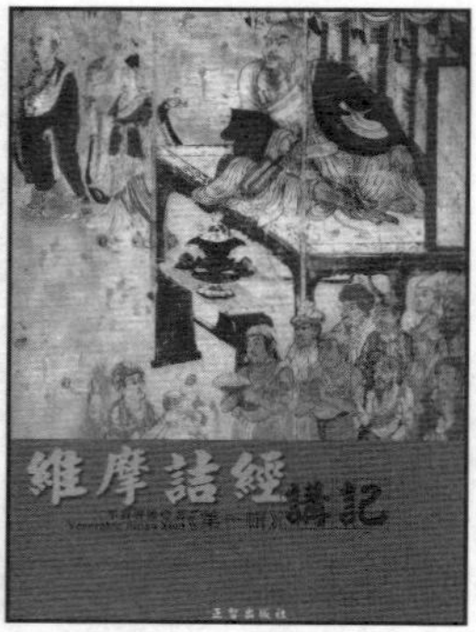

維摩詰經講記：本經係 世尊在世時，由等覺菩薩維摩詰居士藉疾病而演說之大乘菩提無上妙義，所說函蓋甚廣，然極簡略，是故今時諸方大師與學人讀之悉皆錯解，何況能知其中隱含之深妙正義，是故普遍無法爲人解說；若強爲人說，則成依文解義而有諸多過失。今由平實導師公開宣講之後，詳實解釋其中密意，令維摩詰菩薩所說大乘不可思議解脫之深妙正法得以正確宣流於人間，利益當代學人及與諸方大師。書中詳實演述大乘佛法深妙不共二乘之智慧境界，顯示諸法之中絕待之實相境界，建立大乘菩薩妙道於永遠不敗不壞之地，以此成就護法偉功，欲冀永利娑婆人天。已經宣講圓滿整理成書流通，以利諸方大師及諸學人。全書共六輯，每輯三百餘頁，售價各250元。

菩薩底憂鬱CD將菩薩情懷及禪宗公案寫成新詞，並製作成超越意境的優美歌曲。1.主題曲〈菩薩底憂鬱〉，描述地後菩薩能離三界生死而迴向繼續生在人間，但因尚未斷盡習氣種子而有極深沈之憂鬱，非三賢位菩薩及二乘聖者所知，此憂鬱在七地滿心位方才斷盡；本曲之詞中所說義理極深，昔來所未曾見；此曲係以優美的情歌風格寫詞及作曲，聞者得以激發嚮往諸地菩薩境界之大心，詞、曲都非常優美，難得一見；其中勝妙義理之解說，已印在附贈之彩色小冊中。2.以各輯公案拈提中直示禪門入處之頌文，作成各種不同曲風之超意境歌曲，值得玩味、參究；聆聽公案拈提之優美歌曲時，請同時閱讀內附之印刷精美說明小冊，可以領會超越三界的證悟境界；未悟者可以因此引發求悟之意向及疑情，眞發菩提心而邁向求悟之途，乃至因此眞實悟入般若，成眞菩薩。3.正覺總持咒新曲，總持佛法大意；總持咒之義理，已加以解說並印在隨附之小冊中。本CD共有十首歌曲，長達63分鐘，附贈二張購書優惠券。每片280元。

勝鬘經講記：如來藏爲三乘菩提之所依，若離如來藏心體及其含藏之一切種子，即無三界有情及一切世間法，亦無二乘菩提緣起性空之出世間法；本經詳說無始無明、一念無明皆依如來藏而有之正理，藉著詳解煩惱障與所知障間之關係，令學人深入了知二乘菩提與佛菩提相異之妙理；聞後即可了知佛菩提之特勝處及三乘修道之方向與原理，邁向攝受正法而速成佛道的境界中。平實導師講述，共六輯，每輯三百餘頁，售價各250元。

楞嚴經講記：楞嚴經係密教部之重要經典，亦是顯教中普受重視之經典；經中宣說明心與見性之內涵極爲詳細，將一切法都會歸如來藏及佛性—妙眞如性；亦闡釋佛菩提道修學過程中之種種魔境，以及外道誤會涅槃之狀況，旁及三界世間之起源。然因言句深澀難解，法義亦復深妙寬廣，學人讀之普難通達，是故讀者大多誤會，不能如實理解佛所說之明心與見性內涵，亦因是故多有悟錯之人引爲開悟之證言，成就大妄語罪。今由平實導師詳細講解之後，整理成文，以易讀易懂之語體文刊行天下，以利學人。全書十五輯，全部出版完畢。每輯三百餘頁，售價每輯300元。

明心與眼見佛性：本書細述明心與眼見佛性之異同，同時顯示了中國禪宗破初參明心與重關眼見佛性二關之間的關聯；書中又藉法義辨正而旁述其他許多勝妙法義，讀後必能遠離佛門長久以來積非成是的錯誤知見，令讀者在佛法的實證上有極大助益。也藉慧廣法師的謬論來教導佛門學人回歸正知正見，遠離古今禪門錯悟者所墮的意識境界，非唯有助於斷我見，也對未來的開悟明心實證第八識如來藏有所助益，是故學禪者都應細讀之。游正光老師著　共448頁　售價300元。

見性與看話頭：黃正倖老師的《見性與看話頭》於《正覺電子報》連載完畢，今結集出版。書中詳說禪宗看話頭的詳細方法，並細說看話頭與眼見佛性的關係，以及眼見佛性者求見佛性前必須具備的條件。本書是禪宗實修者追求明心開悟時參禪的方法書，也是求見佛性者作功夫時必讀的方法書，內容兼顧眼見佛性的理論與實修之方法，是依實修之體驗配合理論而詳述，條理分明而且極爲詳實、周全、深入。本書內文375頁，全書416頁，售價300元。

禪意無限CD平實導師以公案拈提書中偈頌寫成不同風格曲子，與他人所寫不同風格曲子共同錄製出版，幫助參禪人進入禪門超越意識之境界。盒中附贈彩色印製的精美解說小冊，以供聆聽時閱讀，令參禪人得以發起參禪之疑情，即有機會證悟本來面目，實證大乘菩提般若。本CD共有十首歌曲，長達69分鐘，每盒各附贈二張購書優惠券。每片280元。

金剛經宗通：三界唯心，萬法唯識，是成佛之修證內容，是諸地菩薩之所修；般若則是成佛之道（實證三界唯心、萬法唯識）的入門，若未證悟實相般若，即無成佛之可能，必將永在外門廣行菩薩六度，永在凡夫位中。然而實相般若的發起，全賴實證萬法的實相；若欲證知萬法的眞相，則必須探究萬法之所從來，則須實證自心如來—金剛心如來藏，然後現觀這個金剛心的金剛性、眞實性、如如性、清淨性、涅槃性、能生萬法的自性性、本住性，名爲證眞如；進而現觀三界六道唯是此金剛心所成，人間萬法須藉八識心王和合運作方能現起。如是實證《華嚴經》的「三界唯心、萬法唯識」以後，由此等現觀而發起實相般若智慧，繼續進修第十住位的如幻觀、第十行位的陽焰觀、第十迴向位的如夢觀，再生起增上意樂而勇發十無盡願，方能滿足三賢位的實證，轉入初地；自知成佛之道而無偏倚，從此按部就班、次第進修乃至成佛。第八識自心如來是般若智慧之所依，般若智慧的修證則要從實證金剛心自心如來開始；《金剛經》則是解說自心如來之經典，是一切三賢位菩薩所應進修之實相般若經典。這一套書，是將平實導師宣講的《金剛經宗通》內容，整理成文字而流通之；書中所說義理，迥異古今諸家依文解義之說，指出大乘見道方向與理路，有益於禪宗學人求開悟見道，及轉入內門廣修六度萬行。講述完畢後結集出版，總共9輯，每輯約三百餘頁，售價各250元。

真假外道：本書具體舉證佛門中的常見外道知見實例，並加以教證及理證上的辨正，幫助讀者輕鬆而快速的了知常見外道的錯誤知見，進而遠離佛門內外的常見外道知見，因此即能改正修學方向而快速實證佛法。游正光老師著。成本價200元。

空行母—性別、身分定位，以及藏傳佛教：本書作者爲蘇格蘭哲學家，因爲嚮往佛教深妙的哲學內涵，於是進入當年盛行於歐美的假藏傳佛教密宗，擔任卡盧仁波切的翻譯工作多年以後，被邀請成爲卡盧的空行母（又名佛母、明妃），開始了她在密宗裡的實修過程；後來發覺在密宗雙身法中的修行，其實無法使自己成佛，也發覺密宗對女性岐視而處處貶抑，並剝奪女性在雙身法中擔任一半角色時應有的身分定位。當她發覺自己只是雙身法中被喇嘛利用的工具，沒有獲得絲毫應有的尊重與基本定位時，發現了密宗的父權社會控制女性的本質；於是作者傷心地離開了卡盧仁波切與密宗，但是卻被恐嚇不許講出她在密宗裡的經歷，也不許她說出自己對密宗的教義與教制下對女性剝削的本質，否則將被咒殺死亡。後來她去加拿大定居，十餘年後方才擺脫這個恐嚇陰影，下定決心將親身經歷的實情及觀察到的事實寫下來並且出版，公諸於世。出版之後，她被流亡的達賴集團人士大力攻訐，誣指她爲精神狀態失常、說謊……等。但有智之士並未被達賴集團的政治操作及各國政府政治運作吹捧達賴的表相所欺，使她的書銷售無阻而又再版。正智出版社鑑於作者此書是親身經歷的事實，所說具有針對「藏傳佛教」而作學術研究的價值，也有使人認清假藏傳佛教剝削佛母、明妃的男性本位實質，因此洽請作者同意中譯而出版於華人地區。珍妮·坎貝爾女士著，呂艾倫 中譯，每冊250元。

霧峰無霧—給哥哥的信：本書作者藉兄弟之間信件往來論義，略述佛法大義；並以多篇短文辨義，舉出釋印順對佛法的無量誤解證據，並一一給予簡單而清晰的辨正，令人一讀即知。久讀、多讀之後即能認清楚釋印順的六識論見解，與眞實佛法之牴觸是多麼嚴重；於是在久讀、多讀之後，於不知不覺之間提升了對佛法的極深入理解，正知正見就在不知不覺間建立起來了。當三乘佛法的正知見建立起來之後，對於三乘菩提的見道條件便將隨之具足，於是聲聞解脫道的見道也就水到渠成；接著大乘見道的因緣也將次第成熟，未來自然也會有親見大乘菩提之道的因緣，悟入大乘實相般若也將自然成功，自能通達般若系列諸經而成實義菩薩。作者居住於南投縣霧峰鄉，自喻見道之後不復再見霧峰之霧，故鄉原野美景一一明見，於是立此書名爲《霧峰無霧》；讀者若欲撥霧見月，可以此書爲緣。游宗明　老師著　售價250元。

假藏傳佛教的神話—性、謊言、喇嘛教：本書編著者是由一首名叫「阿姊鼓」的歌曲爲緣起，展開了序幕，揭開假藏傳佛教—喇嘛教—的神秘面紗。其重點是蒐集、摘錄網路上質疑「喇嘛教」的帖子，以揭穿「假藏傳佛教的神話」爲主題，串聯成書，並附加彩色插圖以及說明，讓讀者們瞭解西藏密宗及相關人事如何被操作爲「神話」的過程，以及神話背後的眞相。作者：張正玄教授。售價200元。

達賴真面目—玩盡天下女人：假使您不想戴綠帽子，請記得詳細閱讀此書；假使您不想讓好朋友戴綠帽子，請您將此書介紹給您的好朋友。假使您想保護家中的女性，也想要保護好朋友的女眷，請記得將此書送給家中的女性和好友的女眷都來閱讀。本書爲印刷精美的大本彩色中英對照精裝本，爲您揭開達賴喇嘛的眞面目，內容精彩不容錯過，爲利益社會大眾，特別以優惠價格嘉惠所有讀者。編著者：白志偉等。大開版雪銅紙彩色精裝本。售價800元。

喇嘛性世界—揭開假藏傳佛教譚崔瑜伽的面紗：這個世界中的喇嘛，號稱來自世外桃源的香格里拉，穿著或紅或黃的喇嘛長袍，散布於我們的身邊傳教灌頂，吸引了無數的人嚮往學習；這些喇嘛虔誠地爲大眾祈福，手中拿著寶杵（金剛）與寶鈴（蓮花），口中唸著咒語：「唵．嘛呢．叭咪．吽……」，咒語的意思是說：「我至誠歸命金剛杵上的寶珠伸向蓮花寶穴之中」！「喇嘛性世界」是什麼樣的「世界」呢？本書將爲您呈現喇嘛世界的面貌。當您發現眞相以後，您將會唸：「噢！喇嘛．性．世界，譚崔性交嘛！」作者：張善思、呂艾倫。售價200元。

末代達賴——性交教主的悲歌：簡介從藏傳僞佛教（喇嘛教）的修行核心——性力派男女雙修，探討達賴喇嘛及藏傳僞佛教的修行內涵。書中引用外國知名學者著作、世界各地新聞報導，包含：歷代達賴喇嘛的祕史、達賴六世修雙身法的事蹟，以及《時輪續》中的性交灌頂儀式……等；達賴喇嘛書中開示的雙修法、達賴喇嘛的黑暗政治手段；達賴喇嘛所領導的寺院爆發喇嘛性侵兒童；新聞報導《西藏生死書》作者索甲仁波切性侵女信徒、澳洲喇嘛秋達公開道歉、美國最大假藏傳佛教組織領導人邱陽創巴仁波切的性氾濫，等等事件背後眞相的揭露。作者：張善思、呂艾倫、辛燕。售價250元。

第七意識與第八意識？——穿越時空「超意識」　「三界唯心，萬法唯識」是佛教中應該實證的聖教，也是《華嚴經》中明載而可以實證的法界實相。唯心者，三界一切境界、一切諸法唯是一心所成就，即是每一個有情的第八識如來藏，不是意識心。唯識者，即是人類各各都具足的八識心王——眼識、耳鼻舌身意識、意根、阿賴耶識，第八阿賴耶識又名如來藏，人類五陰相應的萬法，莫不由八識心王共同運作而成就，故說萬法唯識。依聖教量及現量、比量，都可以證明意識是二法因緣生，是由第八識藉意根與法塵二法爲因緣而出生，又是夜夜斷滅不存之生滅心，即無可能反過來出生第七識意根、第八識如來藏，當知不可能從生滅性的意識心中，細分出恆審思量的第七識意根，更無可能細分出恆而不審的第八識如來藏。本書是將演講內容整理成文字，細說如是內容，並已在《正覺電子報》連載完畢，今彙集成書以廣流通，欲幫助佛門有緣人斷除意識我見，跳脫於識陰之外而取證聲聞初果；嗣後修學禪宗時即得不墮外道神我之中，得以求證第八識金剛心而發起般若實智。平實導師 述，每冊300元。

黯淡的達賴—失去光彩的諾貝爾和平獎：本書舉出很多證據與論述，詳述達賴喇嘛不為世人所知的一面，顯示達賴喇嘛並不是眞正的和平使者，而是假借諾貝爾和平獎的光環來欺騙世人；透過本書的說明與舉證，讀者可以更清楚的瞭解，達賴喇嘛是結合暴力、黑暗、淫欲於喇嘛教裡的集團首領，其政治行為與宗教主張，早已讓諾貝爾和平獎的光環染污了。本書由財團法人正覺教育基金會寫作、編輯，由正覺出版社印行，每冊250元。

人間佛教—實證者必定不悖三乘菩提　「大乘非佛說」的講法似乎流傳已久，卻只是日本人企圖擺脫中國正統佛教的影響，而在明治維新時期才開始提出來的說法；台灣佛教、大陸佛教的淺學無智之人，由於未曾實證佛法而迷信日本人錯誤的學術考證，錯認為這些別有用心的日本佛學考證的講法為天竺佛教的眞實歷史；甚至還有更激進的反對佛教者提出「釋迦牟尼佛並非眞實存在，只是後人捏造的假歷史人物」，竟然也有少數人願意跟著「學術」的假光環而信受不疑，於是開始有一些佛教界人士造作了反對中國佛教而推崇南洋小乘佛教的行為，使佛教的信仰者難以檢擇，導致一般大陸人士開始轉入基督教的盲目迷信中。在這些佛教及外教人士之中，也就有一分人根據此邪說而大聲主張「大乘非佛說」的謬論，這些人以「人間佛教」的名義來抵制中國正統佛教，公然宣稱中國的大乘佛教是由聲聞部派佛教的凡夫僧所創造出來的。這樣的說法流傳於台灣及大陸佛教界凡夫僧之中已久，卻非眞正的佛教歷史中曾經發生過的事，只是繼承六識論的聲聞法中凡夫僧依自己的意識境界立場，純憑臆想而編造出來的妄想說法，卻已經影響許多無智之凡夫僧俗信受不移。本書則是從佛教的經藏法義實質及實證的現量內涵本質立論，證明大乘佛法本是佛說，是從《阿含正義》尚未說過的不同面向來討論「人間佛教」的議題，證明「大乘眞佛說」。閱讀本書可以斷除六識論邪見，迴入三乘菩提正道發起實證的因緣；也能斷除禪宗學人學禪時普遍存在之錯誤知見，對於建立參禪時的正知見有很深的著墨。平實導師 述，內文488頁，全書528頁，定價400元。

童女迦葉考——論呂凱文〈佛教輪迴思想的論述分析〉之謬　童女迦葉是佛世率領五百大比丘遊行於人間的歷史事實，是以童貞行而依止菩薩戒弘化於人間的大菩薩，不依別解脫戒（聲聞戒）來弘化於人間。這是大乘佛教與聲聞佛教同時存在於佛世的歷史明證，證明大乘佛教不是從聲聞法中分裂出來的部派佛教的產物，卻是聲聞佛教分裂出來的部派佛教聲聞凡夫僧所不樂見的史實；於是古今聲聞法中的凡夫都欲加以扭曲而作詭說，更是末法時代高聲大呼「大乘非佛說」的六識論聲聞凡夫極力想要扭曲的佛教史實之一，於是想方設法扭曲迦葉菩薩爲聲聞僧，以及扭曲迦葉童女爲比丘僧等荒謬不實之論著便陸續出現，古時聲聞僧寫作的《分別功德論》是最具體之事例，現代之代表作則是呂凱文先生的〈佛教輪迴思想的論述分析〉論文。鑑於如是假藉學術考證以籠罩大眾之不實謬論，未來仍將繼續造作及流竄於佛教界，繼續扼殺大乘佛教學人法身慧命，必須舉證辨正之，遂成此書。平實導師 著，每冊180元。

中觀金鑑——詳述應成派中觀的起源與其破法本質　學佛人往往迷於中觀學派之不同學說，被應成派與自續派所迷惑；修學般若中觀二十年後自以爲實證般若中觀了，卻仍不曾入門，甫聞實證般若中觀者之所說，則茫無所知，迷惑不解；隨後信心盡失，不知如何實證佛法；凡此，皆因惑於這二派中觀學說所致。自續派中觀所說同於常見，以意識境界立爲第八識如來藏之境界，應成派所說則同於斷見，但又同立意識爲常住法，故亦具足斷常二見。今者孫正德老師有鑑於此，乃將起源於密宗的應成派中觀學說，追本溯源，詳考其來源之外，亦一一舉證其立論內容，詳加辨正，令密宗雙身法祖師以識陰境界而造之應成派中觀學說本質，詳細呈現於學人眼前，令其維護雙身法之目的無所遁形。若欲遠離密宗此二大派中觀謬說，欲於三乘菩提有所進道者，允宜具足閱讀並細加思惟，反覆讀之以後將可捨棄邪道返歸正道，則於般若之實證即有可能，證後自能現觀如來藏之中道境界而成就中觀。本書分上、中、下三冊，每冊250元，已全部出版完畢。

實相經宗通：學佛之目的在於實證一切法界背後之實相，禪宗稱之爲本來面目或本地風光，佛菩提道中稱之爲實相法界；此實相法界即是金剛藏，又名佛法之祕密藏，即是能生有情五陰、十八界及宇宙萬有（山河大地、諸天、三惡道世間）的第八識如來藏，又名阿賴耶識心，即是禪宗祖師所說的眞如心，此心即是三界萬有背後的實相。證得此第八識心時，自能瞭解般若諸經中隱說的種種密意，即得發起實相般若——實相智慧。每見學佛人修學佛法二十年後仍對實相般若茫然無知，亦不知如何入門，茫無所趣；更因不知三乘菩提的互異互同，是故越是久學者對佛法越覺茫然，都肇因於尚未瞭解佛法的全貌，亦未瞭解佛法的修證內容即是第八識心所致。本書對於修學佛法者所應實證的實相境界提出明確解析，並提示趣入佛菩提道的入手處，有心親證實相般若的佛法實修者，宜詳讀之，於佛菩提道之實證即有下手處。平實導師述著，共八輯，全部出版完畢，每輯成本價250元。

真心告訴您（一）——達賴喇嘛在幹什麼？這是一本報導篇章的選集，更是「破邪顯正」的暮鼓晨鐘。「破邪」是戳破假象，說明達賴喇嘛及其所率領的密宗四大派法王、喇嘛們，弘傳的佛法是仿冒的佛法；他們是假藏傳佛教，是坦特羅（譚崔性交）外道法和藏地崇奉鬼神的苯教混合成的「喇嘛教」，推廣的是以所謂「無上瑜伽」的男女雙身法冒充佛法的假佛教，詐財騙色誤導眾生，常常造成信徒家庭破碎、家中兒少失怙的嚴重後果。「顯正」是揭櫫眞相，指出眞正的藏傳佛教只有一個，就是覺囊巴，傳的是　釋迦牟尼佛演繹的第八識如來藏妙法，稱爲他空見大中觀。正覺教育基金會即以此古今輝映的如來藏正法正知見，在眞心新聞網中逐次報導出來，將箇中原委「眞心告訴您」，如今結集成書，與想要知道密宗眞相的您分享。售價250元。

真心告訴您（二）——**達賴喇嘛是佛教僧侶嗎？補祝達賴喇嘛八十大壽：**這是一本針對當今達賴喇嘛所領導的喇嘛教，冒用佛教名相、於師徒間或師兄姊間，實修男女邪淫，而從佛法三乘菩提的現量與聖教量，揭發其謊言與邪術，證明達賴及其喇嘛教是仿冒佛教的外道，是「假藏傳佛教」。藏密四大派教義雖有「八識論」與「六識論」的表面差異，然其實修之內容，皆共許「無上瑜伽」四部灌頂爲究竟「成佛」之法門，也就是共以男女雙修之邪淫法爲「即身成佛」之密要，雖美其名曰「欲貪爲道」之「金剛乘」，並誇稱其成就超越於（應身佛）釋迦牟尼佛所傳之顯教般若乘之上；然詳考其理論，則或以意識離念時之粗細心爲第八識如來藏，或以中脈裡的明點爲第八識如來藏，或如宗喀巴與達賴堅決主張第六意識爲常恆不變之眞心者，分別墮於外道之常見與斷見中；全然違背　佛說能生五蘊之如來藏的實質。售價300元。

西藏「活佛轉世」制度——**附佛、造神、世俗法：**歷來關於喇嘛教活佛轉世的研究，多針對歷史及文化兩部分，於其所以成立的理論基礎，較少系統化的探討。尤其是此制度是否依據「佛法」而施設？是否合乎佛法眞實義？現有的文獻大多含糊其詞，或人云亦云，不曾有明確的闡釋與如實的見解。因此本文先從活佛轉世的由來，探索此制度的起源、背景與功能，並進而從活佛的尋訪與認證之過程，發掘活佛轉世的特徵，以確認「活佛轉世」在佛法中應具足何種果德。定價150元。

法華經講義：此書爲平實導師始從2009/7/21演述至2014/1/14之講經錄音整理所成。世尊一代時教，總分五時三教，即是華嚴時、聲聞緣覺教、般若教、種智唯識教、法華時；依此五時三教區分爲藏、通、別、圓四教。本經是最後一時的圓教經典，圓滿收攝一切法教於本經中，是故最後的圓教聖訓中，特地指出無有三乘菩提，其實唯有一佛乘；皆因眾生愚迷故，方便區分爲三乘菩提以助眾生證道。世尊於此經中特地說明如來示現於人間的唯一大事因緣，便是爲有緣眾生「開、示、悟、入」諸佛的所知所見——第八識如來藏妙眞如心，並於諸品中隱說「妙法蓮花」如來藏心的密意。然因此經所說甚深難解，眞義隱晦，古來難得有人能窺堂奧；平實導師以知如是密意故，特爲末法佛門四眾演述《妙法蓮華經》中各品蘊含之密意，使古來未曾被古德註解出來的「此經」密意，如實顯示於當代學人眼前。乃至〈藥王菩薩本事品〉、〈妙音菩薩品〉、〈觀世音菩薩普門品〉、〈普賢菩薩勸發品〉中的微細密意，亦皆一併詳述之，開前人所未曾言之密意，示前人所未見之妙法。最後乃至以〈法華大意〉而總其成，全經妙旨貫通始終，而依佛旨圓攝於一心如來藏妙心，厥爲曠古未有之大說也。平實導師述 已於2015/05/31起開始出版，每二個月出版一輯，共有25輯。每輯300元。

解深密經講記：本經係　世尊晚年第三轉法輪，宣說地上菩薩所應熏修之唯識正義經典，經中所說義理乃是大乘一切種智增上慧學，以阿陀那識—如來藏—阿賴耶識爲主體。禪宗之證悟者，若欲修證初地無生法忍乃至八地無生法忍者，必須修學《楞伽經、解深密經》所說之八識心王一切種智；此二經所說正法，方是眞正成佛之道；印順法師否定第八識如來藏之後所說萬法緣起性空之法，是以誤會後之二乘解脫道取代大乘眞正成佛之道，尚且不符二乘解脫道正理，亦已墮於斷滅見中，不可謂爲成佛之道也。平實導師曾於本會郭故理事長往生時，於喪宅中從首七開始宣講，於每一七各宣講三小時，至第十七而快速略講圓滿，作爲郭老之往生佛事功德，迴向郭老早證八地、速返娑婆住持正法。茲爲今時後世學人故，將擇期重講《解深密經》，以淺顯之語句講畢後，將會整理成文，用供證悟者進道；亦令諸方未悟者，據此經中佛語正義，修正邪見，依之速能入道。平實導師述著，全書輯數未定，每輯三百餘頁，將於未來重講完畢後逐輯出版。

佛法入門：學佛人往往修學二十年後仍不知如何入門，茫無所入漫無方向，不知如何實證佛法；更因不知三乘菩提的互異互同之處，導致越是久學者越覺茫然，都是肇因於尚未瞭解佛法的全貌所致。本書對於佛法的全貌提出明確的輪廓，並說明三乘菩提的異同處，讀後即可輕易瞭解佛法全貌，數日內即可明瞭三乘菩提入門方向與下手處。○○菩薩著　出版日期未定。

阿含經講記——小乘解脫道之修證：數百年來，南傳佛法所說證果之不實，所說解脫道之虛妄，所弘解脫道法義之世俗化，皆已少人知之；從南洋傳入台灣與大陸之後，所說法義虛謬之事，亦復少人知之；今時台灣全島印順系統之法師居士，多不知南傳佛法數百年來所說解脫道之義理已然偏斜、已然世俗化、已非眞正之二乘解脫正道，猶極力推崇與弘揚。彼等南傳佛法近代所謂之證果者多非眞實證果者，譬如阿迦曼、葛印卡、帕奧禪師、一行禪師……等人，悉皆未斷我見故。近年更有台灣南部大願法師，高抬南傳佛法之二乘修證行門爲「捷徑究竟解脫之道」者，然而南傳佛法縱使眞修實證，得成阿羅漢，至高唯是二乘菩提解脫之道，絕非究竟解脫，無餘涅槃中之實際尚未得證故，法界之實相尚未了知故，習氣種子待除故，一切種智未實證故，焉得謂爲「究竟解脫」？即使南傳佛法近代眞有實證之阿羅漢，尚且不及三賢位中之七住明心菩薩本來自性清淨涅槃智慧境界，則不能知此賢位菩薩所證之無餘涅槃實際，仍非大乘佛法中之見道者，何況普未實證聲聞果乃至未斷我見之人？謬充證果已屬逾越，更何況是誤會二乘菩提之後，以未斷我見之凡夫知見所說之二乘菩提解脫偏斜法道，焉可高抬爲「究竟解脫」？而且自稱「捷徑之道」？又妄言解脫之道即是成佛之道，完全否定般若實智、否定三乘菩提所依之如來藏心體，此理大大不通也！平實導師爲令修學二乘菩提欲證解脫果者，普得迴入二乘菩提正見、正道中，是故選錄四阿含諸經中，對於二乘解脫道法義有具足圓滿說明之經典，預定未來十年內將會加以詳細講解，令學佛人得以了知二乘解脫道之修證理路與行門，庶免被人誤導之後，未證言證，干犯道禁，成大妄語，欲升反墮。本書首重斷除我見，以助行者斷除我見而實證初果爲著眼之目標，若能根據此書內容，配合平實導師所著《識蘊眞義》《阿含正義》內涵而作實地觀行，實證初果非爲難事，行者可以藉此三書自行確認聲聞初果爲實際可得現觀成就之事。此書中除依二乘經典所說加以宣示外，亦依斷除我見等之證量，及大乘法中道種智之證量，對於意識心之體性加以細述，令諸二乘學人必定得斷我見、常見，免除三縛結之繫縛。次則宣示斷除我執之理，欲令升進而得薄貪瞋痴，乃至斷五下分結…等。平實導師述，共二冊，每冊三百餘頁。每輯300元。

修習止觀坐禪法要講記：修學四禪八定之人，往往錯會禪定之修學知見，欲以無止盡之坐禪而證禪定境界，卻不知修除性障之行門才是修證四禪八定不可或缺之要素，故智者大師云「性障初禪」；性障不除，初禪永不現前，云何修證二禪等？又：行者學定，若唯知數息，而不解六妙門之方便善巧者，欲求一心入定，未到地定極難可得，智者大師名之爲「事障未來」：障礙未到地定之修證。又禪定之修證，不可違背二乘菩提及第一義法，否則縱使具足四禪八定，亦不能實證涅槃而出三界。此諸知見，智者大師於《修習止觀坐禪法要》中皆有闡釋。作者平實導師以其第一義之見地及禪定之實證證量，曾加以詳細解析。將俟正覺寺竣工啓用後重講，不限制聽講者資格；講後將以語體文整理出版。欲修習世間定及增上定之學者，宜細讀之。平實導師述著。

★聲明★

本社於2015/01/01開始調整本目錄中部分書籍之售價，以因應各項成本的持續增加。

喇嘛教修外道雙身法，墮識陰境界，非佛教

弘揚如來藏他空見的覺囊派才是真正藏傳佛教

總經銷： 飛鴻 國際行銷股份有限公司
231 新北市新店區中正路 501 之 9 號 2 樓
Tel.02－82186688（五線代表號） Fax.02-82186458、82186459

零售：1.**全台連鎖經銷書局：**
三民書局、誠品書局、何嘉仁書店
敦煌書店、紀伊國屋、金石堂書局、建宏書局

2.**台北市**：佛化人生 羅斯福路 3 段 325 號 6 樓之 4 台電大樓對面
士林圖書 士林區大東路 86 號

3.**新北市**：春大地書店 **蘆洲**中正路 117 號 明達書局 三重五華街 129 號

4.**桃園市縣**：誠品書局 **桃園市**中正路 20 號遠東百貨地下室一樓
金石堂 **桃園市**大同路 24 號
金石堂 **桃園**八德市介壽路 1 段 987 號
諾貝爾圖書城 **桃園市**中正路 56 號地下室
金義堂 **中壢市**中美路 2 段 82 號
墊腳石文化書店 **中壢市**中正路 89 號
巧巧屋書局 **蘆竹**南崁路 263 號
來電書局 **大溪**慈湖路 30 號
御書堂 **龍潭**中正路 123 號

5.**新竹市縣**：大學書局 **新竹**建功路 10 號
誠品書局 **新竹**東區信義街 68 號
誠品書局 **新竹**東區中央路 229 號 5 樓
誠品書局 **新竹**東區力行二路 3 號
墊腳石文化書店 **新竹**中正路 38 號
金典文化 **竹北**中正西路 47 號
展書堂 **竹東**長春路 3 段 36 號

6.**苗栗市縣**：萬花筒書局**苗栗市**府東路 73 號 展書堂 **竹南**民權街 49-2 號

7.**台中市**： **瑞成**書局、各大連鎖書店。
詠春書局 **台中市**永春東路 884 號 文春書局 **霧峰**中正路 1087 號

8.**彰化市縣**：心泉佛教流通處 **彰化市**南瑤路 286 號
員林鎮：墊腳石圖書文化廣場 中山路 2 段 49 號（04-8338485）

9.**台南市**：博大書局 **新營**三民路 128 號
藝美書局 **善化**中山路 436 號 宏欣書局 **佳里**光復路 214 號

10.**高雄市**：各大連鎖書店、**瑞成**書局
政大書城 **三民區**明仁路 161 號 政大書城 **苓雅區**光華路 148-83 號
明儀書局 **三民區**明福街 2 號 明儀書局 三多四路 63 號
青年書局 青年一路 141 號

11.**宜蘭縣市**：金隆書局 宜蘭市中山路 3 段 43 號
宋太太梅鋪 羅東鎮中正北路 101 號（039-534909）

12.**台東市**：東普佛教文物流通處 台東市博愛路 282 號

13.**其餘鄉鎮市經銷書局**：請電詢總經銷**飛鴻**公司。

14.**大陸地區請洽：**

香港：樂文書店
旺角店 :香港九龍旺角西洋菜街 62 號 3 樓
電話 : (852) 2390 3723 email: luckwinbooks@gmail.com
銅鑼灣店 :香港銅鑼灣駱克道 506 號 2 樓
電話 : (852) 2881 1150 email: luckwinbs@gmail.com

廈門：廈門外圖臺灣書店有限公司

地址：廈門市思明區湖濱南路809號 廈門外圖書城3樓 郵編：361004

電話：0592-5061658（臺灣地區請撥打 86-592-5061658）

E-mail：JKB118@188.COM

15.**美國：世界日報圖書部**：紐約圖書部　電話 7187468889#6262

洛杉磯圖書部　電話 3232616972#202

16.**國內外地區網路購書**：

正智出版社 書香園地　http://books.enlighten.org.tw/

（書籍簡介、直接聯結下列網路書局購書）

三民 網路書局　http://www.Sanmin.com.tw

誠品 網路書局　http://www.eslitebooks.com

博客來 網路書局　http://www.books.com.tw

金石堂 網路書局　http://www.kingstone.com.tw

飛鴻 網路書局　http://fh6688.com.tw

附註：**1**.請儘量向各經銷書局購買：郵政劃撥需要十天才能寄到（本公司在您劃撥後第四天才能接到劃撥單，次日寄出後第四天您才能收到書籍，此八天中一定會遇到週休二日，是故共需十天才能收到書籍）若想要早日收到書籍者，請劃撥完畢後，將劃撥收據貼在紙上，旁邊寫上您的姓名、住址、郵區、電話、買書詳細內容，直接傳眞到本公司 02-28344822，並來電 02-28316727、28327495 確認是否已收到您的傳眞，即可提前收到書籍。 **2**.因台灣每月皆有五十餘種宗教類書籍上架，書局書架空間有限，故唯有新書方有機會上架，通常每次只能有一本新書上架；本公司出版新書，大多上架不久便已售出，若書局未再叫貨補充者，書架上即無新書陳列，則請直接向書局櫃台訂購。 **3**.若書局不便代購時，可於晚上共修時間向正覺同修會各共修處請購（共修時間及地點，詳閱**共修現況表**。每年例行年假期間請勿前往請書，年假期間請見共修現況表）。 **4**.郵購：郵政劃撥帳號 19068241。 **5**.正覺同修會會員購書都以八折計價（戶籍台北市者爲一般會員，外縣市爲護持會員）都可獲得優待，欲一次購買全部書籍者，可以考慮入會，節省書費。入會費一千元（第一年初加入時才需要繳），年費二千元。**6.尚未出版之書籍，請勿預先郵寄書款與本公司，謝謝您！** **7**.若欲一次購齊本公司書籍，或同時取得正覺同修會贈閱之全部書籍者，請於正覺同修會共修時間，親到各共修處請購及索取；**台北市讀者**請洽：103 台北市承德路三段 267 號 10 樓（捷運淡水線 圓山站旁）請書時間：週一至週五爲 18.00~21.00，第一、三、五週週六爲 10.00~21.00，雙週之週六爲 10.00~18.00 請購處專線電話：25957295-分機 14（於請書時間方有人接聽）。

敬告大陸讀者：

大陸讀者購書、索書捷徑（尚未在大陸出版的書籍，以下二個途徑都可以購得，電子書另包括結緣書籍）：

1.**廈門外國圖書公司**：廈門市思明區湖濱南路 809 號 廈門外圖書城 3F
　郵編：361004　電話：0592-5061658　網址：JKB118@188.COM

2.**電子書**：正智出版社有限公司及正覺同修會在台灣印行的各種局版書、結緣書，已有『**正覺電子書**』陸續上線中，提供讀者於手機、平板電腦上購書、下載、閱讀正智出版社、正覺同修會及正覺教育基金會所出版之電子書，詳細訊息敬請參閱『正覺電子書』專頁：
http://books.enlighten.org.tw/ebook

關於平實導師的書訊，請上網查閱：
　成佛之道　http://www.a202.idv.tw
　正智出版社 書香園地　http://books.enlighten.org.tw/

中國網採訪佛教正覺同修會、正覺教育基金會訊息：

http://big5.china.com.cn/gate/big5/fangtan.china.com.cn/2014-06/19/content_32714638.htm

http://pinpai.china.com.cn/

★ 正智出版社有限公司售書之稅後盈餘，全部捐助財團法人正覺寺籌備處、佛教正覺同修會、正覺教育基金會，供作弘法及購建道場之用；懇請諸方大德支持，功德無量。

★ 聲　明 ★

本社於 2015/01/01 開始調整本目錄中部分書籍之售價，以因應各項成本的持續增加。

＊ 喇嘛教修外道雙身法、墮識陰境界，非佛教 ＊

＊ 弘揚如來藏他空見的覺囊派才是真正藏傳佛教 ＊

售後服務—換書啓事（免附回郵）　2012/09/24

《楞嚴經講記》第 14 輯初版首刷本免費調換新書啓事：本講記第 14 輯出版前因 平實導師諸事繁忙，未將之重新閱讀而只改正校對時發現的錯別字，故未能發覺十年前所說法義有部分錯誤，於第 15 輯付印前重閱時才發覺第 14 輯中有部分錯誤尚未改正。今已重新審閱修改並已重印完成，煩請所有讀者將以前所購第 14 輯初版首刷本，寄回本社免費換新（初版二刷本無錯誤），本社將於寄回新書時同時附上您寄書回來換新時所付的郵資，並在此向所有讀者致上最誠懇的歉意。

《心經密意》初版書免費調換二版新書啓事：本書係演講錄音整理成書，講時因時間所限，省略部分段落未講。後於再版時補寫增加 13 頁，維持原價流通之。茲爲顧及初版讀者權益，自 2003/9/30 開始免費調換新書，原有初版一刷、二刷書籍，皆可寄來本來公司換書。

《宗門法眼》已經增寫改版爲 464 頁新書，2008 年 6 月中旬出版。讀者原有初版之第一刷、第二刷書本，都可以寄回本社免費調換改版新書。改版後之公案及錯悟事例維持不變，但將內容加以增說，較改版前更具有廣度與深度，將更能助益讀者參究實相。

換書者**免附回郵**，亦無截止期限；舊書請寄：111 台北郵政 73-151 號信箱 或 103 台北市承德路三段 267 號 10 樓 正智出版社有限公司。舊書若有塗鴨、殘缺、破損者，仍可換取新書；但缺頁之舊書至少應仍有五分之三頁數，方可換書。所有讀者不必顧念本公司是否有盈餘之問題，都請踴躍寄來換書；本公司成立之目的不是營利，只要能眞實利益學人，即已達到成立及運作之目的。若以郵寄方式換書者，免附回郵；並於寄回新書時，由本社附上您寄來書籍時耗用的郵資。造成您不便之處，再次致上萬分的歉意。

正智出版社有限公司 啓

國家圖書館出版品預行編目資料

明心與眼見佛性：駁慧廣法師〈蕭氏眼見佛性與明心之非〉文中謬說／游正光著.—初版.—臺北市：正智，2011.01

面；　　公分

ISBN 978-986-6431-12-8　（平裝）

1.佛教教理

220.1　　　　99025097

明心與眼見佛性

—駁慧廣法師〈蕭氏眼見佛性與明心之非〉文中謬說

著述者：游正光老師

校　對：正覺同修會　編譯組

出版者：正智出版社有限公司

電話：〇二 28327495　28316727（白天）

傳眞：〇二 28344822

111台北郵政73-151號信箱

郵政劃撥帳號：一九〇六八二四一

臺灣銀行 民權分行 046001900174

正覺講堂：總機〇二 25957295（夜間）

總經銷：飛鴻國際行銷股份有限公司

231新北市新店區中正路501-9號2樓

電話：〇二 82186688（五線代表號）

傳眞：〇二 82186458　82186459

初版首刷：二〇一一年元月三十一日　二千冊

初版三刷：二〇一五年十月　二千冊

定　價：三〇〇元